悟空

BLACK MYTH
WUKONG

遇见山西

本书编写组 — 编著

新华出版社

序 言　　浩瀚的文物景观　厚重的历史文化
——从《黑神话：悟空》看山西

山西，一个承载着丰富历史与文化底蕴的省份，自古便是中华文明的重要发源地之一，每一砖一瓦都雕刻着千年的故事。地理、气候、人文等诸多因素，数千年来，山西地上古文物建筑未尝经过毁灭性战乱和破坏，大都奇迹般地被保留了下来。其地上绵延不绝的文物景观，宛如一部部生动的历史长卷，处处都在诉说着中华民族的辉煌与沧桑。从雁门关的雄浑到云冈石窟的精巧，从晋祠的古韵到应县木塔的巍峨，从壶口瀑布的惊涛骇浪到五台山佛教圣地的徐缓静谧，从悬空寺的神奇玄妙到小西天的"悬塑绝唱"，每一处都是中华民族的绚烂史册，每一帧都是蕴藉隽永的文化见证。

据不完全统计，山西现有不可移动文物达 53875 处，其中古建筑就有 28027 处，约占全国十分之一；全国重点文物保护单位 531 处，居全国之首。全国仅存的 3 座唐代木构建筑佛光寺、南禅寺、广仁王庙均在山西。元代及元代以前的木结构古建筑 509 处，占全国 80% 以上。这些文物不仅展示了山西悠久的历史文化，而且成为《黑神话：悟空》等文化作品的重要灵感来源。

《黑神话：悟空》作为一款以《西游记》为背景的国产单机游戏，自发布以来便以其精美的画面和深度的文化融合赢得了广泛好评。而在这款游戏中，山西的古建筑、塑像和壁画等元素更是被大量运用，使得山西的文物和景观在游戏中焕发了新的生机。尤其是近段时期以来,随着国产游戏《黑神话:悟空》的火爆上线,风靡国内外网络荧屏,山西的文物景观再次以全新的视角和精美的画面展现在全球玩家面前,引发了年轻一代对中国地上文物景观的广泛的关注和热议。

《黑神话:悟空丨遇见山西》这部作品对山西的旅游景点和文物景观进行了梳理和展现,并结合国产游戏《黑神话:悟空》中的生动场景,以细微的笔触、渊博的学识、全新的观念、精美的图片、俯瞰和欣赏的角度,对山西地上文物景观进行全方位、多层次深入探究,引领读者如身临其境地体验其无尽魅力与深厚而源远流长的文化底蕴。该书是一部对中国历史文化进一步深刻解读的鸿文大作,内容丰富,情趣盎然,开卷有益,值得欣赏。

山西古建筑奇观,让历史与现实在游戏中交汇显现

在《黑神话:悟空》这款游戏中,山西古建筑元素被大量运用,它们不仅为游戏增添了浓厚的文化氛围,而且生动再现了山西古建筑的文化风貌。如五台山寺庙群的神秘展露,让整个游戏充满了奇异和灵圣之感。五台山,作为佛教圣地,其多处文物遗产在《黑神话:悟空》中得到了精美的还原,同时增添了无穷的情趣和神韵。显通寺作为五台山的首刹,其历史悠久,规模宏大,寺内文物众多,景观风格独特,是中国古建筑中的瑰宝。而菩萨顶更以其金碧辉煌的宫殿式建筑和浓厚的藏传佛教氛围,为人们带来了一次心灵的洗礼和体验。

乔家大院与王家大院的华丽展现,拉近了现实与历史的距离。乔家大院与王家大院,作为山西民居宅院的典范,也在游戏中得到了充分的展现。乔家大院以其独特的"三雕"艺术(木雕、石雕、砖雕)和丰富的历史文化内涵,让游人叹为观止,也同样是游戏中的一大看点。而山西的大院文化则以其宏大的规模和精美的建筑工艺,展现了古代山西人民的智慧和创造力。在

游戏中，人们可以近距离欣赏到这些宅院的精美细节，感受到古代山西人民的生活方式和审美追求。

《黑神话：悟空》中也有大量形态各异的"塔"的呈现。应县木塔，又称佛宫寺释迦塔，位于朔州市应县佛宫寺内，始建于辽清宁二年（公元1056年），整个木塔以近70米的高度、30多米的直径，包括塔基近万吨的重量，成为中国现存最古老、最高的木结构塔式建筑，也是世界上现存最高大、最古老纯木结构楼阁式建筑之一。据传木塔建造之时，方圆百里内百年以上成材大树被尽数砍伐，共消耗木材约4000立方米。木塔广泛采用斗拱结构，无钉无铆，完全由纯木打造而成。应县木塔曾被评为"吉尼斯世界第一高木塔"，与意大利比萨斜塔、巴黎埃菲尔铁塔并称"世界三大奇塔"。

石窟艺术：游戏中的佛教文化瑰宝

《黑神话：悟空》不仅将山西的古建筑元素融入其中，还将石窟艺术这一佛教文化瑰宝进行了生动的呈现。

云冈石窟出神入化的精美雕刻，令中外游客心驰神往，馨香祷祝。云冈石窟，作为中国四大石窟之一，以其精湛的雕刻技艺和独特的艺术风格而闻名于世。云冈石窟规模宏大、雕刻精美，景观壮丽飘逸，雕刻技艺精湛。在《黑神话：悟空》中，人们可以欣赏到众多精美雕刻作品，如佛像、菩萨像、飞天等。这些雕刻作品线条流畅、形象生动，展现了古代工匠的高超技艺和丰富想象力。同时，游戏中的场景设计也巧妙地融入了石窟、石刻艺术的元素，让人们仿佛置身于千年前的佛教圣地之中，同时也能感受到我国古代人民的胸襟和魄力。

石窟艺术，在山西可谓琳琅满目。除了大同，还有位于长治的全国最大的明代石窟群——金灯寺石窟。金灯寺规模宏大，塑造精美，石窟中的大佛、菩萨、金刚、罗汉等造型，均以佛教人物为主，形体秀美，装饰富丽，秉承唐宋圆润风格之遗风，独具明代峻峭娴静之特色，是中国石窟艺术的华章之作，具有不可替代的独特地位。

位于太原的太龙山石窟群，大大小小的佛像有 1500 余尊，还有浮雕、藻井、画像 1200 多幅。高的十多米，最小的仅有十几厘米。其造型纯熟、比例适当、线条柔和、雕刻精细，完全可以和云冈石窟相媲美。春晚亮相的"最美微笑"，便来自天龙山石窟第 8 窟的巅峰之作。

这些精美的石窟艺术都有意无意地会成为各种艺术形式的背景和借鉴。众多石佛或丰润雍容，或体态端庄，或表情威严，或端庄凝重，或神采奕奕，技艺精湛，极富感染力。

古城遗址：游戏中的历史记忆

《黑神话：悟空》不仅将山西的古建筑和石窟艺术融入其中，也有不少古城遗址的影子。

至今古色古香的平遥古城，作为中国保存最为完整的四大古城之一，其独特的城墙建筑、古老的街道布局和丰富的文化遗产，展现了古代中国城市的繁华与喧嚣。平遥古城的完好保护受益于全国人民的监督和关注，每一次城墙的剥落、坍塌和损毁都会引发高度关注，成为公众事件和新闻热点。平遥古城的传承与保护始终是当地政府的重要职责与压力所在。

同样历史悠久的大同古城，曾是北魏都城、辽金陪都，拥有悠久的历史和丰富的文化遗产，其雄伟的城墙和众多历史遗迹，如华严寺、善化寺等，展现了古代中国人民的智慧与创造力。这些文化瑰宝为人们提供了深入了解中国历史的窗口，体现了历史的厚重与沧桑。

壮丽多彩的古寺名刹，使神话复活为现实

《黑神话：悟空》中取景有非常多的山西古寺名刹，让人们在游戏中全视角感受着这些古老寺庙的奇崛魅力。

闻名四海，无可名状，令人惊叹的悬空寺，位于大同市浑源县恒山金龙峡西侧翠屏峰峭壁间，始建于北魏后期（公元491年），历经数次大震，至今不朽、不腐、不倒、不坏、不变形、不褪色，距今已有一千五百多年历史。悬空寺以其险峻的建筑风格和独特的文化内涵吸引了无数游客和学者。

五台山的佛光寺，是中国仅存的四座唐代古建筑之一，被称为"中国第一国宝"。佛光寺以其精美的唐代建筑、雕塑、壁画和题记而闻名海内外，当年梁思成和林徽因夫妇看到保存完整的佛光寺时，激动得泪流满面，恸哭不止。《黑神话：悟空》中运用最多的是尊胜寺的陀罗尼经幢，将其独特魅力展现得淋漓尽致。

五台山的南禅寺大殿重建于唐德宗建中三年（公元782年），为现存最古老的一座唐代木结构建筑。寺中唐代雕塑精湛，堪称珍品。《黑神话：悟空》中的某些场景也借鉴了南禅寺的建筑和雕塑风格，使得游戏中的场景更加具有历史感和艺术感。

被誉为"东方彩塑艺术的宝库"的双林寺，位于平遥县中都乡桥头村北，以彩塑而闻名于世。双林寺内的彩塑造型生动、色彩艳丽，具有很高的艺术价值。很多看了双林寺的游客，都止不住地赞叹："到了平遥城，不看双林寺，会让你遗憾一辈子。"

《黑神话：悟空》中的某些场景借鉴了双林寺彩塑艺术的风格，让玩家在游戏中感受到这一独特艺术的魅力。虽然双林寺与游戏的时代背景并不完全契合，但许多玩家因《黑神话：悟空》而关注并爱上了双林寺，纷纷表示有机会一定要亲自前往一探究竟，感受真实的历史与艺术结合之美。

曾让梅兰芳大师模仿欣赏过三个月之久的太原晋祠花旦侍女雕塑，只要

在现场观赏过这尊彩雕的，无不被其饱满真挚的表情所震颤，正面看侍女含羞带笑，喜溢眉梢，似乎刚刚得到圣母的夸奖。而从侧面看，却隐约可见其红肿的眼睛和含泪的眼角，将古人生活的辛酸和古代艺人的苦楚，以及只能忍耐和沉默的表情惟妙惟肖，展露无遗，令人叹为观止。

临汾小西天，又名千佛庵，始建于明崇祯二年（公元1629年），坐落在凤凰山悬崖峭壁之上。大雄宝殿内保存了大量精美的悬塑艺术，被誉为中国悬塑艺术之"绝唱"。铁佛寺，位于高平市区东南五公里的米西村，寺内的彩塑同样具有极高的艺术价值。晋中镇国寺是中国佛教寺院中现存的三处五代建筑之一，其中的彩塑更是全国寺庙殿宇中保存至今的唯一五代作品。五台山显通寺始建于汉明帝永平年间（公元69年），是中国最早的佛寺之一。寺内铜殿铸于明万历三十八年（公元1610年），共用铜十万斤，是中国国内保存最好的铜殿之一。位于朔州市朔城区的崇福寺，保存了大量辽金时期的建筑和文物，具有浓郁的辽金建筑的异域韵味。广胜寺，坐落于临汾市洪洞县，寺院始建于东汉桓帝建和元年（公元147年），曾遭数次大地震，历经千余年的兴废重建，现存主要为明代建筑，形制结构仍保持元代风格。广胜寺内的飞虹琉璃宝塔、水神庙元代壁画和《赵城金藏》等文物都是弥足珍贵的宝藏。

晋城玉皇庙，位于晋城市区东北约13公里处的府城村北岗上，是晋城地区保存最完好、规制最完整的玉皇庙。二十八宿殿内的彩塑更是被誉为中国传统寺观造像中的里程碑式作品之一。《黑神话：悟空》中展现的二十八星宿彩塑，便是玉皇庙这一彩塑的完美移植，充分显示了这一寺庙的独特艺术魅力。

游戏中的壁画元素也借鉴了山西的壁画艺术，如芮城永乐宫三清殿壁画、洪洞广胜寺壁画。这些中国壁画的珍贵宝藏，对优秀文化的继承和研究起到了重要作用。这些壁画图幅宏大、场面恢宏、线描精巧、画工精良，以其丰富的色彩、生动的形象和深刻的寓意，展现了宗教文化的博大精深。

这些寺院不论是彩塑、壁画还是建筑，历经千年以上，多数没有经过任何重塑和改造，至今依然栩栩如生，美艳如初。《黑神话：悟空》中对这些场景的借鉴和选用，大大增添了游戏的冲击力，妙不可言，深不可测，进入游戏，浓郁的历史氛围顿时扑面而来，如身临其境，分不清现实和虚幻。让你在享受游戏的快感时，不断感受到历史文化所带来的震撼和惊叹。

自然风光与游戏场景的完美融合

除了丰富的文物景观外，《黑神话：悟空》还将山西的自然风光巧妙地融入游戏中。这些自然风光不仅为游戏增添了独特的魅力，也让人们在游戏中领略到了山西的自然之美。

五台山以其独特的地理位置和气候条件，孕育了丰富的自然景观。在游戏中，人们可以欣赏到五台山的壮丽山川和秀丽景色，如巍峨的山峰、清澈的溪流、茂密的森林等。这些自然景观不仅为游戏增添了独特的魅力，也让玩家在游戏中感受到了大自然的神奇与壮美。

《黑神话：悟空》，让山西文化的美再次被赋予了奇幻色彩。山西，等待着游客们开启一段奇幻与现实高度融合的华丽行程，一定会让你亲身体验到这种从虚拟到现实的神奇与跨越。

山西地上文物景观以其独特的魅力和深厚的文化底蕴，成为中国乃至世界文化遗产的重要组成部分。而《黑神话：悟空》的火爆上线，更是为这些文物景观注入了新的活力和魅力。山西文物景观与《黑神话：悟空》的交相辉映，让全球玩家可以更加直观地了解山西的历史文化和自然风光，感受到这片古老而神奇的土地所蕴含的无穷魅力。同时，《黑神话：悟空》的成功经验也为山西文旅产业的发展提供了有益的借鉴和启示。

有玩家说了，人这一辈子，一定要跟着悟空游山西！

诚哉斯言。

愿每一位来到山西的游客,都能在这片古老而神奇的土地上,找到属于自己的那份感动和收获。

张平

"茅盾文学奖"获得者,中央文史研究馆馆员

历任山西省作协主席,中国作协副主席,中国文联副主席,民盟中央副主席

在山西省任副省长期间,曾主管山西文化、文物等工作

2024 年 11 月

序　言　　表里山河间的土木华章

山西，东倚太行山，西临黄河水，山环水绕，表里山河，自古就是探索人类起源的热土和中华文明的重要发祥地。作为中原与北方草原地区的连接带、农耕与游牧文明的交汇处，山西正如已故著名考古学家苏秉琦先生所说，这条文化带在中国文化史上曾是一个活跃的民族大熔炉，是中国文化总根系中一个重要直根系。它既有活跃的民族大熔炉性质，又有稳定的、连绵不断的文化传统特色。

悠久的历史留下灿若星河的文化遗产。古建筑就是其中一个重要类型。中国建筑数千年来，以木为主要构件，砖、石常居辅材之位，这是一种土生土长的构筑系统。由于木结构构件间由榫卯相连，富有韧性，于是产生了"墙倒屋不塌"的现象。又因为木结构古建筑怕火、怕雨、怕虫等，至今在中国没有发现唐朝以前漫长时期内所造的木构建筑。而传承至今的古建筑历经风雨沧桑，是古人智慧的结晶，也是一份辉煌的艺术遗产。

山西是当之无愧的古建筑大省。得益于历史悠久、气候干燥、曾经交通不便、一度社会发展进程较为缓慢等原因，山西现存古建筑大约有2.8万处，约占全国十分之一，尤其木结构古建筑上起大唐，下至清代民国，时代连续，品类齐全，构成了中国古建筑史上独一无二的标本体系，山西有中国"木建筑宝库"的美誉，特别是元代及元代以前的木构建筑占全国同期同类建筑的80%以上，更以全国现存的三座唐代木结构建筑打破了日本学者"中国大地上没有唐朝及其以前木结构建筑"的断言。在世界最高木塔——应县木塔，中国近代建筑学家梁思成赞叹："这塔真是个独一无二的伟大作品。不见此塔，不知木构的可能性到了什么程度。"在中国现存规模最大、保存最完整的唐代木构古建筑佛光寺东大殿，梁思成感慨："我们找到了唐朝的绘画、唐朝的书法、唐朝的雕塑和唐朝的建筑。个别地说，它们是稀世之珍，但加在一起，它们就是独一无二。"

更令人惊喜的是，在这些珍贵古建筑中还保留着唐代以来彩塑12000余尊和壁画50000余平方米，数量居全国第一，有海内孤品的晋城玉皇庙元代二十八星宿、隰县小西天"悬塑绝唱"、中国现存古代最大的人物壁画永乐宫《朝元图》，"墙壁上的《清明上河图》"岩山寺壁画等，通过彩塑和壁画，人们可以窥见当时的社会生活、民族文化、民间信仰、服饰装束等，为时代进步提供独有的文化支撑和历史记忆，帮助艺术家寻找传统与当代之间的血脉联系。

山西虽然拥有丰富的历史文化资源，但很多文化遗产长期藏在深闺，鲜为人知，如何把资源转化为活力，加强文物保护利用和文化遗产保护传承，推动中华优秀传统文化创造性转化、创新性发展，赓续千年文脉，讲好中国故事，这是当代文化工作者需要思考和解答的重要课题。近年来，山西革新文旅宣传模式，奋力挖掘散落在历史长河中的文化瑰宝，尤其2024年8月20日发布的中国首款3A游戏《黑神话：悟空》，凭借其对中国文化的创新演绎而风靡全球，有力地激发了文旅消费潜力，使旅游成为感悟中华文化、增强文化自信的过程。

本书在此背景下应运而生，它没有采用偏向知识性的景点介绍、旅游攻略等叙述方式，而是邀请专家学者、文物保护员、金牌讲解员、记者、文化博主等"特别讲述人"，有温度、有深度地讲述文物背后的故事和传承文化内涵，为广大读者深刻了解这些珍贵的文化遗产、了解中国悠久灿烂的文化，提供了一个崭新的窗口。

单霁翔

故宫博物院学术委员会主任，中国文物学会专家委员会主任

2024年11月

序　言　《黑神话：悟空》与山西文化的渊源

2021年8月20日，我们首次将置入了实景扫描资产的《黑神话：悟空》第二部预告片对外发布。预告片中展现了山西晋城玉皇庙二十八星宿的部分彩塑，祂们身影斑驳、情态各异，室火猪扭动头颅，下一刻，天命人现出原形。

发布当天下午，发行同事告诉我很多山西玩家甚至地方官号都在转发，海外用户反馈也非常热烈。这些800年前的文化遗产似乎以一种从未有过的形式再次打动了很多人。

历史，以这样奇妙的方式照进了现实。

杨奇（美术负责人）一直说"老祖宗赏饭吃"，对场景物件但凡能用实景扫描的，尽量不再重新设计。但这次因为实景扫描收到如此之多的赞誉，激发了大量玩家的自豪感，我有些始料未及。在此之前，行业里从未有过大规模真实扫描文物古迹并直接将其放入游戏中的案例，于是此后我们更加坚定了这一策略，直到游戏正式发布。

有人说，山西蹭了《黑神话：悟空》的热度。事实恰好相反，是我们主动蹭了山西丰富的文物古建筑来给游戏品质加分，是我们一直在蹭中国传统文化里那些璀璨夺目、美轮美奂的精华，才让游戏多了几分高级、地道与亲切。

作为游戏开发者与内容创作者，生在当代中国，把题材、故事、画面、声音乃至玩法都立足于本国的传统文化，去尽情做各种"二创"，是极其幸运的。因为在中国源远流长的历史长河中，先人为我们实实在在留下了难以计数的文化瑰宝与传世经典，其中有相当一部分至今仍被各地的文保部门保护得很好，山西是典型代表之一。

这些国宝安坐千年，一旦有心的后辈将其再次发现，便能自然绽放出不朽的神韵。

大型的游戏通常需要提供数十小时的互动叙事体验，为了让人信服与沉浸，除了故事本身的剧情与表演，往往还需辅以深厚的文化背景、精妙的哲学底蕴与鲜明的价值主张。其中很多广受赞誉的优秀作品都会选择立足于本土文化与经典作品展开；哪怕不直接改编，大多也能明显感受到创作团队对当地文化的深刻理解与由衷热爱。

《西游记》，这部诞生于明代的伟大小说，也是融会了之前的神话、传说、戏曲、民间故事而写成的；自它诞生后，又被不断演绎与改编。及至今日，谁也不敢说对《西游记》的发掘、探索与再创作已经穷尽。

这正是"经典"能够成为"经典"的原因——《西游记》从来没有被束之高阁，而是被一代又一代的创作者用当下的艺术形式、当下的技术手段、当下的价值理念重新讲述。由此，"取经之路"延续不绝，生生不息。

文化是土地，创作者是种子。先有广阔肥沃的土地，创作者的表达需求才能得以扎根、发芽、枝繁、叶茂。

《黑神话：悟空》，便是在中华文化的沃土上，刚刚长出的一株新芽。

冯骥

游戏科学创始人兼 CEO，《黑神话：悟空》制作人

2024 年 10 月

目录

对话篇

对话冯骥 / 002　　　记者手记 / 018

对话游戏科学 / 024　　记者手记 / 034

讲述篇

杭 侃	云冈石窟：平城时代最大的国家工程 / 044
李骏虎	云冈石窟：这样的艺术能锋利地劈开历史 / 054
李雪芹	华严寺：我所热爱的，超越了古建筑实体 / 064
刘若男	善化寺：读懂古建里蕴藏的文化传承密码 / 076
晋宏志	永安寺：多元文化的璀璨瑰宝 / 084
杨 毅	悬空寺：一座被三根马尾吊着的空中楼阁 / 092
李耀华	觉山寺：从相遇相伴到相守相知 / 102
永昕群	应县木塔：中国建筑的百代标程 / 110
王学涛	应县木塔：永镇金城，莫要失言 / 118
齐凤翔	崇福寺：抱愧千年古寺 / 128
孙小寒	南山寺（佑国寺）：故地重游，我依旧是我 / 140
崔玉卿	金阁寺：穿越时空的桥梁 / 150
胡俊英	佛光寺：一位守护者的自述 / 160
刘 勇	佛光寺：穿越千年的大唐荣耀 / 170
钱文忠	南禅寺：祖先的信仰天地 / 178
任毅敏	南禅寺：一次阴差阳错后的一生坚守 / 190

| 王晋苗 | 惠济寺：有缘相逢，就是人间值得 / 200 |

| 王金平 | 永祚寺：双塔凌霄，福运永祚 / 212 |

| 张　引 | 晋祠：在这里聆听土木绝唱 / 220 |

| 雷雅仙 | 镇国寺：五代十国"稀世珍品" / 230 |

| 张　芸 | 双林寺：遇见众神与众生 / 236 |

| 崔晓荣 | 观音堂：我与"三只悟空"的不解之缘 / 250 |

| 张宇飞 | 崇庆寺：守护古寺三十载，更要传承历史记忆 / 258 |

| 李吉毅 | 西溪二仙庙：惦记千年庙宇，因那处有相识的守护人 / 268 |

| 赵学梅 | 玉皇庙：一庙文化，半庙"神仙" / 278 |

| 王　进 | 小西天：我的西天"取经"之路 / 286 |

| 马毅敏 | 广胜寺：塔我相应 / 296 |

| 曹　旭 | 铁佛寺：明代彩塑特例中的特例、异类中的异类 / 306 |

| 王春波 | 汾城古建筑群：在古建筑面前，古人要比修缮者"聪明" / 312 |

| 解玉霞 | 福胜寺："渡海观音"悬塑的不朽风华 / 322 |

| 李　博 | 飞云楼：我与"中华第一木楼"的三次亲密接触 / 330 |

| 贾毓秀 | 飞云楼："半截插在云里头" / 338 |

| 傅文元
何晋阳 | 关帝庙：承载千年文化，连接神话世界 / 350 |

| 席九龙 | 永乐宫：七百年前的新生和七十年前的重生 / 356 |

启示篇

顾玉才　山西古建要"保起来",也要"用起来""活起来" / 368

明金维　何以游戏?何以山西? / 372

葛剑雄　关于游戏和游戏产业的几点思考 / 378

郑　鹏　古建保护中的民企担当与探索 / 384

连　达　我画山西古建筑 / 392

编后记 / 400

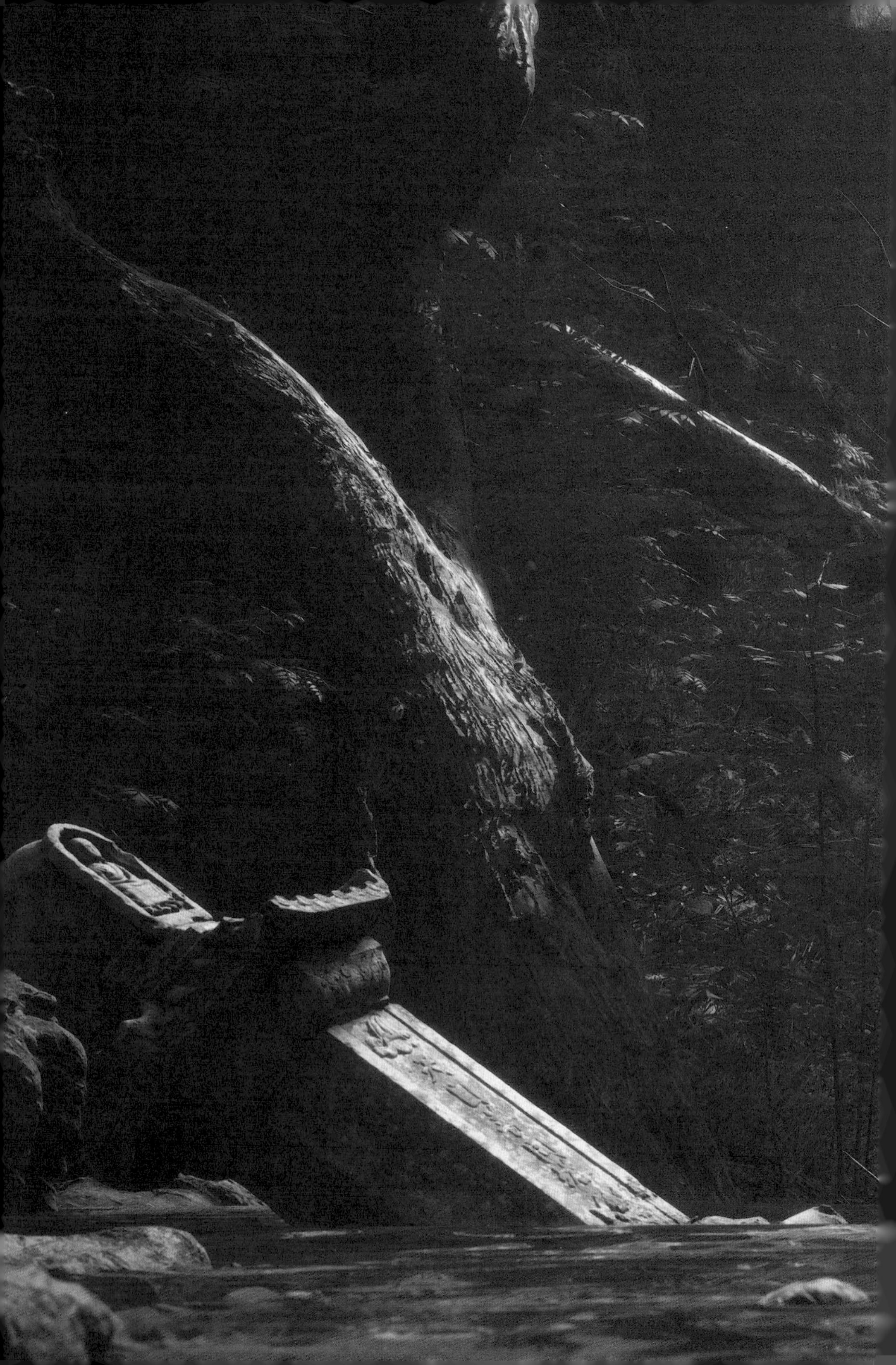

悟空

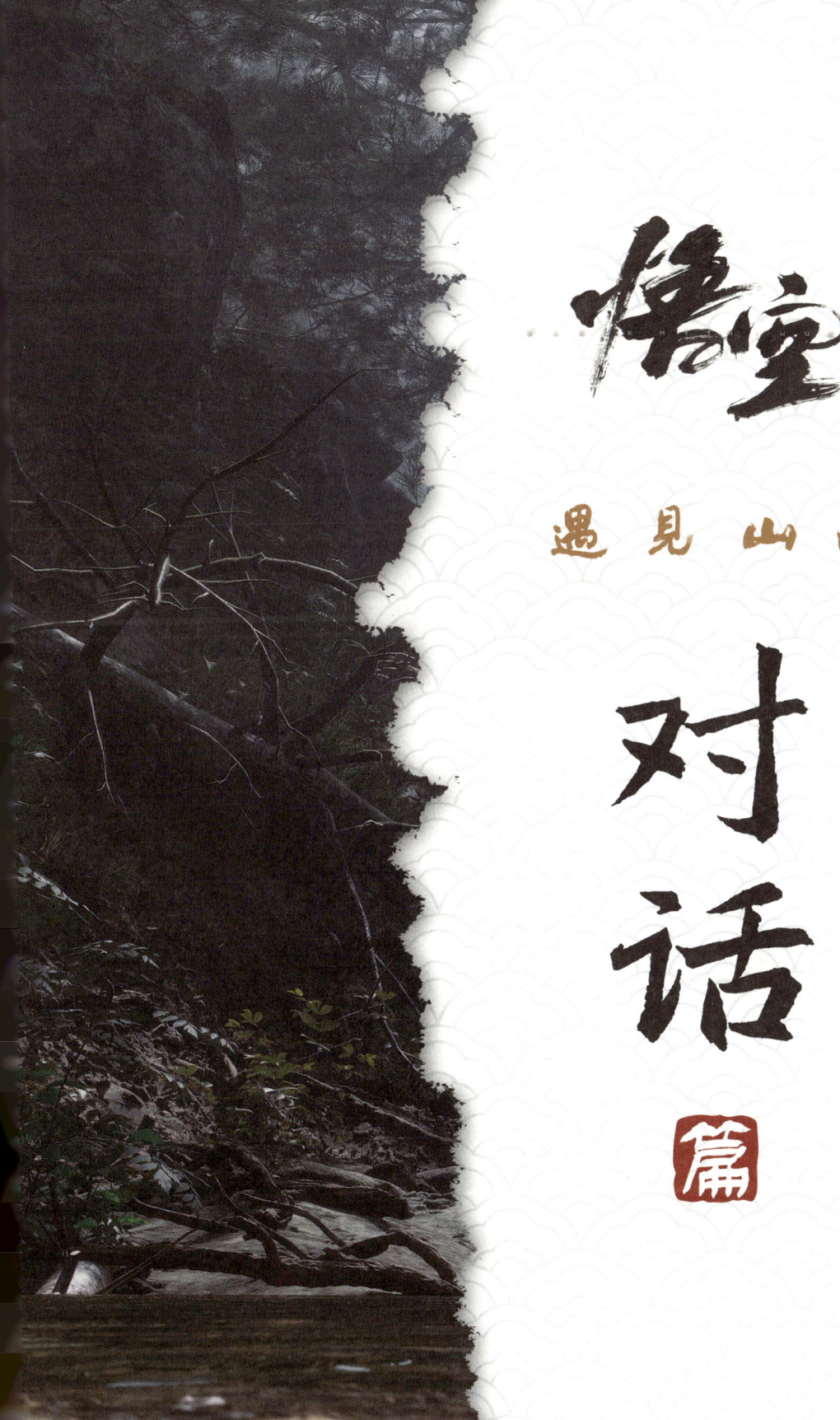

遇见山西

对话

篇

对话 冯骥

在国产 3A 游戏《黑神话：悟空》尚未收获全民关注度之前，新华社播发纪录片《扬声》第三期"张扬对话冯骥"，独家探访主创团队。作为游戏发布前的全球首发且唯一深度报道，该专访内容迅速登上了各大平台热搜榜首位，成为全网关于该游戏最权威、最丰富的独家信源。

这场三十多分钟的访谈，不仅完成了对传统文化、产业发展等宏观话题的探讨，也对嘉宾人生感悟、创业经验进行全面呈现，将媒体及大众对这一事件的关注，带向了一个不止于游戏本身的讨论方向。

扫码看视频：
《扬声》第三期
"张扬对话冯骥"

张扬：2020 年的时候，你们当时发了一个单机演示的视频，引起了特别多的关注。您觉得当时这么大量的关注以及好评是出于什么样的原因呢？

冯骥：这件事情首先可以给它定个性，就是它完全是一个幸运的意外，而不是我们本意能够去做到的事情，因为这是不可能的。我们那个时候其实面临的真正的困难是招不到人，因为我们要做一个还挺难的事情。所以当时其实真的就是作为一个招人视频，顺带宣传一下项目，也许能提高一下项目知名度的考量去发的。那时候我们自己内部觉得这个视频的播放量有 50 万就很棒了，后来超过我们之前设定 100 倍的一个播放量了。

当你想做一个能打动自己的事情的时候，它大概率能打动跟你相似的人。人们希望在自己的国家、自己的民族、自己的文化里能够出现让人看得上甚至觉得骄傲的东西。

张扬：是压力还是动力？

冯骥：当时第一反应就是，这个事情可能不见得是因为我们真的做得那么好。我们内部经常开玩笑，国外是一个 90 分的产品，但是也许国内出现了一个 75 分的产品的时候，它只是因为承载了一些大家对这个国家、对这个民族朴素的热爱，然后随着整个软件工业的发展会出现一些商业引擎——它已经附带了非常多成熟的解决方案，你在这个时候只需要把游戏的表现做到你想要的就可以，这是一个技术红利。所以这件事情其实只是我们在一个合适的时间，很幸运地承载了大家的期待。

张扬：会不会也担心达不到大家的预期？

冯骥：每天都在担心，起码困扰了我 4 年。

张扬：现在还有一个月就要上线了，怎么样（感受是怎样的）？

冯骥：其实我觉得最后一个月的痛苦程度是比较高的，但这个痛苦不是说我们看到这个产品完成度非常低，反而是它的完成度已经达到了一个还不错的标准。这个时候会遇到什么情况呢？就是有些同事觉得这里可能还不够。到这种时候就不得不做减法。

所以我们现在最怕听到的一句话就是"以前是好的"，说明这是新搞出来的问题，这种问题在我们这个时候非常危险。对于第一次做这样一个买断制的单机游戏的我们来说，完成比完美重要。

张扬：您之前说过，当时这个项目的启动是在相对合适的时机，也是一个谨慎的决定。怎么去定义它是一个相对好的时机？

冯骥：八年前我们就很坚信中国的单机市场一定会存在，且一定很大。你会看到其他的文娱市场——最典型的就是电影。这几年随便拉一下数据就能看到，票房前十的电影正在悄然发生变化，我们会看到中国制作精良的电影开始迅速地蚕食这个榜单，然后我们也看到很多现象级的产品在那个时候已经开始出现了。

张扬：当时有没有一些不同的声音出来？当时在你们具体要开干的时候，真的准备好了吗？

冯骥：我觉得永远不可能准备好。

张扬：《黑神话：悟空》取自中国传统神话故事，当时这么选的考虑是什么？

冯骥：我们做西游题材不会考虑它是不是受欢迎的，它是不是过时了，而是首先想我们自己想到这个题材的时候，我们会不会有激动的感觉。我们觉得以前有关中国的神话，或者这种东方的但是仍然带有魔幻色彩的这些内容的作品还不够，好像还没有达到我心目中要达到的那种境界。我想，我能不能把这个事情做得再好一点？

《黑神话：悟空》游戏内场景图：山西二十八星宿（游戏科学供图）

张扬：当我们大量接触到的是海外的西方神话的时候，我就想，我们用什么样的方式能把中国的神话故事也讲得这么有趣？

冯骥：比如"指环王"的故事，也是几个人组队去完成一个艰巨的任务，这个故事跟西天取经的故事在结构上并不是天差地别的。虽然它们的叙事方式不一样，故事的世界观的设定不一样，但是两者的内核没有那么大差别。吴承恩和莎士比亚没有那么大差别。

张扬：《西游记》的改编也很多，你们是一个什么样的思路？

冯骥：我尝试归纳一下。小时候看86版《西游记》，之后看动画片，看各种影视改编，那个时候我们的快乐是一种感官刺激。我们觉得孙悟空很英武、很帅，可以跟各种不同的妖怪大战，这是一个对孙悟空、对《西游记》故事的魅力的理解。

再到一个阶段，我们可能不仅关注孙悟空，我们还会关注他的那些对手，思考我

遇见山西 | 悟空

《黑神话：悟空》游戏内场景图（游戏科学供图）

们能不能把他的敌人也塑造好。当这个敌人是复杂的，他可能有善良的一面，也可能有他不为人知的东西，甚至有敢于直接跟孙悟空去对抗的人格魅力的时候，孙悟空的形象也会塑造得更深刻。经典的东西并不是一个束缚。

张扬：有没有心中最满意的一个形象或者一个场景？

冯骥：如果说怪物的话，哪怕到现在，我们做的怪物的数量远远超过我们发布第一

个视频的时候，那时候有一个拿着火刀的狼叫火刀狼，这个怪物是我最满意的怪物之一。在那只火刀狼做出来之后，我们就觉得好像摸索到了一点规律。

张扬：您从什么时候开始觉得自己是一个玩游戏还玩得挺好的人？

冯骥：喜欢玩游戏跟玩游戏玩得好有时候是不能对等的，我们自己叫"人菜瘾大"。感谢父母很早给我买了游戏机，到大学也有电脑了，成绩只要不出问题可能他们也不太会管，最后我也确实靠玩游戏的经验拿到了进入游戏行业的这个机会。

张扬：去了以后和你想的一样吗？你是觉得就好像鱼儿游向了大海，还是说发现这个工作和想的一点也不一样，也有很多的困难？

冯骥：我觉得我会偏向后者。首先是这样的，这个世界上有很多很伟大的游戏，这个游戏让我感觉到幸福，让我觉得这是一个很棒的、大的行业。当我刚加入第一家小游戏公司的时候，我会有一种"天使着地"的感觉。那个时候我甚至会很愤怒，因为觉得这个东西跟游戏性一点关系都没有，为什么我要做一些我自己可能也没有那么认可的东西。那个时候因为很年轻，甚至我会写一些文章来讲，这个行业好像不是我想得那么的光明。

后面真正做了反而发现，即使是做一个那样的游戏，要把它做成还是很难的。你虽然瞧不上这个游戏，但这个游戏你真去做，你就会发现你也不见得搞得定。经历了这个过程，陆续做了几个项目之后，我会慢慢地变得没有那么愤怒了。

张扬：但是想一想，如果您选择了另外一份工作会怎么样？

冯骥：我在大学的时候去中科院生物物理所待了一段时间。毕业设计当时是在那儿做的，当时我就观察到我真的不适合从事生物。

张扬：你怎么去判断你适合什么，不适合什么？

冯骥：实话实说，非常困难。其实人往往最喜爱的东西一定是自己更容易获得正反馈的东西，所以真正要问的不是"你爱什么"，应该是"你擅长什么"。然后你可能会选择一个领域是我尝试的领域里面相对来说获得正反馈最容易的。下一步仍然还是需要去专注，你得认真对待这件事。

张扬：大家都在说你们是中国首款 3A 游戏，什么叫 3A？

冯骥：其实它是一个比较模糊的概念，也有非常多的不同的一些解释，有一点是从营销的角度去营造出来的。在我的理解里，3A 游戏首先要投入了很高的成本，其次它可能会有很好的画面表现。但是实际上，一个游戏好不好是不能跟这些维度画等号的，最重要的是它得好玩。我玩完了是什么感受？我在这里面能不能体验一种不同的人生？甚至我的某些价值观跟它做了一些碰撞……一个好的游戏是要全部都有的。可能大家会记得，《黑神话：悟空》也是一个花了挺多成本的产品。其实它离一个好游戏还差得很远。我们的目标当然还是要把《黑神话：悟空》做成一个好游戏。

张扬：除了 3A 这个标签以外，还有很多像国风文化、出海等这些标签。我想问的是，"中国传统文化""出海"等这些标签在您看来是手段还是目的？

冯骥：我们虽然承认这是一个事实。因为我们确实是一个中国团队，做了一个中国题材的游戏。说它是中国风，在海外可能有一点影响力，你问目的还是手段，我认为不能把它作为一个目的。

　　我们还是先从自己出发，务实一点考量，先放下这些，先思考只做一个不带这些标签的产品的时候，是不是也能达到标准？我认为好的文化产品或者内容产品，它应该是先自然地打动了跟创作者相似的文化族群。如果它的品质足够高、持续的时间足够长，它就会自然地辐射到海外，而不是因为盖了一个国风的标签就有了免死金牌，或者你可以低品质。我认为甚至应该有更大的责任感，应该如履薄冰，需要付出更多的努力，去想想怎么能把它和这个世界上最好的产品的品质结合起来。

张扬：我看你们选择的风格是写实的，选择这种风格是不是就意味着很多东西它匹配起来就更难？

冯骥：它不能跟你的日常经验不符，你得不断模拟物理世界，而模拟物理世界很耗性能。所以这里最难的方式就是，怎么能找到一个平衡点，用不多的计算也能让它接近合理。

张扬：所以你们去了很多地方，去扫描那些古建筑？

冯骥：没错。我们在思考一个重要的关卡的关底Boss应该在一个什么场景战斗，会想它是一个大的冰湖、一个悬崖，但是当你有一天真的来到一座现实中存在的寺庙，它有非常精巧、完整的结构，这个时候你会完全明白，这里就是它的天命之选，他就应该生活在这里，你就应该在这里跟它完成最后的决战。这样的场景，我们是因为在实地看到了，才决定这个创意可以走这种路数。

张扬：之前你们放出来的片子里，还听到有陕西口音的那个BGM，那个还是挺有趣的，当时怎么想的？

冯骥：这个最早也是来自杨奇，他设计了一个弹三弦的NPC。我想把它放在一个大漠风格的地方，然后它又是一个看起来有一些像民间艺人的角色。这时候我们也跟声音的负责人去商量，怎么才能把它结合起来。他提出来试试用陕北说书搭一搭。然后，

夜幕下的应县木塔（刘皓天 摄）

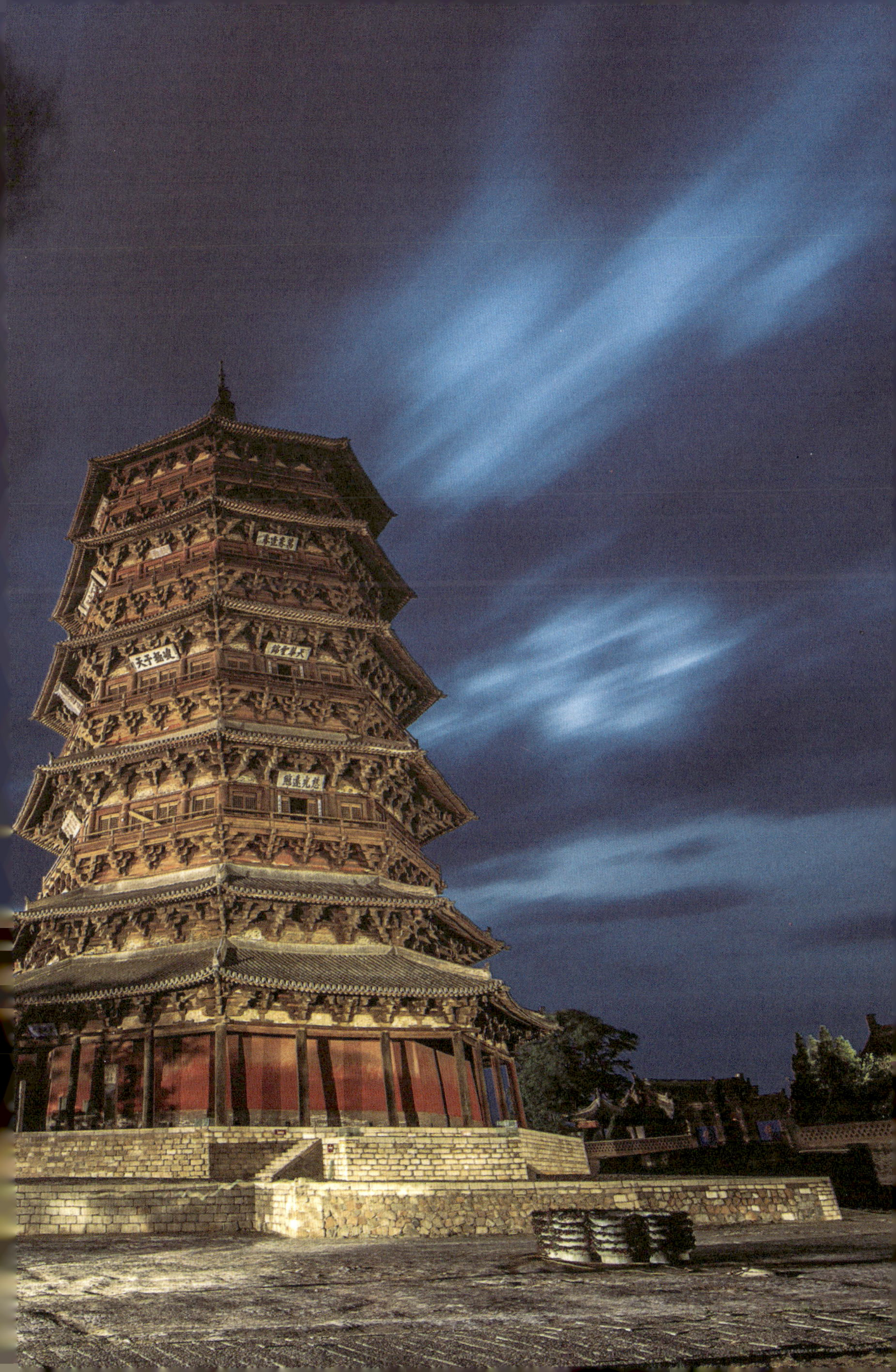

我想能不能用这个方式去写一些台词，这个台词其实有点像顺口溜，它只是要用那个方式去演绎。试唱了一下，放到我们游戏的过场动画里，结果惊人地和谐。恰如其分的一种中国元素。

张扬：这么多中国元素放在游戏里面，海外玩家在玩的时候，他们能理解吗？

冯骥：我觉得这个也分两说。新奇感是有的，毕竟这是很少通过游戏作为载体去放出来的东西。但另一方面，这是超越所谓感官上的刺激、画面声音的刺激以外的东西，坦白说是有门槛的。例如，在我们的文化里，或者说在我们中国神话里，"土地公"就是一个非常微妙的角色。

张扬：我们小时候看《西游记》的时候，可能对土地公公有很多想象。

冯骥：你仔细观察的话，会发现这个土地公很像人参这样的地里的植物，然后变成了一个精怪，最后可能得到了册封就成了土地。

张扬：这也是咱们小时候看的书里边写的情节。

冯骥：你说他是这个地方的领主吗？他也不是。他是这里的父母官吗？他也不是。他好像就是一个中国特色的小神仙。他虽然管不了这里的妖怪，但是知道这里的风土人情。这种角色怎么定位他是谁非常难。他介绍他是火焰山的土地公的时候，我就发现这个翻

对话篇 | 对话冯骥

《黑神话:悟空》游戏内场景图(游戏科学供图)

译就特别困难。这种时候我们就会停下来，先想能不能去搬海外比较现成、容易理解的概念，最后我们想到一个词叫 keeper。这个词也许有一种隐隐的意思，能够代表他是知道这里的事情、维持这里的关系的一个存在。

又如等级、经验值，在中国文化里，它可能叫道行、灵蕴。那些独有的，尤其是在中国文化里它是一个名词，而且只指向一个个体的词，我们就直接用拼音的发音，最典型的就是"WU KONG（悟空）"。我们没有用任何其他的翻译，我们觉得这个词就足够好听，而且足够清楚。悟空拿什么东西打妖怪？他拿的是如意金箍棒。这个词我们当然可以去想，它是一个长的木棍，镀金的棒子。最后我们选择的是"JIN GU BANG（金箍棒）"。"WU KONG（悟空）"拿"JIN GU BANG（金箍棒）"打妖怪。

张扬：游戏中悟空那个"定"那一下真是挺恰到好处的。

冯骥：说到关键了，可能这是一个真正的难点，就是我们怎么能用一个孙悟空的方式战斗，而不是一看他就是一个套着孙悟空的皮的别的角色。为什么大家会觉得这个《黑神话：悟空》看起来还是挺像想象中的西游的，其实没有什么巧妙的办法，就是老老实实地看原著。最后你看到的"定身术""吹毛"这些东西就是这么来的。

张扬：从一个外行的角度来说，我对这个事情还是比较好奇的，能不能给我们分析一下，为什么我们有这么多的好的题材，直到现在才有了跟别人已经玩了好多年的游戏一样水平的作品？

冯骥：前面大概提到了，其实这事儿是有门槛的。首先这个门槛在技术上就是很高的，也许十年前，我们要做一款同样的游戏可能需要两倍于现在的人。

张扬：我能理解为以前国外的门槛也是那么高，只不过人家愿意担更多的风险吗？

冯骥：这个就是发展带来的市场格局的变化。国外在没有互联网的时候，已经开始出现挺多的这样的单机游戏，然后就形成了相对比较固定的消费习惯。20世纪90年代末到2000年，当时出现了互联网革命。网络游戏出现之后，中国就跨越了20世纪八九十年代的单机的阶段，直接到了一个人人就可以用PC上网体验网络游戏的阶段。这个在全世界都是罕见的，中国就从一个没有单机游戏的市场变成了全世界最大的单机游戏市场。这个市场不可能一蹴而就，这件事情也是一个很容易被忽略的成本。这个不是由一款游戏去承载，而是你的事业生涯应该追求最后能够跟他们去比一比，去并肩。不可能说我们比一个有20年、30年、40年积累的公司更加成熟，但是我们要做出世界品质，这个心气要有。

张扬：您觉得您是偏理想主义者，还是偏务实主义者？

冯骥：可能会有很多人以为我们就是这样一个团队——一腔热血、理想主义、不顾生死。非常感谢大家把我们想象成这样。但是事实上，要让这个事情可持续，需要天天琢磨它的可行性。我觉得你这两句话可以结合起来，就是希望自己成为一个务实的理想主义者。有一句话是这么说的："最后让你痛苦的不是远方的高山，而是鞋底的沙子，沙子是无穷无尽的，但是你想走到那座山，就得忍受这样的过程。"你在认清这件事，这个很棒，不就是要认清这些事吗？踏上取经路，比抵达灵山更重要。

临汾小西天内的悬塑（徐劲松 摄）

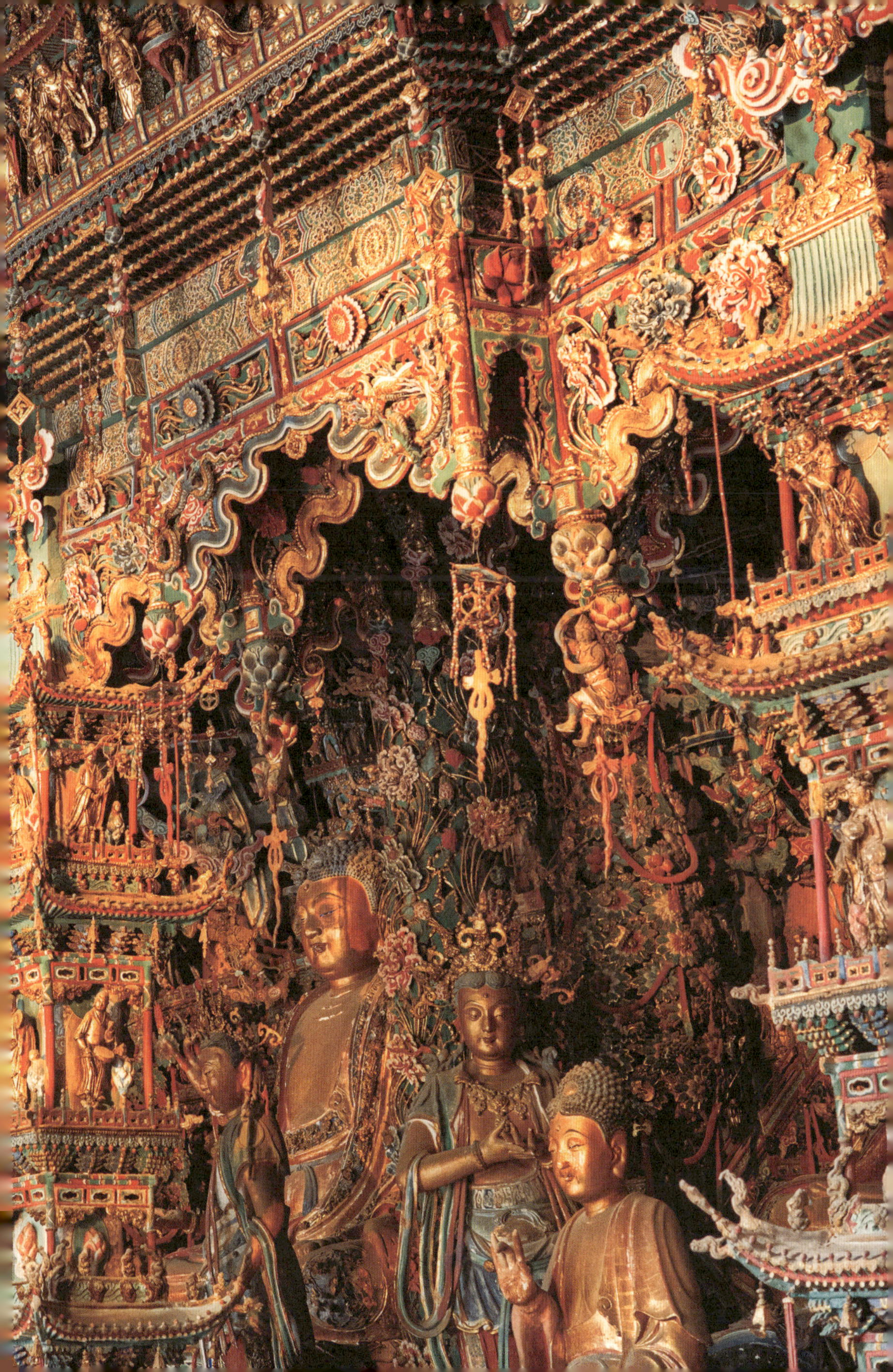

《黑神话：悟空》游戏内场景图（游戏科学供图）

纪录片《扬声》关注国产3A游戏《黑神话：悟空》

记者手记

×

新华社《扬声》主创团队
- 文 -

2024年8月下旬，国产3A游戏《黑神话：悟空》，一连数日，活跃在了几乎所有视频平台和社交媒体用户的手机屏幕上。

8月19日，《黑神话：悟空》上线前一天，我们团队的几个小伙伴围在电脑前，一起点下了纪录片《扬声》第三期"张扬对话冯骥"的发布按钮。

作为游戏发布前的全球首发且唯一深度报道，新华社记者张扬对《黑神话：悟空》制作人冯骥及主创团队的专访内容，迅速登上了各大平台热搜榜首位，成为全网关于该游戏最权威、最丰富的独家信源。国内外主流媒体纷纷跟进，数百家市场媒体及游戏垂类自媒体均根据我们的专访进行二创传播，在各大平台实现内容的刷屏传播。第二天，《黑神话：悟空》上线，不仅轰动了全世界的游戏玩家群体，更打破圈层，成为全网热议的现象级传播事件。

为什么是我们？我们又是怎样做到的？

作为《扬声》主创团队，这次我们也想和大家聊聊节目背后的故事。在长达一年的策划周期里多次论证选题，在杭州与主创团队展开超过 10 小时的深度对谈，以及节目上线前，在剪辑室里的熬夜拉片和对着主题内容反复展开的激烈讨论……一切仍旧历历在目，一切共同组成着我们的答案。

一

其实，在一年前我们就密切关注这部游戏作品的开发进程，并调研了该游戏的制作背景、行业反响及大众认知。

我国是全球最大游戏市场，其中，单机游戏目前仍属小众领域。3A 单机游戏

《扬声》第三期：张扬对话冯骥（新华社《扬声》主创团队供图）

大作，因承载更多匠心、彰显更高水平，被认为是游戏工业上的"明珠"。游戏产业一方面承载着文化价值及影响力，一方面因上下游产业链庞大、核心技术密集，有着显著的经济效应。具体到《黑神话：悟空》这个产品，它自2020年8月20日发布第一支实机演示片段视频后便引发玩家热议，承载了无数玩家对国产优质游戏的极高期待。

基于这样的分析判断，再结合近几年对国产影视、动漫等文化产业的观察，我们最终确定了《黑神话：悟空》这一选题，对这款游戏的文化内涵和研发技术等方面给予关注和重视，努力寻求主流价值观与年轻人兴趣点之间共通的意义空间与共振的情感频率。

二

确认选题后，我们与《黑神话：悟空》主创团队开展了多轮沟通，在游戏上线一个月前，我们提前完成了采访拍摄，预留时间做周全的传播方案和话题设计。在2024年8月18日、19日我们陆续发布预告片和主视频，将事件热点与对文化产业的思考、传统文化出海等正能量议题勾连，通过优质长、短视频原创内容，在纷繁复杂的网络热点事件中，将主旋律声音"置顶"。

伴随着《黑神话：悟空》正式上线，该事件引发全网热议，数十家主流媒体也围绕传统文化、国际影响、产业创新等话题点展开报道。另外，数百家市场媒体及游戏垂类自媒体均根据我们的专访进行了二创传播。

我们观察了网友的互动反馈，发现主要聚焦在以下方向：首先，充分肯定产品与优秀传统文化的深度结合，表达对中国传统文化的兴趣和热爱。有网友在评论区写下："这次，我想在中国神话里，当一次齐天大圣！""中国的传统文化是咱们中国人的最大瑰宝，是取之不尽、用之不竭的素材。其实文化是可以多管道、多方向、多产业输出的。我感觉已经不单单是个游戏这么简单了，它迈出了游戏和中国传统文化大融合的第一步。哪个行业都要静心去沉淀才能

《黑神话：悟空》制作人冯骥向新华社记者张扬介绍游戏幕后故事（新华社《扬声》主创团队供图）

出好的东西。咱们老祖宗留下的艺术瑰宝，应该通过各种方式弘扬到世界。"

其次，玩家群体不希望把整个行业扣上"上瘾""沉迷""氪金"等词汇，支持像《黑神话：悟空》这样的产品获得更多关注和认可，助力行业的良性健康发展。有网友在评论区写下："这次采访说明了，国产游戏产业逐渐从商品型消费游戏，开始向文化性产品的转变。积极承担文化责任，讲好属于中国的故事，让游戏产业成为优秀文化市场中不可或缺、充满生命力的一环。"

从媒体同行的报道和受众的反馈来看，我们的内容在新媒体平台上成功设置了精准的话题，在现象级流量中有效引导了舆论方向。

三

在《扬声》中，新华社记者张扬保持了作为"游戏外行"对于嘉宾的尊重谦和，又不失作为专业记者的职业素养和细腻的访谈风格，在30多分钟的访谈里完成对传统文化、产业发展等宏观话题的探讨和对嘉宾人生感悟、创业经验的呈现。

在内容设计上,《扬声》重点突出产品与传统文化的有机融合。以《西游记》为背景的世界观设定、融入全国多处名胜古迹的场景设计、产品中融入陕北说书等非遗音乐……《扬声》逐项讲述《黑神话：悟空》所展现出的中华文化独特魅力。它将古老的神话故事以现代游戏的形式呈现，为传统文化的传承与传播提供了新的途径和方式。

正如《黑神话：悟空》制作人冯骥所说，作品只有先打动和你相似的文化族群，才有能力外溢影响到更多不同文化环境的受众。《扬声》从传统文化延伸开来，也讲述了《黑神话：悟空》在文化出海方面做出的努力和取得的成绩。广大海外玩家因为对这款游戏的关注，对《西游记》等中国传统文化产生了浓烈兴趣。这为中国传统文化对外传播、促进文明交流互鉴提供了宝贵经验。

在讲述传统文化之外，我们也从行业发展的视角切入，重点呈现了《黑神话：悟空》在制作技术上取得的创新突破。先进的游戏引擎、成熟的动作捕捉技术、专业的杜比全景声……《扬声》生动展现了单机游戏对技术和产业创新的推动作用。选这样的案例来探讨，也有助于整个行业的健康发展。

在话语方式上，这篇报道成功实现了与年轻群体的交流共鸣。"游戏"在国内舆论场中长期面临"尴尬"处境，一边是积年累月形成的负面思维定式，一边是行业发展日新月异，主流媒体时常"不想碰""不敢碰""不知如何去碰"。作为新媒体主战场上的"特种兵"，我们要积极探索在这一话题上沟通不同年代、不同圈层、不同认知与态度群体的路径。节目严肃而不失活泼，温和而不乏尖锐，不使用网络语言却能够"戳中"年轻网友的内心，不用吸引眼球的言论却成为许多年轻观众的"嘴替"，尊重年轻人、与年轻人产生共鸣。

回顾纪录片《扬声》这期节目，我们发现，在策划端既要"接地气"，又要"连网线"；在制作端要实现"不仅人无我有，也要人有我优"；在播发端则是要聚焦受众关切，用心用情互动。《黑神话：悟空》的故事，到此已不仅仅是一个重走取经路的故事，也是一个中华优秀传统文化与新质生产力有机融合，迸发出更澎湃生命力的故事。

《黑神话：悟空》游戏内场景图（游戏科学供图）

对话 游戏科学

　　《黑神话：悟空》的成功离不开滋养出璀璨文化的华夏大地，离不开游戏科学公司天马行空的想象力和脚踏实地的执行力，也离不开以新华社为代表的央媒踊跃发声点赞。

　　从破壁"游戏圈"到打通"文化圈"，新华社记者解园洞察到这款游戏背后展现的是中华文化的旺盛生命力和无穷创造力，并采制出一系列脍炙人口的独家报道。

新华社：为什么会选择以《西游记》为游戏故事背景？

游戏科学：这个问题很多人问，甚至有声音说，怎么又是《西游记》，不能整点新的吗？虽然《西游记》未必是现在最新、最潮的东西，市面上也有很多可以去选择的题材，但我们思考问题的原点还是，哪些东西是我们真正可以打动自己的？先不管它时不时髦，它是不是一个让我们很快就能想到、让我们感到激动的题材。

同时，我们觉得中国的神话，或者这种东方的、带有魔幻色彩的这些内容，以前做得还不够，还没有达到我们心目中要达到的那种境界。我们能不能把这件事情做得再好一点？

如果这种思考带来一种使命感，那么对我们来说，实际上就不会存在为什么要做《西游记》题材的问题。因为我们在不断地感受思考带来的激动，这种激动甚至不仅仅是精神上的，更像是生理上的一种兴奋。

所以在这个维度上，我们一直在思考和讨论，孙悟空取完经后怎么样了？他在哪里？他去做什么了？《西游记》里有很多的故事，这些故事乍听上去，甚至有些不合逻辑，那到底背后的逻辑在哪里？

对于这些内容我们会去探索，会去争吵，会去尝试，甚至还会去推翻。比如说原来我们做上一款《西游记》题材的产品的时候，我们觉得我们理解的角色是这样的，但也许到了《黑神话：悟空》里，它会有一些不一样，因为你的年龄也会增长，你也可能会看到更多的一些角度。

新华社：游戏中有很多古建筑、雕塑等元素，听说你们去全国各地做了很多的扫描、建模这些工作，为什么要做这些工作？

游戏科学：这个过程还是比较曲折的。虽然我们一开始是想做原创内容的，无论是人物还是场景，希望每一笔都是自己画出来的，自己也很享受这个过程，但是后来才发觉，时间和精力成本太高。

我们希望《黑神话：悟空》能让玩家有历史代入感，那么在这个历史

《黑神话：悟空》游戏内场景图，取景于长治明惠大师塔（游戏科学供图）

条件和文化背景下，最具代入感的一定是现实中存在的东西，这个东西能够第一时间就把你"抓"进去，所以我们是在走了一些"弯路"后才决定去做实景扫描。

我们去全国各地跑了一些历史文化景点，然后去协调、布景、搭建、拍摄，虽然这都很费人力，但这个过程其实让我们轻松了不少，因为做出来的东西确实更符合时代背景、更可信了。

新华社：怎么突然就确定不要自己创作了，决定去做采集的工作？有没有一个类似于转折的一件事？是画得怎么感觉都差那口气，还是创作过程遇到瓶颈了，需要出去看一看？

游戏科学：（我们）一定是画不过（古人）的，古人是真的可以心无旁骛地坚持几十年，甚至几代人共同创作一个建筑、造像或者更宏观的造像集

长治明惠大师塔实景（游戏科学供图）

群。我们现在缺乏这样的心境，也没有这样的时间再去做这些东西，所以一定做不过古人。这确实是历史切片里面的艺术高峰，没必要去挑战它。实景扫描这个过程也给我们很多的营养，让我们更好地去观察和学习。

新华社：游戏里扫描了多少古建筑？
游戏科学：具体的数字我们不做透露，但一定不少。这个游戏很好玩的一点就是，大家可以安心在每一个角落里面花时间找一找，一遍通关后不一定能发现全部。

新华社：出现的每一个建筑，基本上都有现实中的原型？
游戏科学：对，大部分建筑都是有现实原型，我们在塑造游戏中的地貌环境的时候，也会去找最适合那个建筑的地貌环境去塑造。有一些是在玩家的必经之路上，有些可能在一些角落里，还有些在一个玩家想不到的空间里面。大家看到的时候如果觉得环境和建筑之间的契合是 OK 的，那我们就觉得很开心。

新华社：有媒体统计，《黑神话：悟空》在全国有 36 个取景地，其中在山西省的取景地多达 27 处，为什么在山西取景这么多呢？
游戏科学：我们在山西的取景地非常多，具体数量没有统计。玩家们能够看出，我们游戏的背景设置是基于现实的，大致在魏晋到明代以前这个历史时期，随着游戏的进展，历史风貌也可能会有些变化。所以基本上我们都选择在魏晋到两宋之间那个阶段的文物去取景。

我们选择山西的主要原因是山西的地上建筑很大一部分是非常符合这个历史时期的，它们的留存也非常完整。

新华社：山西的很多历史文化建筑都是比较小众的，你们为什么会去花精力、时间，跑很远的路去取景做这件事情？
游戏科学："地上文物看山西"，山西在古建筑领域确实有巨大的优势，我们早早就知道这一点。以前，人们看到的很多场景都是在书本里。我们有同事大学的课程就有中国美术史，分古代史和近现代史部分。古代史里面有大量关于山西历史建筑、雕塑、绘画等文献资料，但都是基于平面的，所以我们也非常渴望去山西看一看，就算不做游戏也希望去看一眼。

上学的时候没空，但是因为工作有了这样的机会，所以我们立刻就选择去实景考察。印象比较深的是去山西晋城泽州玉皇庙取景，其实二十八星宿的雕像我们全是在书本里面看到的。到了现场我们看到雕像虽然在一个非常昏暗的室内，有一圈铁栅栏隔着，但还是非常震撼于古人精湛的技艺。我们当时进去拍摄的时候，每个轮次只能有一个人进到栅栏里面，然后外面有一排安保人员，来确保我们扫描的时候操作是安全的。

每一个造像我们可能都要拍几百上千张的照片，然后通过云解算的技术把它解算成模型。这个模型做完之后我们会发现上面有很多的瑕疵，如果想要观众一比一地更准确地感受到这种原貌上的瑕疵，这些瑕疵都要经过手工处理。我们就会把不干净的一些数据清理干净，把它的所有的纹理全部进行二次处理。最终我们会在不同的光照环境下去测试它是不是符合我们要求的视觉上的效果。当一切的标准都达到之后，我们才会上传引擎，并且在实际的游戏场景中去浏览。尽管从拍摄到最后在游戏中呈现要经过很多过程，但看到这些雕像的时候，我们仍然感到很兴奋。

新华社：请分享一些扫描建筑过程中比较曲折的经历。
游戏科学：山西高平的铁佛寺是我们心心念念的一处寺庙。上大学的时候，铁佛寺造像有一本画册，当时我就被里面造像的工艺的精美、风格的特殊震撼了，一直非常想去现场观摩。

这次也是通过各种机缘巧合，我们去到了高平。我们在镇子里面绕了很久，最终在一个角落里面发现了铁佛寺，它居然就位于一个很小的民宅的院落中。整个铁佛寺的寺院仅有一个老奶奶在看护，她说她母亲也是这样做的。她给我们看了很多当时的画册和各个年代拍摄的照片。打开门之后，我们看到里面的造像非常紧凑地

《黑神话：悟空》游戏内场景图，取景于山西晋城泽州玉皇庙（游戏科学供图）

处在这个狭小的空间里，非常地震撼。虽然出于文物保护的角度，我们进去踩点时不能待太久，但我们在里面都不舍得出来。

我们想成功地扫描铁佛寺，但是它的室内环境过于狭窄，如果做搭建，风险还是比较大的，我们和文保单位的工作人员做了评估，最后还是放弃了。

后来我们想既然这么喜欢这个地方，还是要手工还原出来，所以最后游戏中呈现出的内容是我们手工做出来的。

另外印象比较深的是平遥的双林寺。我们有成员第一次去的时候是读中学的时候，

晋城泽州玉皇庙二十八星宿实景（阮祯鹏 摄）

他说从平遥古城到双林寺一路都是土路，路边还有牛、羊，穿越一片树林最终才到双林寺。他第二次去的时候，崭新的道路已经在铺设了，寺内也有了更规范化的保护。团队最近一次去双林寺参观的时候，道路已经非常通畅了，当然这也得益于平遥这几年举办摄影节、电影节，以及在各种旅游文化上的发展。

山西的很多景点都是这样的情况，相信在不久的将来，游客可以通过便捷的道路抵达更加不为人知的景点。当然现在，我们把它们扫描出来放在《黑神话：悟空》里，以便大家在游戏里先睹为快。

新华社：扫描了这么多建筑后，你们接到玩家的反馈大概是什么样子的？
游戏科学：有很多历史建筑类的视频创作者去山西的取景地现场拍摄，向粉丝们介绍当地的文旅资源，他们不仅会介绍取景建筑，还会介绍交通、美食、人文历史等内容。有的视频创作者为了亲抵现场，要乘坐火车或者飞机，到了以后换巴士，换完巴士后还要再租车，确实非常不容易。

山西有很多地上文物，景点比较分散。我们去扫描的时候，也是扫描完一个点，紧接着就要去下一个点，可能就要在车上坐四五个小时，才能到下一个地方。这可能也是为什么山西的这些景点现在保护得比较好的一个原因。我们相信随着各地的文保意识和文保科技手段的逐渐提高，这些地方未来会更开放，大家可能更有机会去亲眼欣赏古人高超的技艺。

新华社：除了古建筑，还有哪些游戏里面呈现的内容是你们花心思的？
游戏科学：我们也跟一些博物馆合作，在他们的现场指导下去拍摄一些文物，然后还原出来。在游戏中，会涉及《西游记》里面的炼丹学、草药学，游戏里用的器皿，可能都来自一些博物馆的原型，主要是以魏晋到两宋之间的文物为主。玩家在游戏里的行为能用到当年的很多民间器皿，大家可以像古代人一样去用这些东西。我们有一个关卡，整个关卡和人物的塑造都来源于一个悬塑造像，整个悬塑造像启发了我们，应该通过这样一种形式串联起这一关的整个故事。

新华社：把那么多传统文化的元素通过建模扫描的方式放在游戏中，你们会不会觉得在这方面的探索不仅能够丰富游戏场景，还能让更多人喜欢传统文化？

游戏科学：传统文化就在那里，你看到它一眼自然就会喜欢上。可能因为有很多的客观条件，大家没有那么多时间和机会去近距离接触，现在《黑神话：悟空》所做的就是为大家拉近一点空间距离，让大家以更方便的方式来欣赏传统文化瑰宝。

目前来看，我们觉得把历史文物扫描进游戏的方式做对了，以后我们会在这方面做更多的尝试，也会去更多的地方。

新华社：《黑神话：悟空》为今后在文化创意领域衍生出更多的好作品能带来哪些启示？

游戏科学：《黑神话：悟空》只是在游戏领域的一次尝试。虽然可能其他作品因为题材没有涉及历史建筑，但我们认为，除了视觉形式外，未来《黑神话：悟空》对于诗歌、音乐等形式在各个行业对传统文化的呈现方面都有借鉴意义。

洪洞广胜寺飞虹塔（张旦 摄）

《黑神话：悟空》中文版 logo（游戏科学供图）

我在游戏科学取到什么经？

记者手记

×

**新华社
记者
解园
- 文 -**

《黑神话：悟空》可谓是 2024 年以来现象级的电子产品，线上线下，它的火热仍在持续：在山西的古建筑内，挤满了来自全国各地的游客，在国外的社交媒体上，《西游记》的解读受到万千外国粉丝的关注……世人看到的，不仅是中国游戏开发者的顶级的创造力，还有令人赞叹的中华文化。

此轮"悟空热"中，新华社是首家发声的中央媒体，各类报道层出不穷、亮点纷呈。作为在此次报道中首位采访到《黑神话：悟空》制作团队的记者，我参与采写了 50 多条报道，多篇稿件实现了全球首发，并被路透社、彭博社等海外主流媒体采用，为《黑神话：悟空》话题在全球的现象级"火爆"贡献出一份绵薄之力。

从 4 年前就开始关注这款产品，到有幸亲身参与《黑神话：悟空》全球首发独家报道，再到完成"一周目"（第一次完整地通关一款游戏），这趟持续了 4 年的"取经路"终于完美闭环，也终于有时间从媒体人/玩家的角度，分享一些与游戏科学有关的故事和感受。

一

对于不甚了解游戏产业的人来说，《黑神话：悟空》火得有些突如其来。身边总有人私下问我，"是对方主动联系你的吗？""是有关部门组织协调的吗？""你是怎么采访到核心内容的？"

与《黑神话：悟空》结缘，是 2020 年偶然在 B 站上看到相关的游戏科学第一支向公众发布的实机演示片。和广大中国玩家一样，第一次得知一家中国公司正在开发一款完全基于中国传统文化元素的 3A 游戏，我不禁心潮澎湃。直觉告诉我，这款游戏将来一定会引发全球轰动，同时，这也是文化产品创新领域宝贵的新闻线索。

继第一支实机演示片在 B 站一天内浏览量破千万后，游戏科学在接下来的 4 年里每次发布相关视频都能在游戏圈内掀起一阵热潮。这也使我思考，这种传统文化与现代技术的双向"奔赴"，正是新时代下文化供给不断丰富的真实写照。

2022 年，山西省文旅厅发布了与该游戏的联动视频进一步为我打开思路：山西本土的玉皇庙、双林寺、五台山等游戏取景地充满文化底蕴，结合新华社兴起的"两个结合"报道热潮和山西省在文化报道领域的特有优势，我的思路自然落到"游戏产业何以掀起文化热潮"上。

有了思路，"取经路"才迈出第一步。如何将想法落为笔下的文字，前面还有"九九八十一难"。

最困难的是联系采访。游戏科学公司只在山西取过景，从2020年之后，网上没有任何相关采访内容。我通过邮件、微博、电话试图联系对方，但都没有成功。

2024年6月8日，游戏科学发布了游戏发售前的最后一条宣传片，视频结尾处"8月20日"的发售日期，既让我兴奋也让我紧张——两个月的时间，够打造一组精品报道吗？

当尝试过各种现有途径都无法联系到游戏科学后，我再次将目光投向山西文旅厅与游戏科学联合发布过联动视频。果然，几经周折这条途径还是帮我联系到了游戏科学，而谈及采访，对方则回复"研发繁忙，请两个月后再对接采访"。

游戏开发的最后阶段，确实是最"吃劲"的时候，我非常理解。但就此放弃，恐怕对中国文化产业来说是一笔巨大损失。

我相信，新华社多渠道、多层次、多语种的报道优势，一定能为中国首款国产3A游戏的发布带来空前绝后、不可估量的影响力。这组稿件的价值已经不仅在于报道"首款国产3A游戏"，而是对我国扩大全球文化影响力的一次宝贵机遇。

但工作还是要讲究方式方法。通过山西省文旅厅，我先表达了对"研发繁忙"的理解，然后试探性地询问能否先加微信，以便两个月后对接采访。对方欣然同意。

与此同时，准备工作已然启动。我得知在此前的取景过程中，山西文旅部门为游戏科学提供过不少帮助，于是半个月后，我再次提出"拍摄宣传山西文旅景区"希望对方给予指导，游戏科学也表示欢迎。

一来二去，双方在闲聊中不断熟络。我不断表达对游戏的期待，以及对游戏中承载的中国文化表示感激和欣赏，对方也深以为然。话题一上升到文化层面，我再次耐心介绍新华社向海外传递中国声音、讲好中国故事的职责和优势。话已至此，经过之前的铺垫，我终于顺利争取到全球独家专访的机会。

二

采访时间距离发售已不足一个月，对游戏科学来说，测试、修复bug、宣发都到了分秒必争的关键阶段，但主创团队依然花两天的时间接受我们的专访。

对我们来说，压力同样不小。且不说一个月时间是否足够打磨出一批精品报道，第一次专访一家游戏公司，也是一次大胆而全新的尝试。

7月21日，采访正式开始。第一天接触下来，我们内部就形成这样的共识——专访不但能成，而且一定会爆火。这不仅因为我们确实很期待这款游戏，更因为在言谈举止间，游戏科学团队传递的价值观和企业精神，散发出一股务实的实干家态度，这与他们身上闪闪发光的理想主义精神，交织出令人着迷的火花。

担任游戏科学总策划的冯骥，将这种特质体现得淋漓尽致。从一名生物医学工程本科生，跨界到从事游戏行业；从在腾讯公司年轻有为，到自立门户创办游戏科学；从在手游领域初出茅庐，再到转投从未涉足过的单机游戏市场，冯骥的每段经历都让外界看来"匪夷所思"。但这些角色转变的背后，始终贯穿着对游戏行业的热爱。

总有人说，当把热爱做成了工作，这份热爱也会销殒，但在冯骥身上，我找到了另一种答案。只要聊到游戏，在场的所有人都能从他眼里闪烁的亮光、飞舞着的手部动作，感受到他想把在工作中获得的快乐也传递给别人。

"做打动自己的产品。"当被问到为什么又选择了西游题材，冯骥的回答令我印象深刻。在当今社会，他没有把流量高、赚钱快这些外部指标定为目标，而是反求诸己，提出了"打动自己"这样一个看似模糊实则门槛极高的要求。

孙悟空取完经后怎么样了？他在哪里？他去做什么了？这些思考为他和团队带来一种强烈的使命感，他们为此争论、实践、完善，随着年龄和阅历的增长和对孙悟空形象的再认识，推翻之前的结论，再重新来过，一次一次，不知疲倦。

游戏的美术总监杨奇——《黑神话：悟空》的另一位元老，与冯骥不谋而合。数年前在团队下决定开始研发这款内部代号为 b1 的产品时，杨奇曾写下这条博文："新的一年开始作大死，入行 10 年仿佛就是等待这一天。半夜出门开会，整个小区的树林都在轻声呼唤我的名字。"

我清晰地感受到，游戏科学的每位核心团队成员对开发这样一款游戏都充满热情和期待，以至于对他们来说，作出"重走西游路"的决定让大家都"松了口气"。而当外界试图把《黑神话：悟空》的成功归因于一群理想主义的狂欢时，冯骥及时澄清了这一点。

"伏尔泰说过，'使人疲惫的不是远方的高山，而是鞋子里的一粒沙子'。《黑神话：悟空》走到今天，靠的不只是天马行空的想象，而是一行行代码、一句句对白、一支支画笔。"冯骥说。

事实上，这也是团队将公司名字命名为"游戏科学"的原因，他们认为做游戏不仅有据可循，而且需要用科学的态度去研究、去打磨。

情怀恰似悬在夜空的一轮明月，在两千多个日日夜夜里，让他们静下心来踏踏实实走好每一步"取经路"的，终归是务实的态度。

令我感到有趣的是，正式采访结束后，冯骥似乎意犹未尽。从三楼到公司门口，他一直在对我强调，拥有一支稳定且目标一致的团队是一件极其奢侈的幸事。

作为一名玩家，当看到自己喜爱的游戏是由这样一群人打造的，我的内心感到无比幸福。我知道，在未来十几年，甚至几十年里，当我从繁忙的工作、生活中偷得闲暇时，能有他们制作的游戏为我做伴，我打心里感到踏实。

三

我们今天热衷于讨论《黑神话：悟空》带来的文化热、古建热、外宣热，诚然，这款游戏确实把无数人的目光引向隐匿于山间的寺庙、寂静千年的古刹，但不能忽视的是，这款作品成功的底层逻辑是优秀的产品表现，这是《黑神话：悟空》所有溢出效应的根基。

作为一名玩家，这点体会尤其深刻。采访中冯骥提到"游戏会让人产生幸福感"，彼时的我对此并没有感同身受，甚至抱有一丝怀疑——打游戏不就是一种消遣，何以上升到幸福感？

而当我在冰雪漫天的小西天中翱翔，在斯哈哩国里找寻往昔黄金之国的秘密，在与大圣残躯切磋技艺中，游戏科学精巧的设计总能戳中我——原来游戏可以这样设计，原来中国玩家值得这样被真心以待。

我并不是在吹嘘《黑神话：悟空》，作为一款动作游戏来说，《黑神话：悟空》并不完美，事实上，在我看来它有很多明显的缺点，它的操作难度也并不适合所有玩家，但如果你也对中国制造有一颗期待的心，加上你儿时的几个暑假也在《西游记》的浸淫中度过，恰巧你开始意识到中国传统文化有一种天然的吸引力，你大抵也会喜欢上这款游戏。

进入游戏，你总会惊叹于游戏科学对细节的把控，不消说大多数角色是《西游记》原著的延伸，游戏中甚至为每个出现的角色撰写了《影神图》，用来介绍他们的生平。

这可以说是我最喜欢的设计。在第二回黄风岭的故事中，我细细研读了黄风大圣、沙国王、虎先锋、疯虎、虎伥等角色的故事，上B站观看了解析视频，甚至复习了86版《西游记》，只为搞懂这一回的来龙去脉，当我把所有角色的故事串联起来，还原了令人唏嘘的故事背景，这种巨大满足感和成就感确实带来一种"幸福感"。

游戏的美术风格也是玩家们津津乐道的亮点。这一方面归功于团队极高的美术功底，另一方面则得益于团队赴全国各地文保单位进行实景扫描。玩家大可不必奔波着挑战各种妖怪，放慢脚步，徜徉于山水之间，不失为另一种享受游戏的方式。对任何人来说，在游戏中看到家乡的古建筑、文物，很难不停下来驻足欣赏。

另外一个不得不提的亮点是章节动画。6集中国风浓郁的动画，将主线剧情的主旨生动地串联起来，有的探讨人性，有的探讨爱情，有的探讨兄弟情谊，不仅许多中国玩家深受感动，甚至外国朋友都为之落泪。这时我才更加理解冯骥在采访中说的话，"吴承恩和莎士比亚并没有什么不同""只要品质过硬，它大抵会跨越文化界限，吸引全球玩家"。

当然，游戏中还有很多创新，比如陕北说书成为第二回的点睛之笔，不少外国人称其为"中式Rap"，还有对《云宫迅音》的改编，给人振奋昂扬的感觉……这些创新为游戏产业打开了广阔蓝海。

对国内游戏公司来说，《黑神话：悟空》的成功具有极强的借鉴意义。中国已然是全球第一大电子游戏消费市场，单机领域在中国作为一个较新的领域，需要更多资本进入，培育健康的商业模式，丰富人民消费需求，挖掘市场增长潜力。

《黑神话：悟空》也打开了中国传统文化创新和发展的蓝海。在过去几个月里，我们看到山西的小西天、玉皇庙、应县木塔挤满了来"打卡"的游客，大家因游戏而聚首，为文化而叹服；我们看到年轻人群体中掀起新的传统文化热潮，有人搬出传统乐器演奏《云宫迅音》，有人详细解析《西游记》中的故事，有人踏遍博物馆寻找游戏中的道具……文化是一个国家、一个民族的灵魂，承载着民族成长发展的基因和印记。博大精深的中华文化需要通过更多新的载体实现创造性转化、创新性发展，从而永葆生机与活力。

我们还看到中华文化海外传播是一片广阔蓝海。文明需要交融，无论是人群、思想，还是文化，都是在不断传播、交流、互动中得以发展、得以进步的。《黑神话：悟空》以潜移默化的方式，让海外受众自己爱上中华文化、宣传中华文化，这充分说明中华文化的强大魅力。相信随着我国文化软实力的不断提升，越来越多优质文化产品将如雨后春笋般，在世界文化领域拔节生长，为文明交融、人文交流贡献更多中国力量。

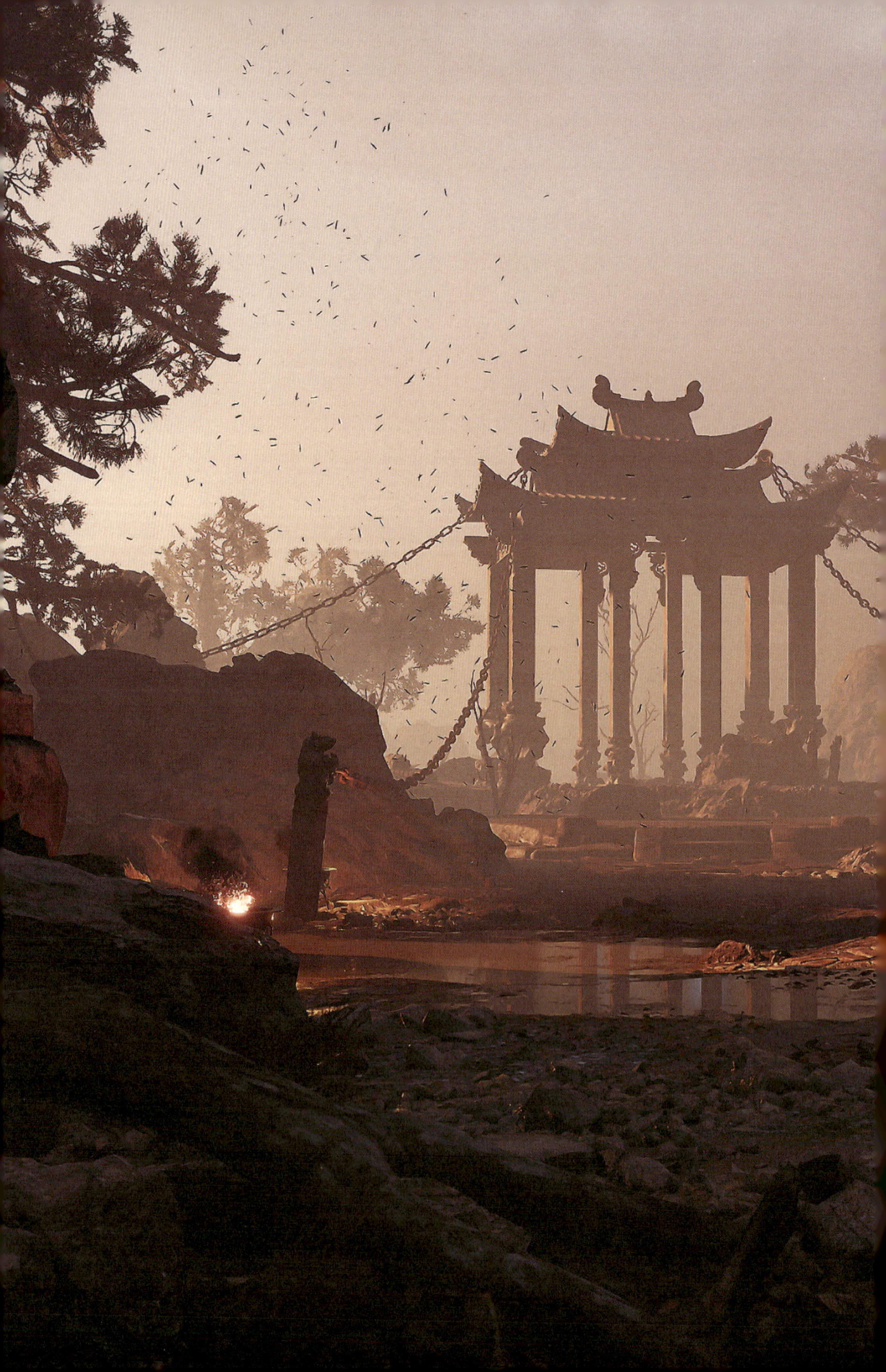

悟空

遇見山西

讲述篇

云冈石窟：

平城时代最大的国家工程

杭侃
北京大学考古文博学院教授
云冈研究院院长

云冈石窟给古人以强烈的视觉震撼，北魏郦道元在其名著《水经注》的"漯水"条记载云冈石窟"凿石开山，因岩结构，真容巨壮，世法所稀，山堂水殿，烟寺相望"。云冈石窟的开凿是平城时代最大的国家工程，至于北魏为什么要倾全国之力开凿石窟，这在文献中也表述得很清楚："物之坚者莫如石，石之大者莫如山"，在大山上开凿石窟，可以"上摩高天，下蟠厚地，与天地而同久"。

公元398年，北魏道武帝拓跋珪建都平城（今山西省大同市），开启了北魏平城时代的大幕，现在的大同成为平城时代丝绸之路的起点。公元439年，雄才大略的太武帝拓跋焘消灭了建都于甘肃武威的北凉政权，重新统一了北方地区，结束了西晋之后长期分裂的格局，迎来了"百国千城，莫不款附"的局面。凉州城（今甘肃省武威市）是河西走廊上的要冲，唐诗有"凉州七里十万家，胡人半解弹琵琶"之

句，说明唐代凉州城内胡人之多。其实善于经商的中亚粟特商人在南北朝时期就多聚集此地从事贸易，"及魏克姑臧（北凉国都，位于今甘肃省武威市凉州区）悉见虏（指太武帝消灭北凉政权后，很多凉州商人被迁徙到平城）。文成初（公元452年），粟特王遣使请赎人。诏听焉"。平城在5世纪时多中亚商人，1970年在大同市城南轴承厂北魏窖藏发现了具有浓厚西亚甚至东罗马风格的葡萄童子纹鎏金高足铜杯、鎏金动物神像纹高足铜杯、鎏金錾花银碗、八曲银长杯。

公元460年，也就是北魏文成帝的和平元年，在这样一个寄寓了美好心愿的年份，文成帝采纳了高僧昙曜的建议，在北魏都城平城以西16千米的武州山大规模开凿石窟。

云冈石窟在当时是超大型国家工程，若没有相当的实力是无法支撑其开凿的。中国佛教考古学的开创者、北京大学宿白教授曾经统计过文献中的记载，从建都平

晴空万里的云冈石窟（赵文贵 摄）

城之年起,凡是从被北魏灭亡的各个政权区域内强制迁徙或从南北战场俘获的人口、财物,主要都集中在平城及其附近。"集中的数字是庞大的,就人口而言,最保守的估计,也要在百万人以上;而被强制徙出的地点如山东六州、关中长安、河西凉州、东北和龙(即龙城)和东方的青齐,又都是当时北中国经济、文化最发达的地方……迁移的同时,北魏还特别注意对人才、伎巧的搜求。"在这样的历史背景下,北魏"以其新兴民族的魄力,融合东西各方面的技艺"所开凿的云冈石窟很自然地成为北方地区兴凿石窟时竞相模仿的对象。

主持开凿云冈石窟的昙曜也来自凉州,他采用大像窟的形式为国家和帝王祈福。《魏书·释老志》的原文是:"昙曜白帝,于京城西武州塞,凿山石壁,开窟五所,镌建佛像各一。高者七十尺,次六十尺,雕饰奇伟,冠于一世。"这五座石窟就是今天编号16—20的五座大像窟,现在通常称为"昙曜五窟"。

讲述篇 | 云冈石窟：平城时代最大的国家工程

昙曜五窟外景（云冈研究院供图）

  云冈石窟给古人以强烈的视觉震撼，北魏郦道元在其名著《水经注》的"漯水"条记载云冈石窟"凿石开山，因岩结构，真容巨壮，世法所稀，山堂水殿，烟寺相望"。云冈石窟的开凿是平城时代最大的国家工程，至于北魏为什么要倾全国之力开凿石窟，这在文献中也表述得很清楚："物之坚者莫如石，石之大者莫如山"，在大山上开凿石窟，可以"上摩高天，下蟠厚地，与天地而同久"。因此，"留心佛法者，往往因山以为室，即石以成像，盖欲广其供养，与天地而同久，虑远而功大矣"（《大金西京武州山重修大石窟寺碑》）。可以说云冈石窟的开凿传达的是一种国家意志，这种国家意志在文成帝的认识里就是佛教可以"助王政之禁律，益仁智之善性"，也就是有助于国家的治理和人性的改善，因此，文成帝在"和平"元年下诏开凿云冈石窟是有祈愿和平、安康的深意的。北魏政权通过"令沙门敷导民俗"，在思想上起到了凝聚社会共识的作用。我们从很多北魏时期的造像上都可以看到僧人引导民众礼佛的场景，这些场景描绘了民众通过信仰佛教的"邑社"被组织到一起，将血缘关系进一步发展为地缘关系，这对中国中古社会的发展起到了重要的作用。

云冈石窟的重要性还在于它开启了石窟艺术大规模中国化的进程。昙曜五窟在形制上的共同特点是椭圆形平面、穹隆顶，造像主要是三世（过去、现在、未来）佛，主佛形体高大，占据了窟内主要空间。这五尊大像高者近17米，第20窟（俗称露天大佛，是因为前壁坍塌而形成的露天景观）的坐像也超过了13米。昙曜五窟的造像雄浑大气，是蓬勃向上的民族精神的写照。初唐时期的高僧道宣在《续高僧传·昙曜传》中记载云冈石窟："龛之大者，举高二十余丈，可受三千许人，面别镌像，穷诸巧丽，龛别异状，骇动人神，栉比相连三十余里。"道宣用"穷诸巧丽"概括云冈石窟的艺术特色，更多的是指云冈石窟第二期洞窟所表现出来的艺术风格。

云冈第二期洞窟主要开凿于孝文帝和冯太后执政至迁都洛阳以前。主要石窟有5组，其中第1、2窟，7、8窟，9、10窟，都是形制规模相同、内容相近的"双窟"。孝文帝在延兴元年（公元471年）继位的时候只有5岁，所以，历史上所称的"北魏孝文帝改革"中有许多措施是孝文帝和他的祖母文明太皇太后冯氏共同倡导的，时称孝文和冯氏为"二圣"。云冈石窟第二期洞窟出现这种特殊形制的"双窟"，当是这一历史事实在石窟艺术中的体现。云冈第二期石窟与第一期石窟在洞窟形制、艺术形象、题材内容方面都有变化，出现了一种雍容华贵、雕饰绮丽的风格，但通过佛教艺术体现中国封建皇权的思想是一脉相承的。

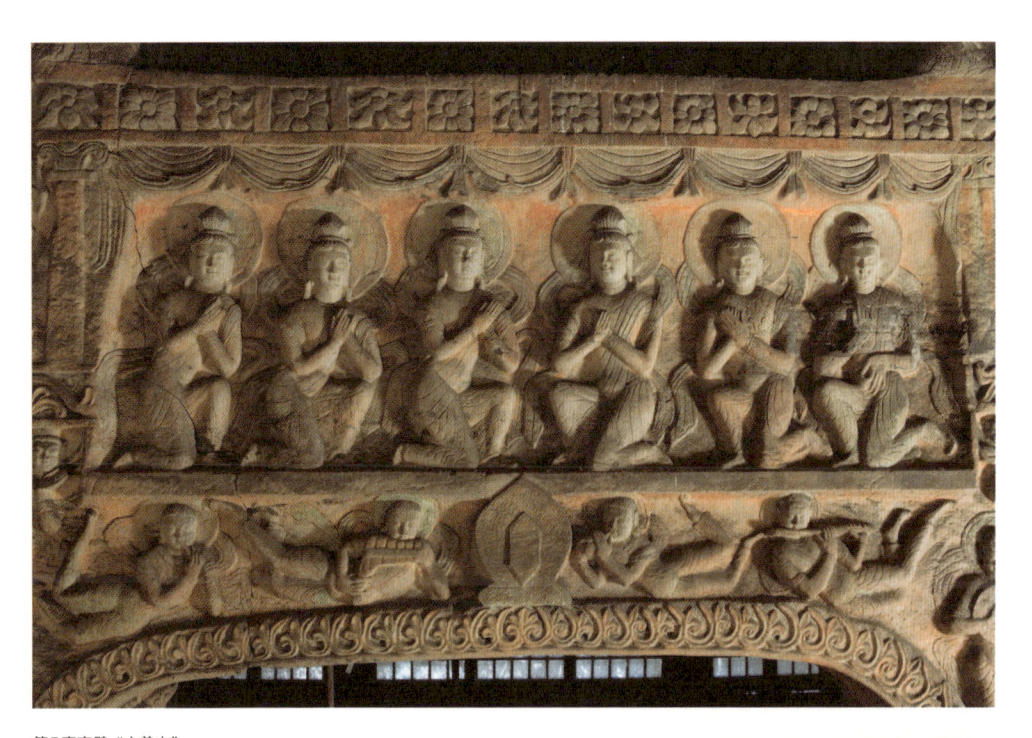

第7窟南壁"六美人"
（云冈研究院供图）

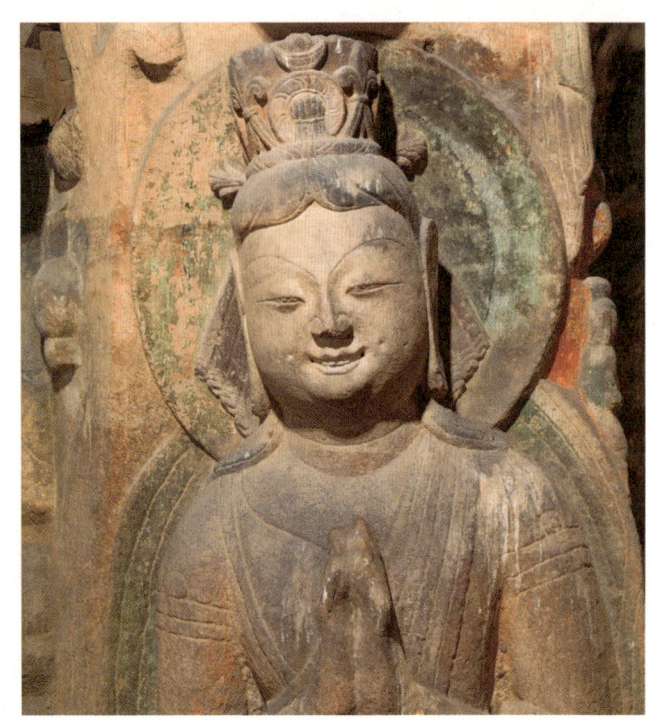

第8窟明窗西侧露齿供养菩萨
（云冈研究院供图）

这一期的石窟平面多为方形，多具前后室。窟顶不再是穹隆式样的，而是模仿地面佛寺建筑的平顶，在顶上雕刻出华美的仿木结构的平棋。壁面以壁龛为主，龛的分布或上下重层或左右对称，这是中国汉魏以来传统壁画的布置格局。此外，工匠们还创造了模拟汉式建筑的屋形龛。这一期的造像题材呈现多样化的态势，并出现了世俗供养人的行列。供养人的服装早期还是鲜卑夹领小袖式的游牧民族服装，晚期则是汉式宽博的衣服。重层布局的壁面和分栏长卷式浮雕画面、窟口崖面上雕饰斗拱的窟檐外貌、重层楼阁式的高塔和耸立中庭下具龟趺的丰碑，整体上呈现的是汉式殿堂类建筑的样貌。由于云冈石窟的开凿具有皇家属性，所以石窟的内容就与同时期的敦煌石窟有所不同，敦煌石窟中大量的反映民间生活状况的内容也就不会出现在云冈石窟中。

第 9 窟拱门顶部（云冈研究院供图）

在中国艺术史上，云冈石窟还有一个需要强调的意义：它标志着中国古代立体的石雕艺术进入了一个新的发展阶段。佛教艺术来自印度和中亚，首先传入我国的新疆地区，还有比较浓郁的外来文化因素。在佛教艺术进入河西走廊地带之后，佛教艺术已经开始逐步与中国传统的艺术形式相结合，但不论是新疆的克孜尔石窟，还是甘肃的敦煌石窟、麦积山石窟，都是以塑像加壁画的形式为主，这是由地质环境条件所决定的，云冈石窟开凿在侏罗纪砂岩的透镜体上，全部采用立体石雕的形式，因此，在具体的艺术表现形式上，云冈石窟也有着特别重要的地位。

宿白先生在20世纪40年代就参观过云冈石窟，一直到2010年，宿白先生还发表了研究云冈石窟的论文，因此，可以说云冈石窟的研究贯穿于宿白先生整个学术生涯。宿白先生除了发表《〈大金西京武州山重修大石窟寺碑〉校注——新发现

第10窟前室北壁（云冈研究院供图）

的大同云冈石窟寺历史材料的初步整理》《平城实力的集聚和"云冈模式"的形成与发展》《云冈石窟分期试论》等重要论述，奠定了云冈学研究的基础之外，生前还多次带领学生到云冈石窟实地考察，指导学生开展云冈石窟的研究。1993 年，我是在上宿白先生为研究生开设的中国美术史专题课的时候，从日本学者编纂的《云冈石窟》田野调查报告中发现云冈第 20 窟西壁存在着比较重要的遗迹现象，宿白先生让我去云冈石窟实地考察，后来撰写的《云冈第 20 窟西壁坍塌的时间与昙曜五窟最初的布局设计》发表在《文物》杂志 1994 年第 10 期上，这是我的第一篇学术论文，我在宿白先生的指导下反复修改，这篇论文也成了我和云冈结缘的开始。

如今，云冈学的研究在国家的重视和学者的共同努力下，已经取得了众多成果。云冈景区也持续升温，游客在 2023 年为 303 万人次，2024 年 11 月底已经突破 430 万人次，媒体的广泛宣传助力了云冈文旅的健康发展。

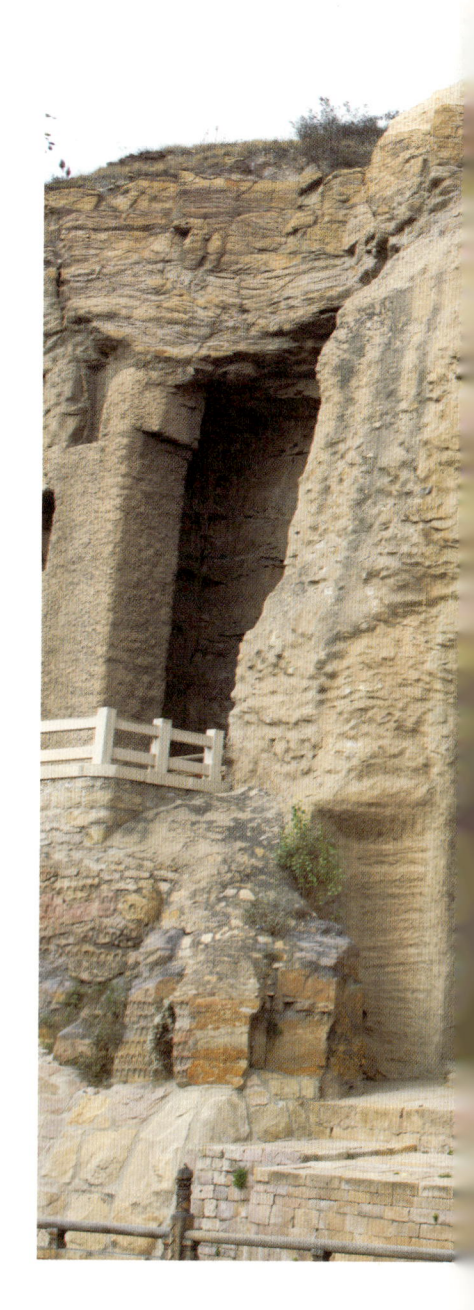

云冈石窟第 20 窟（云冈研究院供图）

讲述篇

云冈石窟：平城时代最大的国家工程

云冈石窟：

这样的艺术能锋利地劈开历史

李骏虎
山西省作家协会主席
民盟山西省委会副主委

　　如果说我仰望雄伟的释迦造像，在他的慈眉善目、佛光威严下，如同灵魂被摄，心生膜拜，那么当导游告诉游客，有些洞窟的隔墙只有一厘米厚，而两面都雕有丰富多彩的因缘、佛传故事时，我只能感叹于中华民族的无穷智慧：一厘米厚，那可不是拿画笔描，而是拿铁锤和凿子敲呀，是怎样的天工巧手在一厘米厚的石壁上两面精雕细刻？

　　塞外日照的充足，使久居娘子关内的人很不适应，初来乍到，眼睛就被晃得眯缝起来了。

　　初秋的雁北，天并不很高远，但分外蓝，是那种真正的湛蓝。云格外白，一朵朵飘着、悬着，水津津、软绵绵，不用想象，它看上去就是立体的；白云薄，乌云厚，一朵一朵，在蓝天下，在空气中，令人心动。风很劲，但只要不是漠风，就清清爽爽，澄明的空气在快速流动，不夹带烟雾和灰尘。这样的风刮在塞外的山岭上，呜呜有声，但一点也不觉得猛烈，反倒衬托出山的雄壮

云冈石窟：这样的艺术能锋利地劈开历史

讲述篇

和气魄：像一条铁骨铮铮的汉子。这样的山上泉不多，但因水瘦山也寒。

武州山就是这样的山。武州山因为南麓的云冈石窟而闻名于世，又因为石窟中的千万尊石佛而灵气氤氲。络绎的游客都是为了云冈石窟的艺术，极少人知道云冈石窟从前叫作石窟寺。

中秋过后，我只身来到武州山下，绕开热闹的寺门，沿着红墙转到山脚下，循着山路向上爬去。我打算一步步接近武州山，缓缓地走近它的辉煌，使我的感官有些准备。于是我遇到古老的建筑，站在平旷的马场上，惊愕于自己的鄙陋，恍然大悟方才走过的山道在千百年前曾经历浩荡的战靴和马蹄，在冷月的夜里，不时传来马匹的喷鼻声和载着粮草的木轮车的吱扭声。

云冈石窟主景区及背后的旧堡（徐劲松 摄）

遇见山西 悟空

"大漠沙如雪，燕山月似钩。何当金络脑，快走踏清秋。"唐代诗人李贺诗中所云之景仿佛就在眼前。我走在天与山的广阔空间，一步步接近雄伟的城堡。终于，我驻足在它的脚下，伸手抚摸它冰冷的肌体。

这是一座明代的屯兵堡，是长城的附属部分，城墙由夯土筑成，因此比石砌的长城看上去更加古老和饱经风霜。明正统十四年（公元1449年），"土木之战"失利后，大同一带常受到外族侵扰。为巩固边防，明嘉靖年间，大同北部修筑长城。作为重要的中转兵力、粮草及防御设施，屯兵堡应运而生，云冈堡就是其中之一。

《左云县志》记载：云冈堡有新旧二堡。旧堡建于明嘉靖三十七年（公元1558年），主要负责向大同西北部四卫转送粮草、军需等物资；明万历二年（公元1574年），又在武州山顶筑新堡一座，夯土筑成，墙高三丈五尺，女墙用砖包砌，周长一里五分，南面有瓮城，堡墙四角筑有敌台。

旧堡位于云冈镇西侧，现存部分遗迹，岗上新堡保存较为完整，平面近似方形，堡墙残高五至七米，堡内残存房屋遗迹和马场。

我应该是站在旧堡的马场中了。从城墙的走势看，眼前就是那座保存较为完整的瓮城，包墙的砖已不知去向，裸露着坚硬如石的土壁。因防卫需要，外墙没有台阶可登，不知是谁在墙壁上挖了一些浅浅的脚窝，一串排上去，鼓动着我血液中的原始野性。

我把斜挎的背包甩到背后，攀住这些脚窝向上爬。越接近墙头脚窝越浅，几乎不能攀缘了。我回望几米以下的山地，寂寞的山顶空无一人，心头掠过一丝绝望，继而涌上战士攻城的豪气来。我把全身紧紧贴在墙上，终于满身灰土站到了城头。

放眼四望，群山绵延，残存的堡城蜿蜒几座山头，山风过处，似有胡角哀鸣，更比长城多几分悲凉。南面的山崖下就是游人如织的石窟群，而我所能看到的只是刀光剑影后的空山残堡，耳畔除了自己的心跳，仿佛听到连天的胡角、震响的喊杀、刀枪的相击、战马的嘶鸣。

战马！突然出现在眼底的三匹骏马让我心惊。在这座高墙环绕的瓮城里，竟有一红两黑三匹马在悠闲地吃草，阳光下的皮毛绸子一样发亮。我站在城墙上俯瞰着它们，它们可是腾跃千百年时空而来的神骏？我步下几百年前的台阶，走近它们。它们的警惕和野性使我骤生恐惧，我走向倒塌的城墙豁口，想从那里逃离这座战士魂魄熙攘的城池。然而马却不安地抬起头看向我，黑眼睛射出敌意的光芒，它们高昂硕大的头颅，抖起了鬃毛，撒开铁蹄，登上了豁口，背部如水波起落，在两三米高的豁口上攀登自如，然后站立在那里调头长嘶。

我被震撼了，现在是我仰望着它们，它们知不知道我并不是几百年前的敌人？我急急地奔向另外一个仅剩的豁口，就在我跑下塌成山坡的城墙时，那三匹马跃下豁口，朝我奔来。我奔跑于城外的古战场上，身后追着三匹野性的马，心中陡生战争的悲愤与无奈。

马蹄声越来越近，我急切之间猛醒自己在沿着坚硬泛白的古道奔走，那几匹马在这样放纵几千年野蛮的道路上岂肯收住铁蹄？我折身钻进道边比人稍高的树林里，一阵狂奔。听见马蹄声渐渐远去，我攀上为保护遗址新砌的长墙？——能否踩踏遗址，惊魂甫定，回望一眼风残的城墙和马场疏林中隐约的古道，跳下墙头，向山下逃去。

我终于收定了被历史震慑的惊魂，懊悔竟没有拍下一张这样厚重的照片来。

代表武州山历史和文化的是举世闻名的云冈石窟。

据专家考证，武州山云冈岩层地形与大同地下的煤层的形成同属侏罗纪时期，距今一亿多年。这样长的时间，这里广采天地日月之灵气，终成佛形，总算也是这座石壁修来的吧。

传说当年北魏的统治者把祈福颇为灵验的武州山奉为"神山"，凿石壁、镌佛像的时候，发现云冈石壁下竟然有数里长的天然平台，以为深得

云冈石窟第五窟微笑菩萨造像（徐劲松 摄）

天意，万众同声高呼佛号，向北膜拜。因为感到佛光普照，云冈石窟才得以世代开凿雕刻。

一千六百多年前，居住在大兴安岭北麓，"统幽都之北，广漠之野"的鲜卑族，有一个姓拓跋氏的强盛部落，两次由北向南大迁徙，战胜"九难八阻"，建立了北魏王朝。北魏道武帝拓跋珪于天兴元年（公元398年）迁都平城（大同古称平城）；北魏孝文帝在太和十八年（公元494年）迁都洛阳。大同作为北魏的都城近百年，正是云冈石窟工程大规模营造时期。

北魏诸帝崇信佛教，加上发达的北凉佛教的东传，使大同成为当时北方一个佛教中心，寺庙林立、僧侣云集。物极必反，北魏佛教的兴盛遭到必然的中落。太武帝晚年，听信"胡本无佛"的谏言，崇道排佛，这就是中国历史上的第一次废佛事件。文成帝即位后，又下诏恢复佛法。

包括文艺复兴在内的一切事物的复兴都比其最初的发展要迅猛许多，它必在顶峰之时出现惊人地再超越，完成其最后的成熟。我们要感谢昙曜和尚，是这位主持复法大业的沙门统上书统治者，只有"山川可以终天"，选择了北魏皇帝祈福颇有灵验的神山——武州山，"凿山石壁，开窟五所，镌建佛像各一，高者七十尺，次六十尺，雕饰奇伟，冠于一世"，才有后世云冈主副洞窟254个，大小造像59000余尊。

今天我走在这绵延500多米的洞窟前的平台上，想象着世代的工匠们先将山崖削出成直角的两个平面，再一锤一凿地掘进，雕出大到十七米、小到不足一厘米的佛像来，那该是多么奇绝的工程、多么精微的天工呀！

如果说我仰望雄伟的释迦造像，在他的慈眉善目、佛光威严下，如同灵魂被摄，心生膜拜，那么当导游告诉游客，有些洞窟的隔墙只有一厘米厚，而两面都雕有丰富多彩的因缘、佛传故事时，我只能感叹于中华民族的无穷智慧：一厘米厚，那可不是拿画笔描，而是拿铁锤和凿子敲呀，是怎样的天工巧手在一厘米厚的石壁上两面精雕细刻？

来这里的人都被艺术和历史所震撼。北魏的统治者膜拜祈福于一尊尊石雕的佛像，是一种精神的皈依和企盼，千年之后给后代留下了旷古绝今的奇绝艺术。

佛的形象和衣着与统治者的意志和时代文化息息相关，文成帝恢复佛法之初，佛教为巩固自身的地位，竟宣扬皇帝为"当今如来"。不少学者认为，早期的五窟佛像，是模拟北魏道武、明元、太武、景穆、文成五帝的形象雕成，具有胡人肩宽体壮、身躯粗短的特点，着褒衣博带佛装，衣纹也为平阶梯式。

到了北魏晚期，由于南迁洛阳，当时工匠多为汉民族艺术家，所以雕刻艺术风格汉化，造像多以清瘦为特征，衣饰也俊逸飘洒，形成浓厚的汉化风格。

后来的补凿者也各有时代特征，如在因南迁而辍工的洞窟中，初唐时所雕造像，那丰腴的面容、端正的五官、匀称的身姿、袒裸的上身、飘摆的衣裙、毅重的神态以及丰而不腻的肌体无一不再现出唐代造像的艺术特色和时代风格。

比之于莫高窟，云冈石窟更多一些对自然的再造之功。云冈石窟是在冰冷的山川石头上打凿，这样的艺术更能锋利地劈开历史。

武州山回来，脑海里变幻着历史的风云，血液中静漾着艺术的神圣，让我这个现代人的内心沉稳而空旷……

云冈石窟（赵文贵 摄）

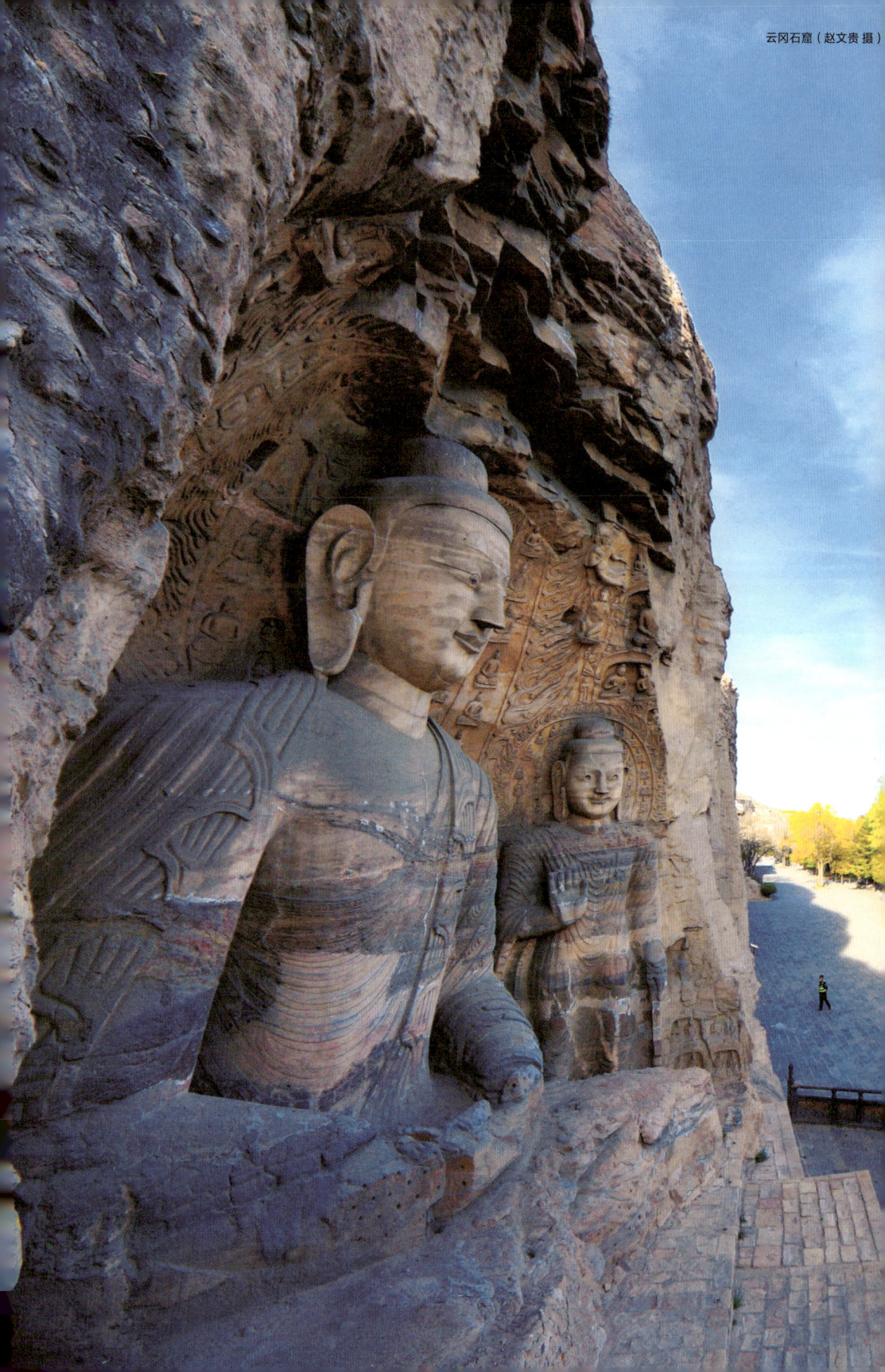

云冈石窟第五窟西壁菩萨造像（阮祯鹏 摄）

云冈石窟第十八窟造像（阮祯鹏 摄）

华严寺：

我所热爱的，超越了古建筑实体

李雪芹　文博研究馆员　云冈研究院原资料中心主任

"这里是薄伽教藏殿，作为一座佛教专题图书馆，它是华严寺专门存放图书（佛经）的殿堂。"

每当站在薄伽教藏殿前介绍华严寺时，我的内心都充满感慨。作为曾经在云冈石窟研究院工作过四十多年的老文博人，退休后我来到华严寺，继续发挥余热。从石窟跨界到古代佛寺，老同志遇到了新问题。

在华严寺工作的日子，紧张而充实，每天我都会去华严寺大殿各处走走，认真看、用心记。遇到搞不明白的古建术语就向老同志请教，梁思成先生的《大同古代建筑调查报告》成了我学习的主要课本。

在我看来，华严寺与云冈石窟同属于古代建筑范畴，但它们在营造时间、材质、造像内容、表现形式等诸多方面还是存在很大差异。

在观察薄伽教藏殿内的小木作时，我发现许多问题是前辈们没有述及的。比如建造时其内部结构是什么样的？南北经柜在细节上为什么不对称？历史上小木作是怎样重修的？

华严寺大雄宝殿小木作
（阮祯鹏 摄）

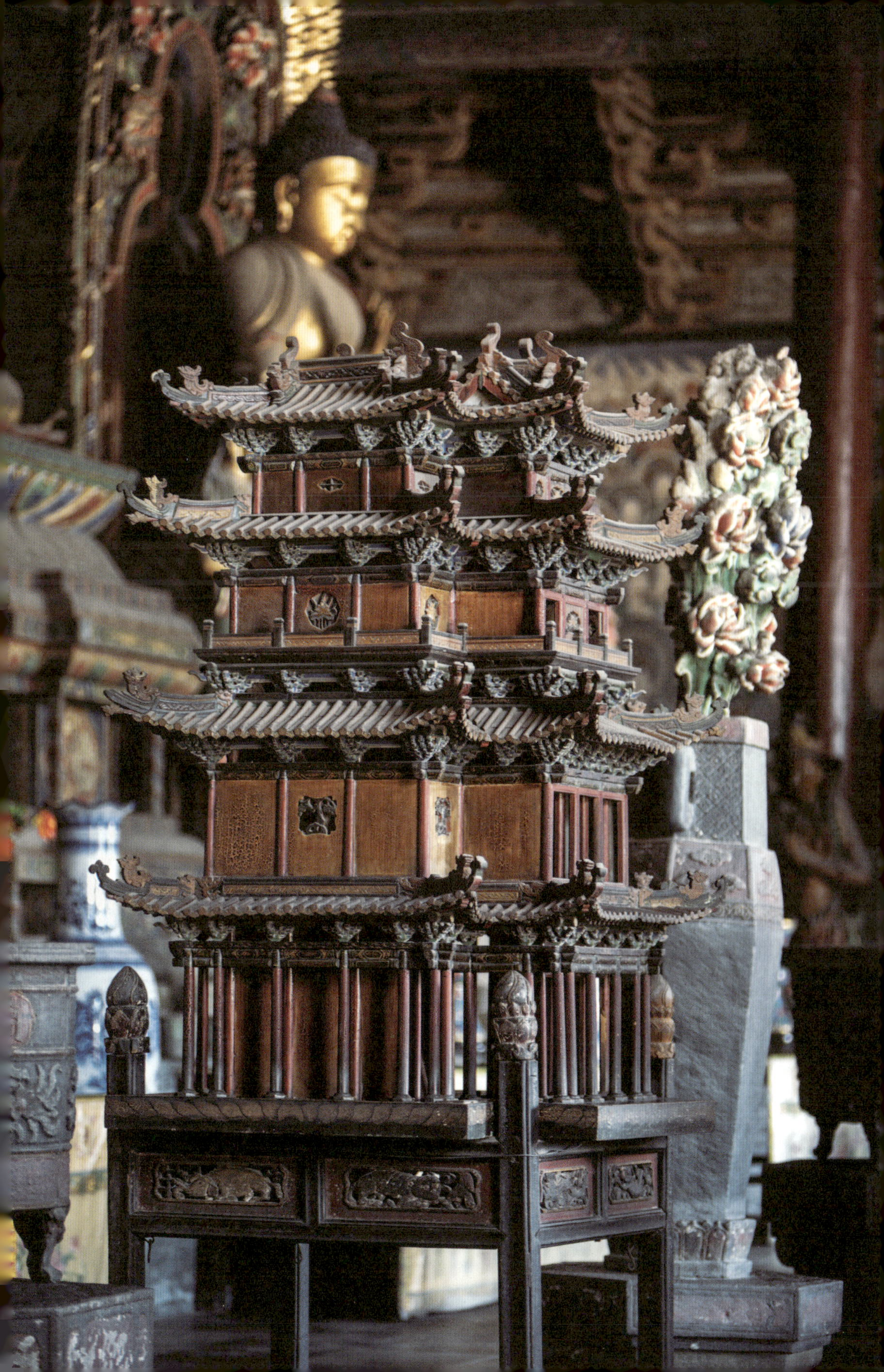

目前出现倾斜及病害的机理是什么？这些问题不断出现在我的脑海，加上考察过程中的一些新发现，我萌生了做课题的想法。

2021年，我策划的《大同华严寺薄伽教藏殿壁藏及天宫楼阁病害机理与预防性保护研究》通过了山西省科技厅的课题申请，由大同市辽金文化艺术研究院与上海大学合作进行，课题研究取得重要进展，目前已结项。后期还将进行小木作彩画病害的调查与研究，通过不同主题的课题研究，来解决小木作目前存在的问题。

此后，我还策划了《华严寺系列丛书》，审稿过程艰难却内心充实，最终该书在2023年出版。这两项工作对我个人而言是极好的学习机会，也对宣传华严寺、推动研究工作有很大的帮助。

随着探究进一步深入，辽金文化艺术的博大精深再次触及了我内心最深处的感动，仿

华严寺全景（阮祯鹏 摄）

华严寺：我所热爱的，超越了古建筑实体

讲述篇

佛带我穿越时空的隧道，与那个时代的智慧和情感产生了共鸣。

在华严寺的每一天，我都在与厚重的历史和文化同行。这里的每一缕风，都在诉说着千年的往事；每一片落叶，都承载着岁月的静美。在这片神圣的土地上，我仿佛能听到辽金时期的工匠们锤凿石木的声音，看到他们在"合掌露齿"菩萨像前虔诚祈祷的神态。

我不禁对那个时代的工匠们产生深深的敬意，他们通过修建佛寺的方式，巩固了政权统治；以宗教的力量，强化各民族之间的交流与融合；承继了唐代的建筑风格与造像规范，巧妙地表达了中原与契丹在思想文化上的同根同源；采用宋式建筑理念与技法，表达了顺应历史、发展本民族的治国理念。

华严寺内仅存两座辽金时期的佛殿，其建筑结构、营造技术、造像工艺映射出那个时代在科学技术上的辉煌成就。漫步在华严寺中，我更庆幸能看到这些幸免于难的建筑与塑像，伫立于此近千年，无声地向我们讲述着其背后的故事。

华严寺坐西朝东的建筑布局，体现了契丹"拜日为神"的民族习俗，现存的两条中轴线，每条轴线上只有一座辽或金代的建筑。历史上的华严寺历经朝代的更迭与战火的洗礼，虽然破败但意蕴犹存。它是历史的产物，更是一个时代的写照。

新中国成立后，寺院归属文物部门管理。随着时间推移，各项工作稳步开展，文物保护、学术研究、宣传展示、开放管理逐步走向正轨。在2008—2010年大同名城复兴工程中，华严寺景区也进行了规模较大的修整，新增了近30座建筑。

华严寺千手观音壁画
（阮祯鹏 摄）

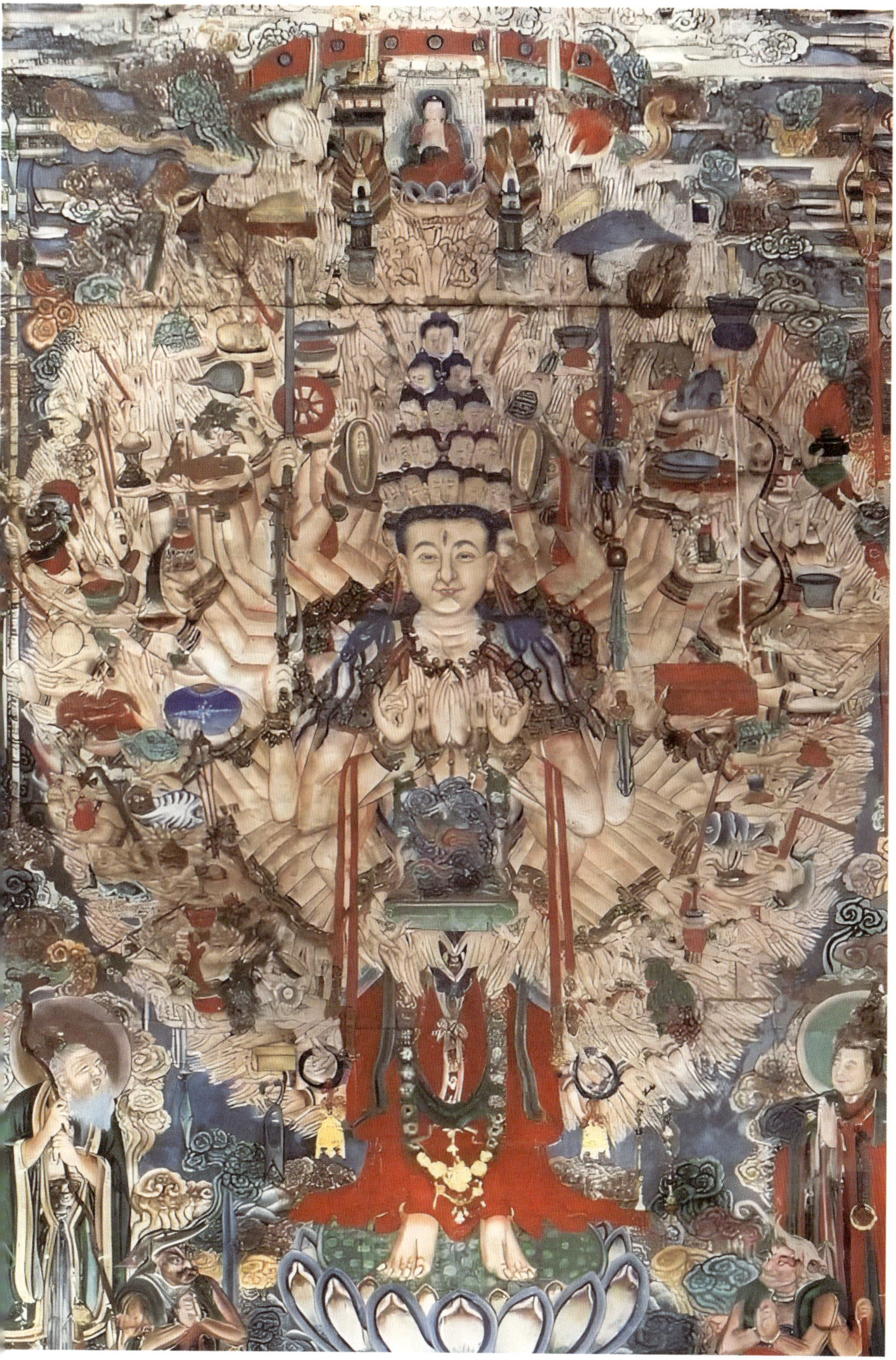

遇见山西 | 悟空

华严寺薄伽教藏殿全景（阮祯鹏 摄）

重修后的大殿，焕发出新的生命力，更全面地展现出辽金建筑特有的历史风貌。

在华严寺内有一个上寺小院，这里是僧人日常居住、修行的场所，狭小简陋却内涵丰富。这个小院里现有建筑均为清代重建，真实客观地记录了明清以来华严寺的衰落。小巧的院落与大雄宝殿形成强烈的视觉反差，也更衬托出大雄宝殿的宏大与庄严。

大雄宝殿重建于金天眷三年（公元1040年），面积达1559平，殿内的《千手千眼观音》壁画尤为引人注目。观音像的手臂交错，层次分明，手持各种法器，呈现出变化无穷的神韵。壁画的色彩以朱红、石青、石绿为主，辅以沥粉贴金。驻足欣赏，仿佛让人置身于一个光辉灿烂的佛国世界。

在大殿东壁两次间壁上残存的明代壁画，色泽浑厚、线条流畅，人物个性鲜明，为同时期壁画中的上乘之作，令人叹为观止。

大雄宝殿不仅具有辽代的基础、金代的建筑，还保留了明代的塑像、清代的壁画。每当我站立在大殿前，扑面而来的古老气息令我感慨，如此恢宏的佛殿，经历了多个朝代的风雨洗礼，依然伫立在这里，向世人讲述着一个个动人的故事，传递着千年不变的信仰与希望。

我逐渐意识到，我所热爱的，已超越了古建筑实体本身，它涵盖了投身于古建研究工作的崇高使命，分享古建与文物保护知识的无尽喜悦，从前辈智慧中汲取力量的不竭动力，以及传统文化赋予我的坚定

华严寺鸱吻（樊丽勇 摄）

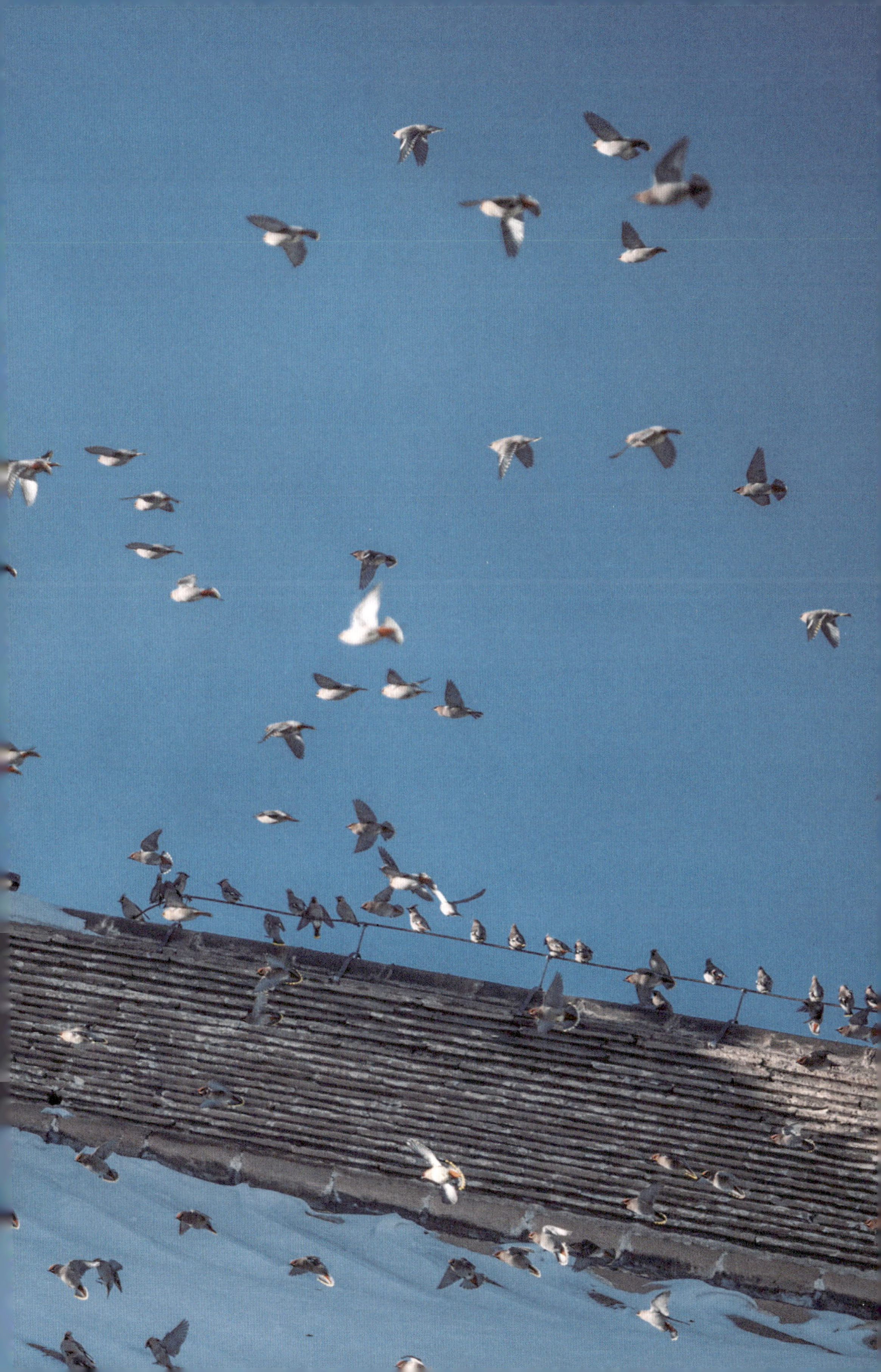

华严寺薄伽教藏殿"合掌露齿"菩萨像（阮祯鹏 摄）

自信。

　　薄伽教藏殿是下寺的主要建筑，始建于辽重熙七年（公元 1038 年），也是华严寺内现存历史最悠久的建筑，兼具礼佛与藏经的功能。倒凹字形台基上的 29 尊辽代塑像，分三组呈 U 字形排列，颇具景深之感，营造出佛祖说法的宏大场面。

　　殿内广为人知的塑像莫过于"合掌露齿"菩萨像，被称为"东方维纳斯"。她似一位少女，侧身立于佛侧，闻法的喜悦自然流露于脸颊。在华严寺，"合掌露齿"菩萨像不仅是信仰的象征，更是历史与文化的传承。她的存在，让每一位参观者都能感受到古代工匠的智慧与情感，体会到那份穿越时空的美丽与和谐。

　　如果说华严寺建筑内部展现了辽金时期大华严寺的盛景，那就不得不再说一说华严寺大雄宝殿的庑殿顶。每次走在华严寺中，我总爱仰望那高耸的庑殿顶。屋顶由四个倾斜的屋面在顶部汇聚成一条直线，形成五条脊。正脊居中，四条垂脊分别从正脊向四个方向延伸至檐角，犹如大鹏展翅。正脊两端饰鸱吻，高达 4.5 米，是

华严寺普光明殿（阮祯鹏 摄）

现存辽金时期最高大的鸱吻（南侧为明代），造型极具张力，色彩浑厚，历经八百余年的风吹日晒依然靓丽。

　　华严寺的壁画、雕塑、建筑，每一处都蕴含着深厚的文化底蕴，等待着世人去探索、去感悟。历经千年的磨难，仍巍然挺立于城市之中。《黑神话：悟空》爆火，为华严寺景区带来一波流量，一眼千年并非神话，而是真实存在的历史。这种"火"的背后有其厚重的文化、时代特色鲜明的建筑及优美典雅的艺术呈现做支撑，这是偶然也是必然的事情。

　　这座承载着深厚历史底蕴与文化内涵的古刹，将愈发展现出其独有的魅力与风采。无论是晨曦初照时的宁静祥和，还是夕阳西下时的庄严壮丽，华严寺都以其古朴的建筑风格、精致的雕刻艺术以及悠远的宗教文化，持续吸引着来自四面八方的人们。

善化寺：

读懂古建里蕴藏的文化传承密码

刘若男 大同市古建筑保护研究院文博馆员

山西遇见 悟空

    我眼中的善化寺，它是"大"的，雄浑、壮观、大气……

    我耳中的善化寺，它能"说话"，轻声细语、梵音袅袅……

    我心中的善化寺，它又是"静"的，幽静、肃静、寂静、清静……

    记忆中那天是1994年的正月初八，大同百姓有"游八仙，去百病"的习俗，也是在这一天，爷爷领着我第一次走进了善化寺。那天很冷，高高的屋檐上挂着几根冰凌，大家口中呵出的白气和上香的烟火气混在一起。"大房子"里有很多佛像和菩萨，它们也是高高的，抬头望去有一种神秘的感觉，9岁的我对这一切都充满了好奇。

    也许是冥冥之中的缘分，2009年的秋天，我以工作人员的身份第一次走进善化寺，

善化寺：读懂古建里蕴藏的文化传承密码

讲述篇

走进了9岁那年的"大房子"，走进了当年让我感到好奇的建筑。

在我看来，善化寺的"善"，是一种"博善"，是一种情怀符号。走进善化寺，饱览鬼子母天王化身慈母之后的美丽与善良；体味摩利支天的和谐与安详；天王殿塑像比例匀称、高大威严，带给人庄严肃穆的感觉。

时间回到1933年9月，当时中国营造学社的一行师生在山西北部进行古建筑考察。刘敦桢、梁思成、林徽因等人在大同一共考察了19天，在大同城里仅仅停留了9天时间，完成了6座建筑的详测和9座建筑的略测，这其中包括了善化寺大雄宝殿、普贤阁、三圣殿及

善化寺辽代彩塑（马毅敏 摄）

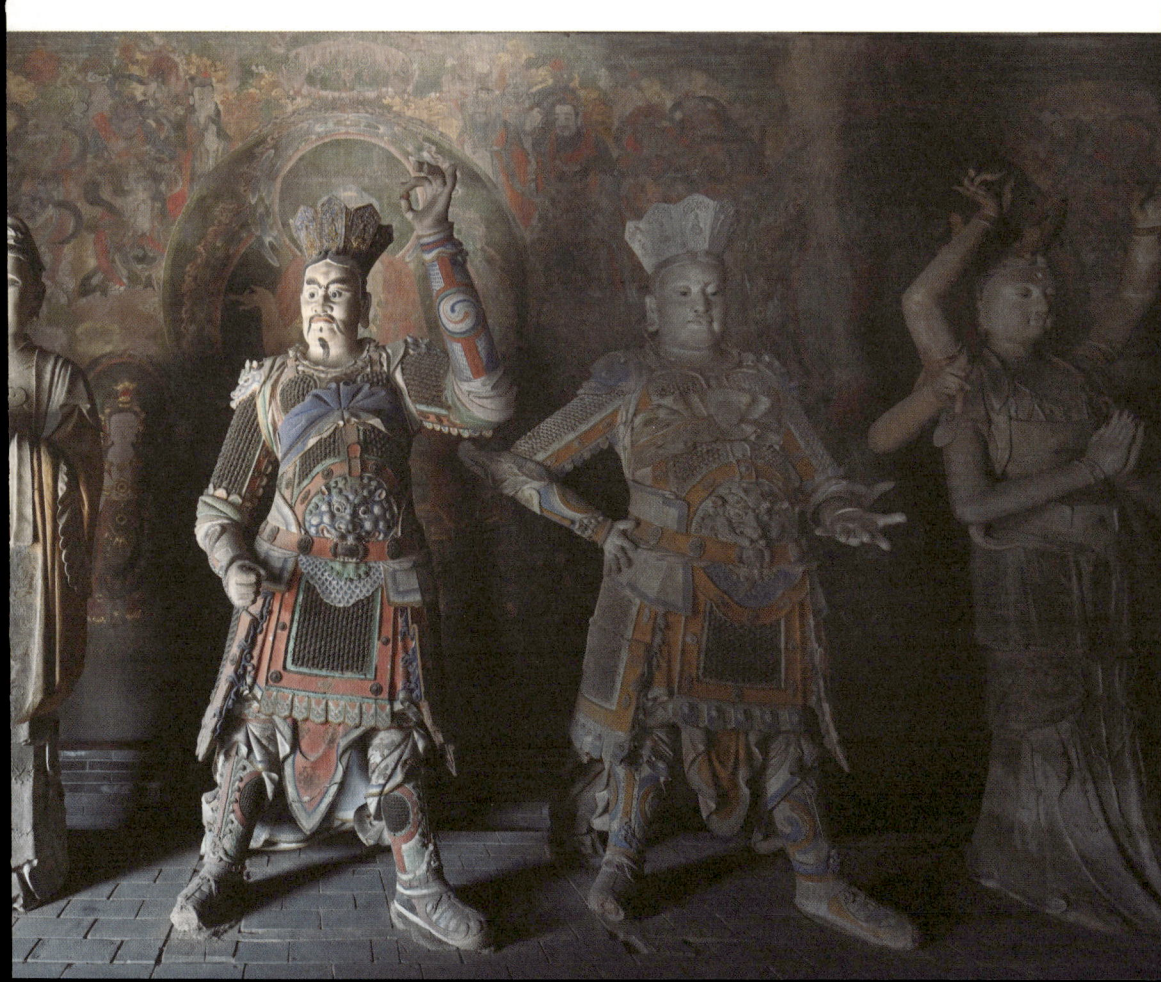

善化寺三圣殿（阮祯鹏 摄）

山门的测绘。

　　下着雨的道路坑坑洼洼很不好走，一行人时常饥肠辘辘。简单的测绘工具，简陋的住宿条件，还有一百年前的老式照相机里，留下了各位先生们年轻时的样子。

　　91年前的《大同古建筑调查报告》，成为后世学人了解和研究该地区现存古代建筑基本情况必不可少的教科书。基础的数据、手绘的梁架、泛黄的图纸，这是大同地区第一次由中国人进行的古建筑调查和测绘，为后来该地区古建筑的深入研究打下坚实的基础。

　　同样，对于善化寺建筑群的研究尤为重要，是近现代古建筑调查和测绘的"第一次"，具有里程碑式的意义。

　　也正是因为这份有价值的资料，对于古建筑，我实现了从一开始的陌生，到逐渐了解，再到现在的热爱这一系列的思想转变。我慢慢认识到，我热爱的不仅仅是古建筑本身，而是从事古建研究工作的使命，是传播古建及文物保护知识的喜悦，是向前人学习的动力，是传统文化带给我的自信。

唐开元二十六年（公元738年），唐玄宗的一道圣旨下到各大州郡："敕天下诸郡立龙兴、开元二寺。"（《佛祖统纪》卷40）同一时期，一座座"国家工程"就此拔地而起。与突厥时有战争的云州，在这一年迎来了"开元寺"的创建。现存于善化寺三圣殿内的《大金西京大普恩寺重修大殿记》碑文中记载"按寺建于唐明皇时，与道观皆赐开元之号……"这座建于唐代的寺院，至此与大同结下了不解之缘。

唐之后的五代后晋，石敬瑭将"燕云十六州"割让给辽，这一时期的开元寺改了一个新的名字——大普恩寺。从唐王朝灭亡（公元907年），到石敬瑭执政的初年（公元936年），具体是哪一年改成了"大普恩寺"，碑记、史书都没有明确的答案，到了1445年时，明英宗赐"善化寺"之名，大普恩寺这个名字有了500多年的历史。在这500多年间，它经历两次大的修复，才让我们看到今天的善化寺。

第一次应该在辽代。善化寺现存的大雄宝殿也是现存的"八大辽构之一"。它的屋檐平缓、斗拱古朴，整座建筑雄浑大气。殿内使用"移柱造"，可以容纳更多的人进行佛事活动。伟岸的佛陀微微垂目、嘴角轻扬，似有梵音妙语从中流出，密像庄严，背光熠熠。

在辽末的保大二年（公元1122年），已经是辽朝西京的大同，发生了一次大规模的战争。大普恩寺破坏严重，大部分建筑毁于战火，仅存的大雄宝殿和普贤阁，已是破败不堪。第二次修复，便是从这时开始的。据《大金西京大普恩寺重修大殿记》记载，当时寺内的圆满大和尚，集僧众之力，又得百姓在财力、物力上的支持，历时15年将寺院修葺一新。

1127年4月，金人将徽、钦二宗俘虏，北宋灭亡。同年，康王赵构在今天的河南商丘称帝，改元"建炎"，南宋正式开始。朝廷要组建"问安两宫"使团前往金朝议和。当此危难之际，42岁的朱弁毛遂自荐，成为通问副使，义无反顾地踏上了这条前途茫茫的道路。脚下的路越走越荒凉，身后的家乡越来越远，这一走竟是17年。

善化寺三圣殿转角铺作（阮祯鹏 摄）

善化寺大雄宝殿内景（阮祯鹏 摄）

一段历史，西京大同文风蔚然。

1144年冬天，朱弁完成使命，南归临安。此时，他已是一位白发苍苍的老者，临别时，他推开善化寺斑驳的山门，漫天飞雪中，西京大同的百姓扶老携幼，含泪相送。回到临安的第二年，朱弁被奸臣所陷害，抑郁而终。远在千里之外，西京的百姓忘不了他，他们来到古寺中感怀朱弁为民族融合作出的贡献；大同的学子忘不了他，他们立于书馆前，回忆师生诵读经典的时光。

现在我们看到的善化寺山门、三圣殿皆为金代建筑，伟阔雄浑，斗拱巨壮古朴。大雄宝殿为辽代建筑，尤其是殿中辽金泥塑，摄天人神采于一堂，造型优美，神韵飞动，个性张扬，属于雕塑艺术之极品，堪为国之瑰宝。

善化寺辽代彩塑（马毅敏 摄）

每次接待游客，我总带着感情去讲解。善化寺的一殿一阁、一斗拱一檐廊、一木构一横梁，在我眼中都是那么美。在善化寺工作久了，我的心中就会常怀"善意"，带着"善意"游览善化寺，我的心灵便会被净化。

今天，我们扶碑探究，睹物思人，面前的《大金西京大普恩寺重修大殿记》碑笔锋雄健、刻勒沧桑，字字句句倾诉着朱弁的家国情怀，折射出对和平的向往与追求，见证着天下大同的融合历史。

这座寺院既是历史的参与者，也是历史的见证者。正如古寺山门上的一副楹联写着："九百年风云变化宠辱不惊静观世变""七王朝岁月沧桑沉浮无意闲看人忙"。

千百年来，善化寺经历了巨大的变化，而今依然以它独有的神韵传承着和谐与包容、文明与进步。善化寺辽金建筑的完好保存，使我们跨越千年的历史长河，身临其境感受辽金西京的繁华盛景，去体验那种恢宏大气的不凡气度，更让我们深深地被古代劳动人民的智慧与优雅所折服……

2024 年是我在善化寺工作的第 15 年。春天的鸟鸣、夏日的花香、秋天的落叶、冬日的暖阳，随着风声而起的风铎声，善男信女诵念的佛号声，脚步匆匆的游客，驻足停留的学者，徜徉其中的学生……

在这里我看到四季变化留下的痕迹，看到游客拍出好看照片后的喜悦，看到游人第一次来善化寺的惊喜，看到我在讲解时大家专注的神情或会心的微笑……每日所见所闻似乎一样，但每一天的亲身体验和感触也有不同，时间越长越感亲切，不觉乏味。

思绪回到当下，我想要致敬那些曾经创造了善化寺历史的古人、先人，那些在历朝历代中修复寺院的工匠、石匠，那些没有名字的劳动人民。大音希声，用心聆听，他们创造了时代的文明，留下了宝贵的文化遗产。

接过先人沉甸甸的接力棒，文物保护在一代又一代古建人的手中传承，这是一份责任、一份担当，更是一种使命。相信历经千年岁月洗礼的善化寺在传承与发展中历久弥新，散发出更加璀璨的光辉。

永安寺：

多元文化的璀璨瑰宝

晋宏志
浑源县图书馆馆长
文化学者

在我的记忆长河中，永安寺就如一颗璀璨的明珠，散发着神秘而迷人的光芒。那是初中时期的一次偶然，让我与这座古老的寺庙结下了不解之缘。

记得那一天，我去同学家玩耍。同学的母亲恰好也是我的英语老师，给我们讲述了她哥哥的故事。她哥哥小时候在私塾里贪玩，整日往永安寺跑，跟着寺庙里的和尚学武术，长大后甚至还专门跑去少林寺比武……

老师的这段描述如同一幅生动的画卷：古老的庙宇、摇曳的青灯、肃穆的古佛，还有身披袈裟的僧人在教一位少年武功。那一刻，我心中满是惊叹，没想到那个荒草丛生的寺院，竟曾经有高僧居住。

那天以后，我对永安寺充满了好奇，渴望探寻那扇锈锁深闭的传法正宗殿内的壁画，也对浑源县的地方文化产生了浓厚的兴趣。

时光悄然流转，转眼来到了 2012 年。这一年，浑源县计划出一本《浑源县石刻大全》，而我有幸被委以重任，去拓印全县的古碑。这一决定，仿佛是命运的指引，让我与永安寺的缘分愈发深厚。至此，我怀着满腔的热情，踏上了这段充满挑战与惊喜的征程。

在接下来的3年里，我对浑源县境内的古碑刻进行了地毯式的寻访和实地调查，走过了浑源县的每一个角落，无论是偏僻的山村，还是繁华的城镇，都留下了我的足迹。

每一块古碑，都是一段历史的见证，都承载着岁月的记忆。在那些古碑的纹理之间，我仿佛能听到历史的回声，感受到岁月的沉淀。我小心翼翼地拓印着每一块碑刻，仿佛在触摸着历史的脉搏。那段时光虽然充满了艰辛，但也让我获得满满的成就感。

这段旅程不仅是对古碑的拓印，更是一次心灵的洗礼。在永安寺的静谧中，我找到了一种超越时空的宁静，感受到了一种与世隔绝的平和。

我拓碑五百余通，整理出四百四十七通有研究价值的历代碑刻，其中就有永安寺的《神州大永安禅寺铭》。在拓印的过程中，我对永安寺有了更深入的了解，通过这些拓印和碑文整理，让我对这座寺庙的历史底蕴和文化价值有了更深的理解和感悟。

永安寺，俗称大寺，它的历史可以追溯到金代。在那个遥远的时代，永安寺就已经屹立在这片土地上，见证着岁月的流转和历史的变迁。然而，命运多舛的永安寺，在后来的岁月里，遭遇了战火的焚毁，陷入一片废墟之中。但它并没有就此沉寂，而是在蒙古乃马真后三年的春天，迎来了新的生机。

云中招讨使、都元帅、永安军节度使浑源人高定回到了故里。这位有着卓越战功和崇高威望的将领，心中怀着对家乡的深深眷恋和对佛法的敬仰，邀请住持归云禅师，在永安寺的废墟上重建了这座寺庙。因为高定是永安军节度使，归乡后自号永安居士，人们称他高永安，所以这座寺庙就被称为永安禅寺。

到了元代延祐二年（公元1315年），高定的孙子高璞又捐资扩建永

永安寺传法正宗之殿（阮祯鹏 摄）

安寺。在高璞的努力下，永安寺的规模更加宏大，建筑更加精美。这一时期的永安寺，成为远近闻名的佛教圣地，吸引了众多信徒和游客前来朝拜和观光。

　　永安寺的建筑独具特色，山门五开，三进院落，方正威严。当你站在山门前，首先映入眼帘的就是五个大门。山门的顶部更是精彩绝伦，覆盖着皇家御用的黄色琉璃，在阳光的照耀下，闪烁着金色的光芒。东西两侧还有双龙戏珠的琉璃构件，栩栩如生，仿佛随时都要腾空而起。中间的殿刹十分抢眼，是罕见的景教风格琉璃装饰品，为永安寺增添了一份异域风情。

　　走进寺庙，二进院落的正殿传法正宗殿最为古老。这里曾经的住持归云禅师属临济宗法脉，所以取了"传法正宗"这个名字，寓意弘扬正统、延续法脉。大殿建于元延祐二年，由高定之孙高璞捐资创建，距今已有七百多年了。大殿的屋顶用黄色琉璃瓦装饰，四周还有蓝、绿琉璃瓦，看上去富丽堂皇。在阳光的照耀下，琉璃瓦闪烁着绚丽的色彩，仿佛在诉说着过去的辉煌。

　　比起寺庙院内，我更喜欢走进殿内。殿内精彩非凡，梁架和内檐铺作满绘彩画。这些彩画色彩鲜艳、线条流畅，描绘了各种佛教故事和神话传说。明间顶部上起八

永安寺：多元文化的璀璨瑰宝　讲述篇

角天宫藻井，南北两侧为六角藻井，饰有二龙戏珠、花牡丹和祥云图案，四周是小巧玲珑的天宫楼阁，由小木作斗拱承托，绚丽华美。这些藻井和天宫楼阁，仿佛是一座微型的宫殿，让人惊叹不已。

除了建筑，寺庙的墙壁外围还有不少特色书法。比如雪庵和尚所题的"传法正宗之殿"，那可是国内孤品。雪庵和尚，俗名李溥光，字玄辉，以擘窠大字见长，元代宫殿匾额多出自他手。

大殿后墙有"虎啸龙吟"四个大字，清乾隆年间由浑源人张煃所书。临济宗不立文字，贵在参悟，以勇猛精进、机锋峻烈、单刀直入著称，"虎啸龙吟"便是指临济宗当头棒喝的独特法门。除此以外，寺庙南立面左右两端砖墙上刻有高 3.8 米的"庄严"两个大字，为元代寺院住持月溪和尚于 1342 年 5 月所书，题字落款为"太原龙山段士达"。榜书高近四米、宽近三米，沿线条剔出凹边，使得字迹看似凸出墙面，苍劲雄浑，气势十足。天王殿北墙原有"法相"二字，与"庄严"遥相呼应，可惜"法"字因墙倒之后未能保存下来，其他七个大字至今保存完好。

我也是在后来的工作中才慢慢了解到，原来墙面大字题刻是浑源地区独特的大字文化体现，这八个榜书大字成为当今全国寺院与庙观中独具特色的文化，也是永安寺的画龙点睛之笔。如果有机会来到永安寺，是一定要来这几处打卡的。

永安寺传法正宗之殿墙书"严"字（阮祯鹏 摄）

大殿后墙"虎啸龙吟"四个大字(阮祯鹏 摄)

  而永安寺最令人惊叹的,当属那满布传法正宗殿南、东、西三壁的明代巨幅工笔水陆壁画。这些壁画融合了藏、道、萨、佛等多种宗教元素,画面总计170余平方米,有895个人物形象。画面笔力遒劲流畅、色泽艳丽协调,人物表情、举动无不刻画入微,引人入胜,令观者叹为观止,堪称集宗教神祇之大成,是我国现存最精美的水陆壁画之一。

  每当我站在壁画前,仿佛置身于一个神秘的世界之中。

  东壁和东南壁上层彩绘天界四方天王和日、月、金、木、水、火、土诸星君像;中层是天干、地支、二十八宿及北斗诸星君像;下层是人间帝王后妃、文武百官、黎民百姓、僧尼道姑及贤儒烈女、孝子贤孙等人像。西壁和西南壁上层彩绘五岳圣帝、四海龙王及五湖、风、雨、雷、电诸神像;中层是十殿阎君及阴曹地府诸官像;下层是各种天灾人祸图像,共8组内容,包含135组水陆故事。

永安寺水陆法会壁画（阮祯鹏 摄）

　　永安禅寺体现的是元朝时期在多重宗教思想下的包容文化。在传法殿的壁画中，我们可以窥见大乘佛教的两大流派——藏传佛教与汉传佛教的和谐共存，道教、儒教的教义与萨满教的信仰在此交织。更令人瞩目的是，寺内空门屋脊殿刹的建筑特色，融入了景教文化的元素，展现了伊斯兰建筑的风格，这些独特的文化融合，使得永安禅寺成为一个宗教多元融合的典范。

　　曾经的永安寺命运多舛，历经了多次毁损与重建。这些历史让人心痛不已。但幸运的是，永安寺并没有被遗忘，它在岁月的洗礼中逐渐被人们重新认识和重视。

　　如今，永安寺被国务院公布为"第五批全国重点文物保护单位"。它就像一位饱经沧桑的老人，静静地诉说着过去的故事，也见证着历史的变迁。它的存在，不仅是建筑和艺术的瑰宝，更是我们了解历史、感悟文化的重要窗口。

　　每次踏入永安寺，我心中都充满了敬畏和感慨。这里的一砖一瓦、一草一木，

遇见山西 | 悟空

似乎都在低语着往昔的传说。我仿佛能看到高定将军回乡重建寺庙的场景，能看到归云禅师弘扬佛法的身影，能看到那些工匠们精心勾勒壁画的专注。

永安寺，这座古老而神秘的寺庙，不仅承载着历史的厚重，还蕴含着文化的精髓。它是我们的宝贵财富，更是我们心灵的归宿。

随着时间的流逝，永安寺将继续散发它的魅力，吸引更多人前来朝拜和观光，让更多人了解它的历史和文化。

作为这一重要文化遗产的守护者，我也将继续守护这份珍贵的记忆，让永安寺的传奇故事在岁月的长河中不断传承下去。

永安寺明王壁画（阮祯鹏 摄）

悬空寺：

一座被三根马尾吊着的空中楼阁

杨毅

浑源县文物保护研究中心主任

　　在景区工作的那些日子，我喜欢登临雨中的悬空寺。阵阵的山风拂面而过，烟雨缥缈中的悬空古刹若隐若现，宛若仙宫楼阁。放眼远眺，丝丝的雨珠自下而上、扑面而来，人在寺中，寺在云中，而云却又在雨中……此为恒山十八景又一盛景矣，称"磁峡烟雨"。

　　初来悬空寺观光的人，对于目睹这样的建筑奇观无疑是惊叹的，但对于其背后一些鲜为人知的故事又有几人知晓呢？

　　"悬空寺，半天高，三根马尾空中吊"，这是一句流传在浑源民间的古老民谚。悬空寺所在的峡谷名叫"金龙峡"，古代的浑源因盛产瓷器，峡谷为瓷货南北交易必经之路，故民间又把它称作"磁峡"。

　　据史书记载，悬空寺是一座始建于北魏时期的古老寺院。出于政治需要，在我国历史上，在由北方民族所统治的时期，

悬空寺：一座被三根马尾吊着的空中楼阁

讲述篇

大同悬空寺外景（马毅敏 摄）

多推崇佛教，如北魏、辽、金、元、清等，如此，大量的佛教建筑便随之诞生，云冈石窟如此，悬空寺亦是如此。

相传，鲁班和他的妹妹鲁姜路过金龙峡，突然天降暴雨，山洪滚滚而来，势不可当，当地百姓苦不堪言。兄妹二人便相约，在一夜之内，由哥哥建造一座寺院，供百姓遮风避雨；妹妹则建造拱桥一座，让百姓渡河通行。

一夜过后，寺院和楼阁相继建成，百姓无不交口称颂，合称为"云阁虹桥"，到了后来，这两个建筑被文人墨客列为"恒山十八景"之一。

1978年，悬空寺开始对外开放，从此，这座精绝于世的建筑便走到了世界文化的前台。1982年，寺院被公布为第二批全国重点文物保护单位，宿白、罗哲文、郑孝燮、林默涵等学界大家无不对其赞誉有加。

作为一个土生土长的浑源人，我幼时便听人说"东恒峰、西翠屏，中间有条大金龙"，也知道浑源原来是个乌龟城（乌龟城，指浑源龟城，八角八边，仿八卦龟形。）。而在之后的职业生涯中，我有幸见证并参与了家乡文化旅游的发展历程。

记得大约10岁的时候，也就是1983年，我和儿时的几个玩伴背着爹妈偷着溜达到了悬空寺。那时《西游记》里的孙悟空可是男孩子的最爱，在走马观花的游玩过程中，我突发奇想，淘气地模仿齐天大圣在如来佛手心儿里的"事迹"。

当时心想，这几个字一定会保存好多好多年。在一番洋洋自得之后我们走出了山门，不承想，寺院守门人突然出现，使得我们顿时惊惧起来，刚才的喜悦烟消云散。

"嗨，这几个小孩子，来，过来，每人掏一毛的门票钱。"

"哎呀，我的妈呀，一毛？我们就是一分也没有。"大家一使眼色，于是"滋溜"一下从张开大手拦挡我们的看门人身边跑了出去，身后洒下的只有一路的欢声笑语……

2024年，就在《黑神话：悟空》游戏推出不久，我无意间在网络上浏览到了由元代画家王振鹏所绘制的《唐僧取经图册》，里面一幅名为《悬空寺遇阿罗律师》的图画令我感到十分惊喜，其内容是为了保护唐僧，一条神龙与狐妖大战的场景。

但令我关注的不是《西游记》故事的版本，而是"悬空寺"这个最熟悉不过的名字。

"到此一游"题记、"遇阿罗律师"图、"天命人"游戏，这些我经历过的悟空与悬空寺的交集，真不知是巧合，还是冥冥之中早已结缘，无论如何，这些早已融入磁峡那蒙蒙的烟雨之中……

如今，我已然成为一名文物保护工作者，偶尔忆起当年"到此一游"题记的那一时刻，心里多少有些不是滋味。原来，对于文物的保护其实就是一个基于基础教育和个人认知的结果，保护文物，传承文化，这是人类社会进步的标志，也是优秀传统文化精髓之所在。

作为恒山大文化的重要组成部分，悬空寺的魅力是无穷的。在我的认知里，"奇、险、巧"固然是对悬空寺视觉上的定义，但如果站在"道"的层面去审视它，就会发现另外一座"悬空寺"。

"恒久北岳，厚道浑源"，这是浑源文旅宣传的口号。恒山是道教圣地，但此"道"非彼"道"。《道德经》有云："道常无名，朴。虽小，天下莫能臣。"于是在我的眼里，悬空寺之"道"不仅是厚道之道，还是一种质朴之道。一是体量之"朴"，二是地域之"朴"，三是匠心之"朴"。而此之"朴"便是我所认知的悬空寺的"道义"所在。

当然，我之所以能够发现心中的这座"悬空寺"也不是偶然的。起初，悬空寺于我只是一个概念，就是和尚念经的地方。直到我有幸参加了第一届第四次中华五岳年会时，悬空寺著名讲解员孙仪先生所讲述的悬空寺给我以深深的震撼，由此，悬空寺便在我心里产生了一种神秘感。这种神秘感不仅是建筑技艺之神秘，也不仅是悬空寺暗夜光影之神秘，更是一种无法触摸的时空之感。

我常常在想，悬空寺到底还有哪些不为人所知的地方？怀着这一疑问，我开始走上研究浑源地方文化的传承之路，当然，其中悬空寺无疑是浓墨重彩的。

空闻传宵的钟鼓声为悬空寺注入了"天人合一"的哲学内涵。《西游记》中，须菩提祖师所居之处称作"灵台方寸山，斜月三星洞"，而方寸之间，三星拱月，无论是"道"也好，"朴"也罢，归根结底其实就是一

雪中悬空寺（任雪蜂 摄）

个"心"字，悬空寺即是如此，它也是一个"心"。

2024年8月，我接受了一期有关文物保护和活化利用的直播专访。在专访结束之后，采访组又随机对悬空寺内的游客进行了采访。接受采访的游客是一对来自广东的母女，小姑娘七八岁的样子，活泼可爱。她们给我的感受是质朴的，充满了对历史文化的向往和追求。从她们口中，我感受到了人们对于从中华优秀传统中汲取精神力量的渴望，也感受到了文化传承的任重而道远。

悬空寺里四季更迭，带给游客的体验是别样的。春来，嫩芽初上，好一派"桃李芳菲花枝俏"；盛夏，涧水潺潺，丝丝微风总是透着静心的清凉；晚秋，天高云淡，雁鸣之声又见慈云飞渡；雪冬，红墙碧瓦，塞北光景更显分外妖娆。

在景区工作的那些日子，我喜欢登临雨中的悬空寺。阵阵的山风拂面而过，烟雨缥缈中的悬空古刹若隐若现，宛若仙宫楼阁。放眼远眺，丝丝的雨珠自下而上、扑面而来，人在寺中，寺在云中，而云却又在雨中……此为恒山十八景又一盛景矣，称"磁峡烟雨"。

初来悬空寺观光的人，对于目睹这样的建筑奇观无疑是惊叹的，但对于其背后一些鲜为人知的故事又有几人知晓呢？

据明代《六岳登临志》记载，该寺又名"静居寺"。虽说以"寺"为名，但其实是一个综合性的殿堂，佛、道、儒三家共居一隅，各受人间烟火，寺院住持时僧时道。除此之外，寺院的建筑形制也呈现一种多样化。歇山式、硬山式、悬山式造型多变，且大小式并用，令人叹为观止。

寺院虽部分以岩石为载体，但悬楼延伸的建筑则需要借助于悬臂来完成承重的任务，此为悬空寺千年不朽的一个主要原因。据史料记载，1500年以来，悬空寺所经历的较大地震多达数十次，但依然坚固如初，可见古人建筑技艺之精湛。

20世纪90年代，我在悬空寺工作的初期，关

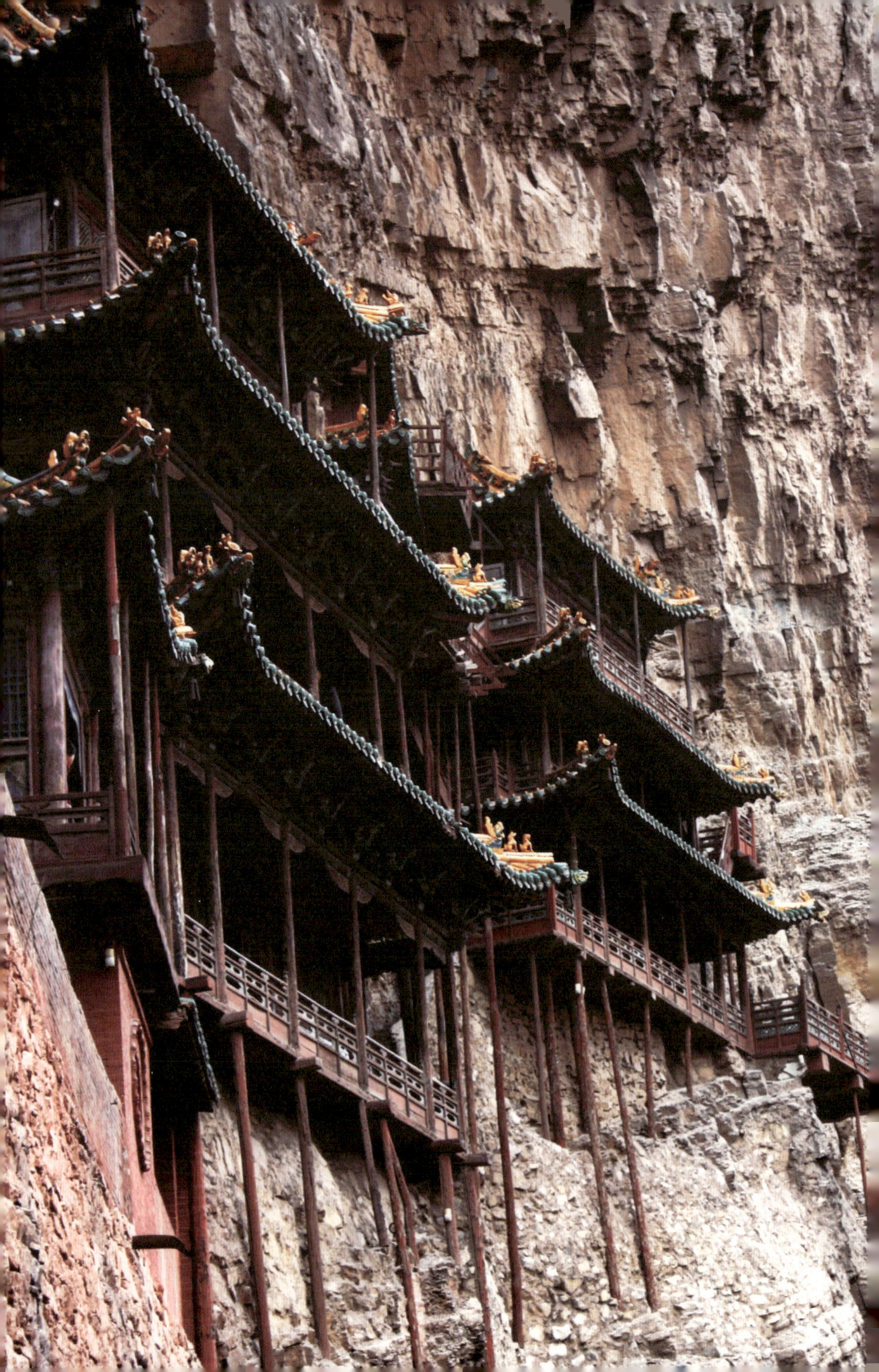

于悬空寺的附属建筑，比如壁画、彩绘、塑像、碑刻、题刻等，我对这些文化元素的内涵的理解其实还是比较模糊的，之后我才真正认识到，这些历史的印记绝不仅仅是几篇诗词、文章，或者是一些书法作品，这其中包含有太多的历史信息，是我们解读悬空寺文化背景的"金钥匙"。

"石壁何年结梵宫，悬崖细路小溪通。山川缭绕苍冥外，殿宇参差碧落中。残月淡烟窥色相，疏风幽籁动禅空。停车欲向山僧问，安得山僧是远公。"明万历年间兵部尚书、都察院右都御史郑洛在登临悬空寺之后有感而作《早过悬空寺》。诗中以"残月淡烟、疏风幽籁"的超然意境，生动地展现了磁峡美景以及悬空寺的壮观景象，是悬空寺古代诗作的代表性作品，值得一观。

作为世界高空古建筑的典范，悬空寺的艺术魅力和文化魅力是无可比拟的。其选址之奇、结构之巧令世人所惊叹，难怪古人称"不知者以为神为之也"。

盛唐时，诗仙李白登楼远眺，在醉书"壮观"后，不知他是否摘下了星辰，抑或惊扰到了天人……

或许是曾经作为明代乐昌王府的香火贡院，被增修之后的悬空寺更显气象非凡。明崇祯六年（公元 1633 年）八月初十，秋高气爽，徐霞客见磁峡双峰崛起，兰若飞挂。沟谷或飞瀑倾泻，或烟雨微岚，如临仙境，于是感慨道："伊阙双峙，武夷九曲，俱不足比拟也。"遂盛赞其为"天下巨观"。

2003 年 8 月，在清理悬空寺南侧河道淤泥过程中，一块刻有"云边觉岸"且表面平整的巨石呈现在世人面前，这块巨石的出土在当地曾引起了不小的轰动。这是一块关于元

悬空寺寺院部分以岩石为载体，悬楼延伸的建筑借助于悬臂来完成承重的任务。（任雪蜂 摄）

代行工部尚书、浙西道宣慰使孙公亮的珍贵题刻，据分析可能淹没于20世纪50年代以后。在元代，浑源望族孙氏一门，尤其是孙公亮，作为一个元代二品官员，究竟是出于什么原因在悬空寺下留有其名讳的题刻，目前学界仍未有定论，但无论如何，通过对孙氏家族文化以及题刻的综合解读，孙氏和悬空寺有着某种未知的历史关系确是不争的事实。

在千年的历史长河中，悬空寺的故事还有很多很多，而历史便是最好的见证者。

作为一名文旅人，在这三十余年里，我见证了悬空寺的文物保护以及逐步走向文旅融合发展的风雨历程。每每走进这座既陌生又熟悉的古老寺院时，旧时的场景令人遐思，一砖一瓦、一殿一阁，纵目磁峡，或春桃飞洒，或柳絮如花。

这，就是我眼中的悬空寺；这，就是那精巧绝妙的建筑奇观！

悬空寺内部雕塑（任雪蜂 摄）

讲述篇

悬空寺：一座被三根马尾吊着的空中楼阁

觉山寺：

从相遇相伴到相守相知

李耀华　觉山寺"看门人"

时值秋日，觉山寺多了一份朴实厚重之美。

我的家就在距觉山寺三十公里处的燕家湾村。小时候经常听奶奶讲故事，其中一部分便是关于觉山寺的传说。跟家里人外出时，经过觉山寺，感觉寺塔很宏伟、很漂亮，这是我对觉山寺最初的印象。

起初，我在印刷厂工作，后在机缘巧合下，我被调入觉山寺，成为"看门人"，不知不觉已23年。

以前觉山寺的游客并不多，来者多为信众，会在特定的日子过来。

觉山寺地势高，每到夜里，山里的大风狂刮，并时不时发出"鬼哭狼嚎"的声音。晚上通常只有我和另一个同事，刚开始我感到害怕，常常整夜睡不着，后来住久了，习惯了，也就不害怕了。

再后来，我对工作逐渐熟悉，偶尔也扮演导游的角色，为游客介绍寺院的布局等。我曾接待过一位对文物颇有研究的外地游客，我在向他介绍的同时，他也给我讲了很多关于

文物的建造知识，对我的触动很大。正因如此，我开始对文物产生了浓厚的兴趣。

当时在觉山寺，我一天的工作大体是早晨起床绕塔和全寺一周检查墙体、梁柱、屋顶等部分，确保其结构安全。同时，还要注意文物周边环境，如防火、防盗设施是否正常运行。我把每一处文物的状态都做好记录，为以后的工作提供重要依据。

觉山寺依山势而建，由钟楼、鼓楼、梆楼、点楼、天王殿、金刚殿、罗汉殿、韦驮殿、弥勒殿、贵真殿、大雄宝殿及文昌阁和魁星阁等组成，形成了一组形式比较齐全的古建筑群。如此宏伟的建筑，从一个平平无奇的地基开始，到砖块雕工，再到斗拱、屋檐、塔刹……古人要用多少心血才修建了这样一座绝美而神秘的寺庙？

觉山寺远景（李栋琦 摄）

山西遇见 悟空

有一年，山西省古建院的专家要上塔进行病害研究和分析，叫我一起上去。我爬到一半的时候往下看，才发觉原来塔有这么高！我当时腿发抖、手发软，无法再继续往上爬了，同行的人连推带护终于把我"送"到塔的最高处。上塔之后，我不敢四处走动，却无意间瞥到了塔上的美景，能够近距离欣赏塔上的雕工艺术，不禁让我心潮澎湃。

那次上塔的经历，让我明白，作为一名文物工作者，要走近文物，与它交流，才能有更深刻的了解，不登高是不行的。此后，

觉山寺山门砖雕（阮祯鹏 摄）

觉山寺：从相遇相伴到相守相知

讲述篇

工作之余，我经常去爬山，在山的最高峰远眺觉山寺。自然风光与古朴建筑相映成趣，构成了一幅动人的画卷。

说到觉山寺不同于其他寺院的独特之处，当属寺庙内一处北魏时期凿取的古井。井的深度与寺内砖塔的高度相同。砖塔西南处的山岩上建有一座小浮屠，山峰也与砖塔的高度相同。因此，这样的奇观被称为"塔井山齐（奇）"。

总有游客问我观赏觉山寺的最佳位置。我总会兴高采烈地告诉他们，要登上那座小须弥塔，俯瞰全寺面貌，在那里，寺院寺塔可以尽收眼底。

这些年来，每当带游客进寺院参观，我都会介绍塔的来历和寺院的由来。随着觉山寺知名度越来越高，逐渐规模化，游客渐多，这里逐渐安排了更多专业的导游。

如果您有来到觉山寺，可以跟随我的"讲解"来观赏。

首选是砖塔，始建于北魏后倾圮，辽大安五年（公元1089年）接原基础重建，为砖构八角十三级密檐式，由塔基、塔座、塔身和塔刹组成。塔心室有62平方米辽代壁画。塔刹为八角攒尖式，上置天球、相轮、圆光、宝盖、仰月、宝珠及刹杆。

寺内的皇帝南巡之颂碑，也称御射碑。北魏和平二年（公元461年）三月立，原位于笔架山对面"御射台"，是青石材质。碑宽137厘米，厚29厘米，总高约411厘米，碑阳文字存170余字，记述了北魏文成帝兴安二年（公元453年）、兴光元年（公元454年）、和平二年（公元461年）几次南巡的政治活动和群臣竞射盛况。碑阴文字存约2440字，整理出270多位从臣的官爵、姓名。有许多官爵、姓氏、地名等，为史书不计。

大雄宝殿是觉山寺主殿，屋顶采用前后单屋檐、两面双屋檐的形式。一种像古代的官帽，另一种像孔雀开屏。

"贵佛"是觉山寺独有的佛，贵真殿在佛寺中也是独一无二的。贵真殿内供奉有一佛二菩萨，中间为贵真佛，两边为文殊和普贤菩萨。贵真佛的形象是道家特有的，这里有三种传说，其一，传说贵真佛是观世音的化身，因为在唐代以前，观世音是个男像，因武则天女皇要拜，不能天天拜男，随后就改为女像；其二，北魏孝文帝的像，因为这个寺院是他为母行孝所盖，所以他的像放在此处；其三，为北魏建寺的第一代开山大和尚海因法师。

当时北魏的都城是平城（今大同），传说孝文帝南巡（河北省曲阳县一带），途经这里，认为此地四面环山，犹如莲花瓣，风景风水好，于是想在此建寺。当时的皇规为子贵母死。在他被立为太子后，母亲自尽。为报母恩，孝文帝修建了此寺。

觉山寺的名字中，"觉"是觉悟的意思，"山"并不是地理学上的山，而是形容词，形容影响之大。"觉山"是佛学含义，是觉悟的最高境界。

这座古刹，不仅以其悠久的历史和深厚的文化底蕴著称，更因其独特的对联艺术而闻名。相传，在清代末期，觉山寺有一位住持叫龙诚和尚，出家前是个卖炭翁，机缘巧合下到觉山寺当了和尚。由于他未曾读过书，被质疑没读过书如何给人讲经书。他偶遇一位白发白须的老人，经他点化后，龙诚和尚顿悟，开始研究经法，钻研书法和医书等，后来无所不能、无所不会。在接引佛大殿的两侧，龙诚和尚写下了一副对联，共八个字：右为"殊蛇蛟龙"，左为"知远僧侣"（当时无人认识，为猜测说法），意思就是要经过蜕变，成为特殊的蛇才能成为蛟龙，知识渊博的人才能成为僧侣，僧侣是比进士还要知识渊博之人。这副对联笔体独特，书写刚劲有力，细细品味，令人无限遐想。

在觉山寺内，有棵茶树已有400多年的历史，大家都称它为"龙井茶"，经考察学名应为"流苏树"。当时寺里的和尚有吃茶的习惯，便种了一片茶园。随着觉山寺的落寞，茶园留下的茶树仅剩一棵。但这一棵茶树，在北方也是相当珍贵的。

小时候，我来到觉山寺，当时只觉得震撼。起初也只是觉得在这里看门是一项简单的工作。随着时间推移，随着我对觉山寺有了更深入的了解，我慢慢发觉"看门人"不仅仅是"看门"，更肩负着对文物保护的重任。

寺里的防火压力一直较大，所有地方都要点灯、点蜡、烧纸、上香，而防火措施有限。现如今，寺里加大了防火力度，案板都从木头面换成了石头面，院内换成了大香炉集中上香，烧纸仅限广场内。

山体距离觉山寺大雄宝殿、贵真殿、弥勒殿仅2米。2014年，我们在大雄宝殿后方6米处修了消防通道和排水沟，一是防火，二是防山洪灾害。随着《黑神

觉山寺：从相遇相伴到相守相知

讲述篇

龙诚和尚写下的一副对联，共八个字：右为"殊蛇蛟龙"，左为"知远僧侣"（李光耀 摄）

遇见
山西 | 悟空

话：悟空》爆火，觉山寺游客增多，相应的保护措施也应及时跟上，保护好砖塔、壁画等珍贵文物。

　　作为觉山寺的"看门人"，我要不时提醒游客对文物的保护，夜里还要做好防火、防盗等。这种情感就好像是对待自己的孩子，有时外出几天，心里都会挂念，生怕出任何闪失，就像看护自家刚刚学会走路的小孩，会担心他摔倒一样。

　　古老的觉山寺，依旧屹立在时间的长河中，诉说着历史的沧桑。而我，见证了他20多个春秋的更迭，也已逐渐把自己融入觉山寺中，成为觉山寺历史的一部分。

冬日里的觉山寺（李栋琦 摄）

应县木塔：

中国建筑的百代标程

永昕群

中国文化遗产研究院研究馆员

我常常想，如果应县木塔没有留存到今天，这个世界不会知道木构建筑的建造极限，也体验不到天宫高耸的宏伟玲珑，该有遗憾吧。

翻开读研期间的山西古建考察笔记，"木塔之旅"赫然眼前。2002年6月25日，三位同学加上我共四人一早从忻州出发，乘车翻越雁门关，勾注山极为险峻，当时高速未修，山道迂曲，自山顶向下看沟内车辆如蚁；下山后即山阴县，路旁就是广武汉墓群，地势坦夷。但是面包车继前一天在南禅寺所在东冶镇补胎后，到了这里又补了四个洞，而且驶到应县车胎又破了。经过此段颇有波折的旅途，我们终于在正午抵达应县，远远望到木塔，就深切体验了梁思成、刘敦桢、莫宗江先生1933年9月到此的兴奋之情。

应县木塔与应县县城（阮祯鹏 摄）

　　走进塔院，仰见在山西炽烈的夏日骄阳与生动光影下，这座千年巨构以我从未见过的高度和体量，以及豪劲形象重重地撞击着我的心灵。当时尚不曾想到，自己毕业后会从事文物保护与研究，而应县木塔会成为我多年的工作重心。

　　这座木塔建在应县不是偶然的，而是有着深厚的历史文化渊源的。应县处在雁门关以北、大同以南一片山峦围绕的平原，在历史上有着非常重要的地位。北魏时，它位于早期都城平城近畿。当时深受皇帝信任的道教领袖寇谦之修建的静轮天宫，就建在大同与应县之间的某个地方，和当时的大同永宁寺七层佛塔皆为土木结合的高层建筑。唐朝安史之乱之后，沙陀部逐渐转移到了应县居住。沙陀部是西突厥的一部分，源于处月部，本来居住在新疆一带。五代时期，沙陀部族占据了中国

应县木塔近景（阮祯鹏 摄）

应县木塔一层释迦牟尼像及藻井（徐劲松 摄）

历史的重心，后唐、后汉、后晋三朝的皇帝都是沙陀人，他们的老家都在应县。

这其中后唐的李克用名声尤甚。应县被称为"金凤城"，即源于李克用出生时井中飞出金凤的传说。后晋时，应州作为燕云十六州之一被割让给契丹，之后长期是辽、金西京（大同）辅翼；元、明屡有战伐，多位皇帝亲临，也颇为重视应州，明武宗还曾在应州参战。元、明两代木塔的修缮大都出自中央，只有到清代大一统后，战略地位下降的应县才转身为普通的塞上小城，而木塔修缮也成了当地事务。

应县木塔的营建与修缮历史到目前为止尚不清晰。根据明朝人的说法是"清宁二年田和尚奉敕募建"（公元 1056 年），还有一种说法是后晋天福年间所建，现在一般介绍应县木塔是萧太后（兴宗仁懿皇后）所建，有的文献说她是应州人。但事实上，辽代后族萧氏和皇族耶律氏是世婚，这些皇后的老家都在今赤峰巴林左旗（辽上京）和辽宁阜新、朝阳这一带，而且这位萧皇后祖父的墓志近年在辽宁阜新被发现。

到底是谁修建了木塔？历代修缮又有什么因革？回答这些问题，需要在木塔保护中深入勘察研究，结合历史学、建筑学、结构学、考古学、美术学、宗教学等多领域协同深入开展。

木塔现状全高 65.84 米（中国文化遗产研究院 2011 年 4 月测），外观八角五层六檐，内部结构实为九层，塔底层总面阔 30.27 米，全塔主体均为木构件搭建而成（一层柱间砌筑有非承重土墼墙）。实际上，木塔可看作空间上竖向分布的五座佛殿，每层的八角形平面都分内槽和外槽，外槽空间供人通行、礼拜，而内槽里的宽敞空间则供奉佛像，每一层内部都是一个类似于礼堂的空间，可以容纳一二百人在里面，这是非常高的建筑成就。

应县木塔的各层斗拱华丽舒展，有数十种形制，光影之下仰望如百尺莲开。元代大诗人元好问是应县相邻的忻州人，他在塔下发出由衷赞叹："缥缈层檐凤翼张，南山相望郁苍苍。七重宝树围金界，十色雯华拥画梁。"

应县木塔按照显、密结合布置五层佛像，形象阐释了辽代盛行的佛教"华严"思想。1974 年前后，自塔内佛像中还曾发现失传已久的契丹藏残卷，以及佛牙舍利、夹纻佛像等珍贵文物，轰动海内外。正如赵朴初所题赞，"塔开多宝现神通，木德参天未有终，辽藏千年哀灭尽，不期鳞爪示金龙"。

应县木塔是世界上现存最古、最高的一座可登临的木构楼阁式建筑，也是现存唯一真正具有多层使用空间的古代木构佛塔。

对照日本现存木构佛塔，均有中心刹柱，且一般无楼板、楼梯，没有使用空间，难以登临。中国在辽之前不乏土木结合或纯木质的高层木构，但都有夯土芯或中心柱。五代以后不设置中心柱，且具备多层使用空间的高层建筑才算成熟建筑，文献记录有多座，但唯有应县木塔邀天之幸岿然独存，展现了中国木结构的极限可能性，无愧为中国建筑的百代标程，其他的如北宋初年开封开宝寺塔和北宋晚期的熙春阁（金亡后迁建到元上都，改名大安阁）等都先后被毁。元代之后中国高层木构转变为另一种"通柱"的结构形式，结构简洁高效，取得很高的成就，代表性建筑有清代承德普宁寺大乘阁、颐和园佛香阁，但这些建筑在规模、层数、高度上再未能并驾应县木塔。

应县木塔很典型地体现了中国古建筑的结构逻辑。木塔的主要梁、柱节点大部分是类似积木的搭接，柱子是相对短粗的形态，如果有侧向的风或地震作用，其所承受的上部重力压到柱子上，可抵抗侧向力，柱子来回微微摆动。除柱子外，木塔外墙柱间还配置了斜撑和夹泥墙，形成第二道抗侧力防线，在偶发的大变形——如大地震情况下可起到限位作用，防止柱子摆动过大导致局部倒塌。

从建筑结构角度来看，木塔每个层单元包括明层与暗层。供瞻礼的佛殿层是明层，拥有空间开敞的梁、柱间架，内外槽共 32 根柱子（内槽 8 根、外槽 24 根），是结构上的柔性层；其上是斗栱、梁栿组成的铺作（即斗栱）层和满布斜撑整体性很强的暗层，是结构上的刚性层。

全塔由刚、柔结构层交替叠置。每层结构就像下面垫着两圈短粗木柱的磨盘，越重越难以推倒。抗风与抗震——这一在现代结构设计中难以调和的、有着相反结构要求的矛盾，却在应县木塔高超的结构体系中得以统一。

应县木塔挺立千年的事实足以证明其自身结构的合理与优越，其刚柔相济的结构体系与现代理想抗震结构高度一致，不但具有工程史上的杰出价值，而且还可对当前高层结构设计起到直接借鉴作用，同时也是应县木塔保护的科学基础与逻辑起点。

谈到应县木塔，不可避免涉及其现状与保护，一举一动牵动着各方的关注。应县木塔的科学保护始自 1933 年中国营造学社梁思成先生主持的勘察测绘，这也是我国古建筑科学保护修缮的开端之一。无论是当地人士的地方记忆，还是专业人士的观察，抑或是从已有资料分析，应县木塔二、三层严重的局部倾斜自20世纪初期以来逐渐严重，这是由于历史上地震、大风、材性退化，以及战争破坏、不当修缮等多方面因素共同作用，积累而成。从1950年文化部文物局组织雁北文物勘查团调查以来，到1970年代后期的修缮，再到1990年以来的研究，木塔勘察与保护研究一直在持续开展，应县木塔也成为全国最受重视的文物古迹之一。但由于应县木塔难以用目前常规结构理论进行准确分析，现状遗存情况又特别复杂，因此保护工作推进非常审慎。

2015年以来，我所任职的中国文化遗产研究院紧紧抓住连续开展结构变形监测这一龙头，明确了木塔倾斜严重部位持续渐进发展的趋势并对其进行量化，为现阶段应县木塔保护策略提供了分析基础，营造了基本共识。

距我初登应县木塔已经二十余年，这期间几次长时间深入参与相关保护项目，经历祁寒酷暑、次第秋月春风，逐步有了些个人体会。

当前的木塔是其近千年来全部价值与信息的载体，"一片花飞减却春"，必须强调基于价值的保护。一方面，建筑的形制保护与工艺传承极为重要；另一方面，"文物保护"归根结底要聚焦于"物"，必须在物质遗存保护的基础上讨论，尤其是对木塔这样主体结构保存了近千年的无上国宝，更不能轻言对构件的更换弃置。

应县木塔位于佛宫寺院落正中，保存了中国早期佛寺以佛塔为中心的格局形制，正南匾额"天柱地轴"，形象地描述了木塔的雄伟气质。当游客绕塔周行，还可看到悬挂的"释迦塔"与"峻极神工""万象逢春""永镇金城"诸牌匾，无不善颂善祷，寄托了赞叹与祝福。我所接触的同事友朋，和木塔相伴越久，就越发对木塔产生惊奇和敬畏之情，我亦如此，在此聊作数语，感慨系之：

百战风霜后，千秋壮迹留。

仰崇木塔下，攀跻愈夷犹。

应县木塔悬挂的"释迦塔""峻极神工"诸牌匾（阮祯鹏 摄）

应县木塔：

永镇金城，莫要失言

王学涛 新华社山西分社对外采访部主任

在晋北广袤的大地上巍然耸立着968岁的世界最高木塔——应县木塔。

难忘13年前初见它时的惊艳，厚重伟岸的身姿、古意苍然的容颜、鬼斧神工的技艺、独立千年的坚强、永镇金城的冀愿……为什么要建这座高塔？谁建造的？怎么建的？由于缺乏史料记载，木塔一直笼罩着神秘色彩。停下脚步，凝视着木材上干裂的纹路，细碎而深刻，宛如岁月的涟漪，镌刻着它见证过的悲欢离合。这种跨越千年时光的相遇让我潸然泪下。

就在那一刻，我读懂了中国传统木结构古建筑的了不起，初入新华社的文物口"新兵蛋子"爱上了山西古建，从此将职业与爱好融为一体，一头扎进去，无法自拔。

谁又能逃过它的魅力呢？明成祖朱棣称赞它"峻极神工"，明武宗朱厚照为它题写"天下奇观"。元好问、乔宇、

应县木塔外景（阮祯鹏 摄）

顾炎武等文人骚客、名流学者来过这里，留下"玲珑峻碧倚苍穹，海内浮图第一工""如峰拔地耸霄雄，万木桓桓镇梵宫"等诗句，讴歌古代匠人的伟大创造。

迎来科学测绘

终于有一天，木塔迎来知音。

1930年，我国著名实业家朱启钤在北平成立中国营造学社。这是一个专门从事中国古代建筑研究的私立学术机构。之后两年，梁思成、刘敦桢先后加入学社，分别担任法式部主任和文献部主任。林徽因同时被聘为社员兼校理（后来还曾任参校等职）。他们想编纂一部中国建筑历史，但由于缺乏材料，不得不寻找实例，尤其寻找早期木构建筑成为他们的梦想。

自从听说了应县木塔，梁思成便一心向往。1933年9月，营造学社成员测绘完大同古建筑后，林徽因先回北平，梁思成、莫宗江和刘敦桢前往应县。从梁思成致林徽因的信中可知，离木塔越近，梁思成越望眼欲穿：二十余里外，隐约见塔屹立；距城十二三里时，正值夕阳西斜，塔身被染成金黄色，衬着深紫的远山，灿烂闪烁着；距城五六里时，木塔伟大的轮廓由四面平凡的低矮中突兀耸立。

"今天正式地去拜见佛宫寺塔，绝对的 overwhelming，好到令人叫绝，喘不出一口气来半天！"

"塔身之大，实在惊人。每面三开间，八面完全同样。我的第一个感触，便是可惜你不在此同我享此眼福，不然我真不知你要几体投地的倾倒！"

"这塔真是个独一无二的伟大作品。不见此塔，不知木构的可能性到了什么程度。我佩服极了，佩服建造这塔的时代，和那时代里不知名的大建筑师、不知名的匠人。"

……

飞檐走壁中，梁思成、莫宗江拍照、测量，应县木塔迎来中国学者的科学测绘。梁思成认为，木塔由内外两周柱构成，各层本身自成完备的构架，堆叠在下一层之上，各层的柱，每周圈在柱头上皆以阑额或内额并普拍枋相连。各柱头上施斗栱，内外斗栱之间以乳栿或枋相连络，而使各层各自成为完整的构架。木塔全部的重量除副阶外，完全由外柱一周24柱及内柱一周8柱负担起来。柱质以松木居多，木塔各层低扁，构成了庄严稳重的轮廓，同时深远的檐、各构材间玲珑的孔隙、轻

应县木塔内辽代彩塑（马毅敏 摄）

盈的格子门等又呈露豪放的姿势。

"在庄严稳重里带玲珑豪放。"梁思成指出，应县木塔所呈现的这一印象是其他塔，尤其砖石塔所不具备的。

应县木塔结构透视图（胡远嘉 摄）

开始倾斜变形

经历数百年雨雪风霜、地震炮火的洗礼，木塔已一身伤痛。而最近百余年里的战争、不当修缮等又为这位"老人"带来了生命不能承受之重。

梁思成在《山西应县佛宫寺辽释迦木塔》中提到，民国时期冯玉祥攻山西时，这塔曾吃了不少炮弹，痕迹依然存在，这实在叫我脸红。第二层有一根泥道拱竟被打去一节，第四层内部阑额内尚嵌着一弹未经取出，而最下层西面两檐柱都有碗口大小的孔，正穿通柱身，可谓无独有偶。此外枪孔无数，幸而尚未打倒，也算是这塔的福气。

然而，"尚不坏"的现状并没有维持多久，"木塔八百余年以来最大的厄运"就降临了。

原来，木塔上部四个明层中，除了东、西、南、北四个正方向的当中一间安装格扇门外，其余都是内含斜撑子的夹泥墙。然而，20世纪30年代，应县士绅以"重修"的美名，将夹泥墙拆除改为格扇门，对木塔结构产生了严重影响。

"这不光使原有的壁画全成尘土，而且直接影响到塔身之坚固上，若不及早恢复，则将不堪设想了。"梁思成写道。

十余年后，木塔表现出的"病态"，证实了梁思成当年的忧虑。1950年，时任清华大学营建系副教授的莫宗江，参加雁北文物勘查团再次探访木塔时，发现它已扭转、倾斜，部分构件脱榫、劈裂。

在《雁北文物勘查团报告》中，莫宗江痛惜："自夹泥墙被拆除改成格扇门以来，仅仅经过十四五年，塔身已可以看出歪向东北。在第二层内的各柱向东北倾斜最甚，上部的重心已经离开了正中，各柱头的榫口大多已经松脱，或已因倾斜扭转而劈裂，如果听任这种情况继续恶化下去，将更难修理，甚至可能突然坍毁。"

山西省文物局在2004年《关于应县木塔修缮保护工程情况的报告》中提到木塔"病情"：塔体已扭曲变形，荷载失衡，出现严重的倾斜压缩，塔身整体向东北倾斜65厘米，塔身累计压缩88厘米，二层外槽西面北角柱相对下沉值达20厘米，西南面南平柱柱身向东北方向倾斜达50厘米等，塔身下部承重部位多处出现构件劈裂、梁枋折断、结构走闪错位等险情。

2007年，中国文化遗产研究院成为木塔保护工程的技术牵头单位。经过十余年监测，该研究院发现，近年来二层明层自西南向东北方向，倾斜持续稳定增加，但倾斜变形过程未出现突变。目前变形最大的位置在二层西南侧，其中编号23号柱的现有倾斜量最大，2015年测量的柱子倾斜量（柱头中心相对于柱脚中心）超过56厘米。近年来，它的倾斜水平偏移量发展也最大，平均每年2毫米多。

专家们认为，倾斜持续增加说明木塔未处于稳定状态，可能会局部失稳，不排除在强烈地震情况下木塔出现局部或整体垮塌的灾变。

应县木塔内辽代彩塑及内部结构（马毅敏 摄）

期盼治病良方

如今木塔"扭曲变形"已有 70 余年。

20 世纪七八十年代,国家文物局曾组织专家进行抢险加固,但没能阻挡住木塔继续变形。回忆这次修缮,孟繁兴、张畅耕在《应县木塔维修加固的历史经验》中写道,"临时支顶"的两个三角撑子,位置弄错了,作用适得其反,弊大于利。

我曾查阅相关档案资料了解到,30 余年来,木塔的研究保护经历了两大阶段。第一个阶段从 1991 年应县木塔维修工程正式立项,到 2006 年"抬升修缮"方案暂缓进行。第二个阶段从 2007 年中国文化遗产研究院成为木塔保护工程的技术牵头单位至今。无论是第一阶段的整体修缮方案,还是第二阶段的局部加固方案,都

应县木塔内辽代彩塑及内部结构(马毅敏 摄)

因存在争议而没有实施。

从1999年应县木塔修缮保护工程管理委员会成立至2004年，相关文物部门先后邀请50余位专家现场考察木塔，并委托23家高等院校、科研部门、勘察设计单位，完成了40多项前期勘察项目，在此基础上，他们产生了"落架大修""现状加固""抬升修缮""钢支架支撑"等方案。对于不同方案的利弊，各路专家争论不休。

柴泽俊曾是原应县木塔修缮保护工程管理委员会副主任、总工程师。为木塔除疾是他生前最大的心愿。我曾多次前往柴老家中拜访，聆听他讲述木塔修缮的往事和分析各种修缮方案的利弊。他说，2002年管委会在太原召开方案评审论证会，7位院士和34位专家参加。会议以记名表决的方式，确定了木塔修缮方案的总体思路是"抬升修缮"。

但在2006年召开的"应县木塔抬升修缮方案专家评审会"上，国家文物局认为《应县木塔抗震加固方案》和《应县木塔保护工程抬升修缮方案》作为工程实施方案还不够成熟，不具备实施条件。加上现有工作成果对木塔现状，特别是安全状况的分析、研究尚不到位，缺少特别有说服力的科学论断，采取何种修缮方式，尚有待进一步研究。

2007年，中国文化遗产研究院接手了前期成果，成为木塔保护工程的技术牵头单位。针对木塔持续发展的病情，2014年年底，应县木塔严重倾斜部位及严重残损构件加固工程启动，后因效果不明确被国家文物局叫停。

现在，应县和相关部门正围绕优化修缮方案、留存文物数字化信息、准备木料、建"实验塔"等工作努力，希望能尽早制止住木塔仍在发展的病情。

应县木塔外景（马毅敏 摄）

　　修缮不易且目前无解。越来越多人怀着与时间赛跑般的心情前来瞻仰它，在岁月沉淀中感受心灵的宁静，更有很多人在离开时，恋恋不舍，频频回望，生怕一别即是永诀。

　　轻声祈祷"万望珍重"，永镇金城，莫要失言。

崇福寺：

抱愧千年古寺

今年重阳节的第二天上午，秋光作陪，久居外地的我再一次跨进了千年古刹崇福寺的山门。为了真正地一睹古迹风采，更为了还一笔沉重的文债。

崇福寺，坐落在山西省朔州市朔城区老城东街，东临明代古城墙，西挨民宅。历史的长廊积攒着它的风雨传奇，也记录着普通民众与它的故事。

我虽出生在偏远的乡村，但从小就听说县城东街有个大寺庙。因我们村也有庙，基本意识也仅仅是城里的庙要比村里的大。及至后来到城里上高中，常常经过这里，所看到的也仅仅是那一个紧闭着的木质大门。当然，城里人也在茶余饭后说起大寺庙，而从来没听到哪个人称其为崇福寺。那时的人们文物保护意识并不强，没见过有人探讨这座古寺的历史文化价值。入耳的也尽是些离奇古怪的传言。比如说，那屋脊上的"人人"（指塑像）每到夜深人静的时候就下到院里活动；再比如说，最吓人的是正殿里的哼哈二将，都是龇牙咧嘴的黑脸大汉，人们连看都不敢看；还有人说，夜

崇福寺：抱愧千年古寺 | 讲述篇

弥陀殿琉璃脊饰（阮祯鹏 摄）

间这里常常要发出"咔嚓咔嚓"的声响,有时还夹有"哇哇"哭声。这些说法直叫我听得毛骨悚然。本来知道这些说法不怎么靠谱,但总归在我心里蒙上了一层说不明道不白的阴影。20世纪80年代,庙门口立了碑挂了牌,我才知道其雅名叫崇福寺。而且,从我见到外围的崇福寺直到离开家乡,就没看见那蒙尘的木大门什么时候打开过。

说来也惭愧,我能够近距离目睹朔州奇观已是1993年。那年不知几月几日,随着中央电视台《神州风采》栏目摄制组到实地取景时,我才看到那些恢宏的古建筑。这算作我第一次访问这座古刹,但仅仅是一种粗览。因跟随摄制组活动不能随意安排时间,人家走,我也走。了解不深入,当然很难激起写作情绪。

第二次造访崇福寺是在2002年6月初,一位省领导来朔调研,随行的有一些省里的大笔杆子。由于对省城文化人物的崇敬,我只顾了向他们请教,却影响了对寺内景物的细致观察。只记得在休息室吃了无籽西瓜后,就随大流到别处参观了。

后来也曾有过写写崇福寺的想法,终因行政事务太忙,未能给家乡一景以应有的笔墨。

现在如实理性地来看,一切理由皆为借口。我一直没有拿出足量的时间和精力去了解崇福寺,尤其没有以文人的责任感去了解去传播,更没有当成事业去对待。即便是《黑神话:悟空》的游戏带火了崇福寺的旅游,我还像一个傻大妞干张着嘴巴寻思着:"为什么?"就在这个游戏的热度刚刚落下去的前不久,我决定要以一个"文人"的真诚来还清这笔文债,一个压在心头且沉重的长满老年斑的自责。

有朔城区委宣传部的安排,我第三次的造访心也顺、访也顺。免门票的规定更使初来乍到的游人们感到开心,让这座坐北朝南的千年古寺首示热情。进得山门,西侧小亭里仍有朔州文旅集团的小青年们为游客提供服务。在他们的介绍下,我才知道这次游戏中崇福寺被"设计"了一个妖王

崇福寺弥陀殿（马毅敏 摄）

崇福寺弥陀殿壁画（马毅敏 摄）

黄眉让悟空来打。朔城宣传文管系统的同志介绍说，就是这个游戏，使今年国庆小长假期间全国各地来崇福寺旅游参观的人数猛增至6万余人，是以往同期的10倍甚至更多。

随着讲解员绘声绘色的话语，我第一次了解到这里每一个建筑的来龙去脉和历史文化地位以及文物价值，也了解了每一尊塑像和每一幅壁画的故事与含义。从南往北数，全寺有6座坐北朝南的殿宇，分别是：山门金刚殿、千佛阁、大雄宝殿、弥陀殿、观音殿，统称五进院。殿轴左右，有晨钟暮鼓的钟鼓楼、文殊堂地藏堂分列东西，相对而立。总体布局整齐对称，形成了南北有节奏、东西相呼应的态势。仿佛能在美丽的几何图案中找到跳动的音符，在音符的构想里观察到忽隐忽现的图案。不能不说，公元665年那位设计师是一位具有超前建筑意识的天才。

就在刚刚站立在头一道院里的金刚殿前，不能不为古朔州人的开明所折服。按常规，金刚的职责是把门，塑像应该立于山门口。但崇福寺为金刚专门设殿，表达了古朔州人对保卫人员的无比尊重。

在千佛阁，供奉着大肚弥勒佛塑像，过去叫藏经阁。也许是因为元代朝中所赐《大藏尊经》而得名，清代改成千佛阁。最引人注目的是，在大肚弥勒佛的背后小柱阁上，绘有上凤下龙的图案，显然是受唐代武则天时期的影响，女皇至尊。

紧挨其后的大雄宝殿，是供奉释迦牟尼佛塑像的地方。在这里，我看到了以往不经意的壁画，却听到了极其感佩的解说。在本殿东西两壁，分别彩绘着10行佛像，每行50尊，每壁就是500尊。两壁加起来，共1000尊。乍一看，千佛一面，可细一瞅，每尊佛的衣饰、容态等，各不相同，是实实在在的千佛千面。单就绘画艺术来讲，先贤的艺术理念绝非一般。他们在统一中求变化，在变化中达到统一，是对整个人类绘画艺术的杰出贡献。

再往北的弥陀殿是崇福寺的主殿，也是全国现有金代三大建筑之一。

讲述篇

崇福寺:抱愧

千年古寺

弥陀殿哼将（阮祯鹏 摄）

遇见山西 悟空

弥陀殿哈将（阮祯鹏 摄）

殿顶的琉璃脊饰、殿檐下悬的竖匾、隔扇门窗,殿内的塑像、壁画被称为"金代五绝"。我最关心的还是小时候听说过的殿顶上的两个"人人"和殿内的哼哈二将。那两个"人人"实际是两尊武士琉璃塑像。他们弓膝蹬腿,呈武打准备状,状高1.5米,相对而蹴。要是"站"起来,则高1.8米。这一对武士琉璃塑像当年由忻州代县烧制而成,历经800多年,风吹雨打日晒,也未耗损,至今艳丽如新。我想,民间之所以传播晚间下来活动的说法,应该是保护寺院的一个计策。过去相当长的时期内寺内无人看守,用怪异之说吓唬那些行不轨之徒。至于有响声,毫不奇怪。寺内殿宇均属木制榫卯结构,由于热胀冷缩,肯定有响动。而"哇哇"哭叫也是用以唬人的。

　　进得殿内,最引人注目的确实是哼哈二将的塑像。他们身高6米,前倾12—15度,手执武器,分立主佛坐像的前两侧显随时要出战的态势。粗略地看,他们都是黑脸;细观,却是紫红色。立于西侧闭嘴者为哼将,立于东侧张嘴者为哈将。哼将目微斜视,警惕性非常高,随时准备出手的样子,但他表现沉稳,对周边的一切安全情况心中有数。他脸圆扁,眉宇间稍显放松的背后却深藏着过度的紧张。比较起来,哈将就显得豪气外露,遇事脾气暴躁,沉不住气,可能两句话说不通就会出手。他脸色较哼将稍深,扁鼻梁,咧嘴怒目,藐视一切。好像他的口头语就是:"哈!你敢?""你别胡来!不信你试试看!"他时刻都在挑战。挑战是这类角色永恒的主题。与他们近距离接触,非但没有惧感,反倒觉得特别亲切。有这样的护卫,才有安全。惧威恐猛是贼寇的阴暗心理。对于良人,拥抱了威猛就是拥抱了安全。

　　应该特别提出的是,哼哈二将的泥塑将其腰间下垂佩带和手中拄物作为身体前倾支柱,与地面形成三角结构,巧妙地利用了三角形的稳定性原理。这种"将计就计"的做法,堪称制作经典。

　　往北最后一个殿称观音殿,也是金代的原始建筑。不过,除殿身框

弥陀殿琉璃脊饰（阮祯鹏 摄）

弥陀殿琉璃脊饰（阮祯鹏 摄）

架外，殿内的塑像等所有设置都是新修建的。这里的最大亮点就是"减柱造"。顾名思义，减柱就是减少了柱子。"进入这里觉得很宽敞吧？"讲解了一上午，有点口干舌燥的讲解员问。我这才感觉到了这里与其他殿宇的不一样。塑像前应该至少立有的4根柱子连1根也没有，确实扩大了不少活动空间。我们知道，建房梁柱为框架骨干，一样都不能少，这里居然减去这么多！往顶上一看，才体会到古建筑师的匠心所在。梁架结构运用了人字形叉手原理，形成了大三角套小三角的多三角形态，先"稳住"上方，再将重力分解到大梁两端，然后再传递到前后槽的金柱上。有专业著作评价："结构精巧合理，力学传递流畅"。知情人说，就连清华大学建筑专业的学生也来这里考察，学习古建精华。

  古代建筑让我深感震撼，古人的智慧让我心生敬意。我们这个小地方原来蕴藏着如此高妙的人文历史，崇福寺的每一处景观背后都有耐人寻味的故事。除了看到的，我还要更深入地了解我无法看到的。我像一个写作业遇到难题突然逮住了老师的低年级小学生，干脆打破砂锅问到底，在行家面前，一定要问出个崇福寺的前世今生所以然来。

  一位讲解员出身的文管所负责人介绍说，随着历史的风云变幻，崇福寺的命运也经过了跌宕起伏。唐高宗麟德二年（公元665年）开始建造崇福寺，规模为三进院。到辽代，寺院改为林牙太师的官署。这林牙是当时的"官二代"，占据此地办公长达29年（公元983—1012年）。据传，期间院内灵光乍现，不得平静。怪异现象让官员们提心吊胆，搬迁了官署，让崇福寺恢复了佛寺功能。

  到金代皇统三年（公元1143年），完颜亶为亡子超度，令顺义军节度使安远大将军翟昭度扩建崇福寺，新建弥陀殿、观音殿。这样，寺院就由三进院变成了五进院。完颜亶虽是佛教徒，但滥杀无辜，及至后来精神错乱，日渐暴虐。后来堂弟完颜亮将其杀害，篡夺了王位。此时，崇福寺的扩建工程还没有完成。金天德二年（公元1150年）完颜亮赐匾"崇福禅寺"。

元末明初，寺院再次被占，在刀光剑影中成为军用粮仓。直到明洪武十年（公元1377年），才恢复并新建了一批殿堂如文殊堂、地藏堂。再到明洪武十六年（公元1383年），主修完工，囤粮清空，同时又做局部修缮，被损建筑得以复原。清代和民国时期，都对古老的崇福寺做过不同程度的修葺。过去，佛塑腹部都藏有佛家珍宝，不知何时被何人掏空盗走。

千年寺院，与民族共荣辱。中华人民共和国成立后，崇福寺才真正得到全面的保护，其历史文化价值也不断被发现和挖掘。1988年，崇福寺被国务院公布为全国重点文物保护单位。特别是近年来，古寺迎来了展现风姿的黄金时期。市委常委、朔城区委书记张震海表示：

"要借这次《黑神话：悟空》的游戏，以三福理念推进崇福寺历史文化内涵的挖掘与延伸。通过崇福、祈福、送福的活动打造新时代的福文化。"

身临古寺，尽览历史文化瑰宝。我为家乡的历史巨作惊叹，我为家乡的现实放歌，我为家乡的未来祈福。

南山寺（佑国寺）：

故地重游，我依旧是我

孙小寒　山西古建博主

　　我与山西古代建筑，结缘于 2020 年的一个深秋。

　　阳光透过泛黄的树叶，洒在南山寺的墙面上，每一块砖石都仿佛在诉说着往昔。我手持相机，镜头缓缓移动，那一刻，我仿佛能听到历史的回声，在耳边轻轻响起。

　　于我而言，遇见山西古建筑三生有幸。

　　2024 年盛夏，由于《黑神话：悟空》的爆火，取景地山西迎来流量高峰。虽说都曾去过，但我还是想跟着悟空再游览一次。首站我选择了五台山南山寺，或许是因为，这是我启蒙的地方。

　　南山寺的选址很绝妙，依山就势、层层递进。我每次来都能学到知识。这座寺庙始建于 1295 年，民国时期重修、扩建时，将极乐寺、善德堂、佑国寺三寺联为一体，统称为五台山南山寺。三处古建筑群，连贯在一起，如何做到和谐统一，好像是个难题，可在中国建筑的思维里，这样的共创却显得自然而然。

　　从无人机拍摄的画面看，极乐寺、善德堂、佑国寺三处

五台山南山寺清代彩塑（马毅敏 摄）

讲述篇

南山寺（佑国寺）：
故地重游，我依旧是我

寺院各自中轴对称，自成体系，组合起来毫无违和感。远看，像步步高升的阶梯；俯瞰，像一只展翅翱翔的燕子。因是在半山腰的缘故，茂密的植被把南山寺捧在手心，不仅做到了建筑与建筑的和谐，还做到了建筑与自然的相得益彰。简直妙，太妙，极妙！

穿过两边由石头砌出的幽深古道，就进入了永进门，一鼓作气爬上108级台阶，

五台山南山寺（佑国寺）全貌图（武涛 摄）

  我再次抵达这座气势了得的汉白玉石牌坊。它方方正正，三间三楼，拱券门，四个大字抓紧了我的眼球："信天由命"。一时，我竟不知如何应对，只感觉这南山寺拒绝一切"内卷"，自我检点后，赶紧收起贪念、杂念。

  再经过一座雕有精美图样的石拱桥，便进入到南山寺的下院极乐寺。极乐寺是一座以塔为中心的寺院，方方正正的四合院，寺院不大但包罗万象，儒、释、道三教在这里都有，建筑形式更是多种多样，木结构、窑洞、砖构、砖塔建筑都能看到。中心是砖构覆钵式塔，南侧是木结构建筑，西侧、北侧都是二层，一层窑洞作为课

堂使用，窑洞之上又搭建了木结构阁楼作为神殿。

大雄宝殿位于院子南侧，在释迦牟尼佛西北方向的佛龛内，端坐着一位怀抱婴儿的汉白玉送子观音，仿佛是一位再寻常不过的母亲。雕刻这尊造像的工匠，内心想必十分柔软。正想得入神，大殿内进来三位结伴而行的老闺蜜，其中一位短发慈目的阿姨对我说，她们每年都会相约结伴来南山寺看望这尊观音，为孩子祈福。一瞬间我恍然大悟，那幸福、纯真、朴素的信仰，是直击心灵的疗愈。

佛殿内也给玉皇大帝留了一间房，南侧二楼的隔壁还有位"邻居"送子奶奶，

五台山南山寺内一座覆钵式白塔（马毅敏 摄）

　　这两位道教的神仙在这里"办公"，有点"驻外公使"的意思。人们穿梭于各个大殿，祈福还愿。透过方正的门框，香客们显得更加规矩，这规矩显然是发自内心的。

　　极乐寺南侧二楼是南山寺的极佳观景台，站在这里，眼睛里能装下南山寺的一切。从屋檐起，到曹奎祖墓塔，再到南山寺所有屋顶，以及远山。或是由于此地位于低点，仰望更能感受到建筑主体的宏伟以及建筑物间的层层叠叠、隐隐约约。这个视角的南山寺隐隐融入五台山里，院落内的奇松、侧柏呼应着五台山上的云杉，让屋顶也成为山的一部分。这种融合张弛有度、相得益彰，展现出建筑和自然之间的美好对话，显然是一处依山就势的大园林格局。

南山寺（佑国寺）：故地重游，我依旧是我 | 讲述篇

五台山南山寺与佑国寺连接的照壁福禄寿（徐劲松 摄）

继续向上，我要到制高点再看看。

沿着石阶一路走，一路看，每走几级就可以平视一些屋顶，屋顶上还有些精美的砖雕作为装饰。当我忍不住回望时，就能看到屋顶和远山呼应，那种美来自线条，彰显建筑的理性和远山的随性，也是一种人与自然的和而不同。

爬到石阶末端，就来到佑国寺。这里的石雕百看不厌，常看常新。1400多幅浮雕作品可谓件件珍品，除细腻高超的雕刻技艺外，还富有创造力和故事性。能做到让人人都能看得懂，才是艺术最了不起的地方。

在佑国寺山门前，有处望峰台，人们说抵达望峰台才算真正到了佑国寺大门口。

山西遇见 悟空

五台山佑国寺石雕（徐劲松 摄）

五台山佑国寺精美的三国故事——"千里走单骑"石雕（马毅敏 摄）

讲述篇

南山寺（佑国寺）：故地重游，我依旧是我

站在这里，可以看到五台山的"四台"。远眺四周，壮美的景色甚至让我有种不真实感。细看周围，望峰台的栏板和望柱精雕细琢，平台围墙和石栏杆上的浮雕包罗万象，有琴棋书画、桃李梅竹、喜鹊登梅、奔马逐日、飞龙走兽、仙鹤芙蓉、孔雀牡丹。平台围墙还雕有八洞神仙，个个面部圆润、从容清秀，雕工可见非同一般。人物参考戏曲扮相，如同是刻在石头上的大剧院。

从望峰台上去，天王殿三个门的拱券和窗墙上都装饰着包含美好寓意的石雕，还是镂空浮雕，立体有冲击力。穿过天王殿，这才真正进入了一个石雕海洋。台基、柱础、窗墙，只要有石头的地方都有石雕，如此极致的

五台山佑国寺精美的福、禄、寿石雕（马毅敏 摄）

遇见山西 悟空

五台山龙泉寺精美的石牌坊南侧（马毅敏 摄）

石雕追求，使我目不暇接。

　　说到南山寺的石雕，不得不提龙泉寺的石牌坊。一走到龙泉寺楼梯前，石牌坊就映入眼帘。每当我在高高的楼梯上抬头望见牌坊

顶端，总会被雕工惊艳到。游龙盘旋在牌坊之上，气势强大，每一个细节都在寻求变化，精致到难以去形容。

一铲一刻、一雕一琢，匠人们都是经历了灵感、力量、时间的考验，才汇聚成这些值得反复观摩的作品。我听闻这些石匠大多来自忻州当地，历史上，定襄县就涌现出许多著名建筑师和木雕模型匠人，龙泉寺的石牌坊就是由定襄县石雕艺人胡明珠设计建造的，最初着手时，他才22岁。这让我想到北宋画家王希孟作的《千里江山图》，作画那年他18岁。

每每在拍摄短视频时，我特别注重记录下古建守护者的工作和生活状态。他们的言语朴实无华，透露出对文物深沉的热爱。记得有一位守护人曾说："一到古建边上，爬梁上架，好像是如履平地。"他们把对生命的热情注入这些艺术品中，这是青春的追求。我想我更应如此。

刹那间，我仿佛明白了什么是事在人为。不管怎样，我都愿意为山西古建筑付出热情、燃烧自己，就像母亲永远爱护自己的孩子、人人为美好的生活祈愿、工匠把一生奉献在作品中。做自己喜欢的、有意义的事，那时便真如自在了。

回望历史，万物都遵循着时光的踪迹，逐年更迭。古建筑走向何处，决定了当代人如何与文明对话。在我眼中，它们是心灵的故乡，那古老的声音正等着你来聆听。

金阁寺：

穿越时空的桥梁

崔玉卿 山西省社会科学院（山西省人民政府发展研究中心）研究员 《五台山研究》主编

"世界上没有什么比金阁更美的了。"这句来自小说《金阁寺》的经典之言，让日本京都的金阁寺声名远播。在山西五台山，同样屹立着一座名为金阁寺的古刹，它的历史更为悠久、规模更为壮丽、影响更为深远。

这座金阁寺，不仅承载着千年佛教的厚重传统，更是中华文化遗产中的一颗璀璨明珠，见证着历史与现代的对话，值得更多的人去关注。

最近，随着游戏《黑神话：悟空》的火爆，金阁寺再一次走进公众视野，焕发出新的文化生机。在此，我也十分荣幸能同各位读者一起，领略它的独特魅力，感受其所承载的深厚历史和精神力量。

20 世纪 90 年代，我第一次走进金阁寺。犹记得那是一个凉爽的夏日，它伫立在五台山锦绣峰西北麓的金阁岭上，背倚青山翠岭，四周繁花似锦，巍然而庄严。这里距台怀镇约 15 公里，海拔近 2000 米，是除五个台顶寺庙建筑外，地势最高的五台山寺院，被不少人称作"清修的绝佳之地"。

说到"清修",便让人不自觉想起了金阁寺那颇具传奇色彩的历史。一切缘起于一则"化寺"的传说。

相传,唐玄宗开元二十四年(公元736年),江东衢州的道义禅师来到五台山巡礼,希望瞻仰文殊菩萨的真容。一天,他在禅定中遇到一位童子接引,进入了一座金碧辉煌、宏伟壮丽的寺庙。在寺庙中,道义禅师得知此寺名为"金阁寺",并和寺中一位老僧谈论佛法。然而,当他离开金阁寺后,回首之间已不见先前辉煌的寺院,才意识到自己进入的是"化寺"——幻化而成的寺院。

这段传说也成为建立金阁寺的契机。道义禅师认为这是文殊菩萨

五台山金阁寺正殿(马毅敏 摄)

"永和极乐"牌匾（徐劲松 摄）

  的化示，便将记忆中的影像详实地绘制成图，上呈玄宗皇帝恳请按图建寺，但玄宗皇帝对此不感兴趣。直到唐肃宗时期（公元756—762年），金阁寺的修建才得到了推动。因不空三藏（开元三大士之一）在安史之乱中的贡献，肃宗对他极为推崇。肃宗曾计划修建金阁寺，还为寺院御赐一块匾额，称其为"大圣金阁保应镇国寺"。后因时局动荡和财政紧张，金阁寺的修建再次停滞，无奈被搁置。

  金阁寺真正的修建是在唐代宗时期。大历元年（公元766年），代宗批准不空三藏的奏请，开始敕建金阁寺，并调动朝廷百官和各地的财力、人力来共同完成这一宏大工程。这一工程耗时5年，由不空三藏的弟子含光法师检校，依照印度那烂

五台山金阁寺寺门（徐劲松 摄）

陀寺的样式进行设计，于大历五年（公元770年）完成。

来到金阁寺，最先映入眼帘的是入口处的牌楼。金阁寺的牌楼紧邻路边，四柱三楼，气势恢宏，上覆金色琉璃瓦，匾额正面书写着"金阁浮空"四个大字，象征着金阁寺浮于山间的灵秀气质。

穿过牌坊，便是108级汉白玉石阶，我怀着敬畏和期待，一步步靠近这处圣地。沿着石阶拾级而上，首先映入眼帘的是"南天门"石牌坊，三个大字苍劲有力，摄人心魄。

金阁寺的山门与天王殿合二为一，建筑面宽五间，采用单檐硬山顶的设计。中

间为三间石雕砌筑的拱券式门，正面悬有蓝底金字"金阁寺"匾额，沉稳而庄严，仿佛在默默述说着这座古刹深厚的底蕴与卓越的地位。

作为一处历史可追溯至唐代的圣地，金阁寺是中国佛教密宗的祖庭，是五台山文殊道场内唯一的观音菩萨道场，是拥有五台山最高造像、最多塑像的千年古刹，这些"头衔"足以象征其深厚的历史与独特的价值。

迈入大殿，迎面供奉的是笑容可掬的大肚弥勒，象征着包容与慈悲。弥勒佛的背后则是韦陀菩萨，殿两旁塑有四大天王和哼哈二将，守护着寺院的祥和与安宁。

穿过山门，即踏入了观音殿院。经过刻有"天庭"的石牌坊，我来到了巍峨壮丽的大悲殿（也称观音殿）。大悲殿面宽五间，二层楼阁，重檐歇山顶，四出廊。

走进殿内，五台山最高的圣像——千手观音菩萨圣像便出现在眼前。圣像采用密教观音菩萨的三面四十二臂法相，像高17.7米，直伸至殿顶，令人震撼。观音菩萨像左右两旁塑有妙庄王夫妇。据典故记载，观音菩萨曾转世为他们的女儿，牺牲自己为妙庄王治病。

值得一提的是，于大历元年（公元766年）代宗敕建的金阁寺，其最初供奉的是文殊菩萨和其他密教神祇而非现在的千手观音。这与不空三藏的密教祖师身份密切相关。

作为中国密宗的奠基人，不空三藏和其弟子含光通过金阁寺这一平台，大力推广文殊信仰和密宗教义。他的密宗思想经五台山金阁寺传播至全中国及东南亚地区，并一度使密宗成为当时佛教的主流，由此也可见金阁寺在中国佛教史上的重要地位。

五台山金阁寺大悲殿（马毅敏 摄）

　　但令人遗憾的是，金阁寺在历史的浪潮中曾经尽数被毁，后于嘉靖三十四年（公元 1555 年），在朱明藩王代王府的赞助下，由僧人了用发心重建金阁寺，并铸造了高达五丈三尺的三头四十二臂观音铜像。此后，又经过不同时期的多番修缮，金阁寺才逐渐形成了今天的格局。

山西遇见 | 悟空

五台山金阁寺大悲殿内的千手观音像（马毅敏 摄）

  人们常说，读懂一座古建，不但要读懂其本身固有的厚重历史，还应探索那些与之息息相关的"人"的故事，因为唯有"人"才能赋予它真正的灵魂。

  历史上有3位名人，曾与金阁寺渊源深厚。他们的出现，让金阁寺不仅是一座

古寺，还成为一座"文化桥梁"，通过历史的承载、文化的传播以及时代精神的融入，不断跨越时间和空间，架构起传承与交流的纽带，在不同时期产生不同的影响。

在我看来，金阁寺是连接古代中外佛教文化的桥梁。金阁寺是由来自狮子国（今斯里兰卡）的僧人不空三藏主持修建的，其建造之初便承担着传承域外密宗思想的责任，而它的建筑风格又借鉴了印度的那烂陀寺，可以说寺院本身就象征了中外佛教文化的深度交融。

这种文化交流的代表性在日本高僧灵仙三藏来此修行时达到了一个新的高峰。公元804年，日僧灵仙三藏来唐留学，作为唯一参与过唐朝译经工作的日本僧人，灵仙三藏不仅致力于佛典的翻译，还深入研习密宗。

为了弥补本国密法的缺失，他选择到五台山金阁寺潜心修行，期间曾自剥手皮绘制佛像以作供奉，虔敬之心令人敬畏。灵仙三藏的经历不仅反映了中日佛教文化交流的深厚历史，也彰显了金阁寺作为中外文化纽带的重要意义。

灵仙三藏之后，又有日本圆仁等域外僧人来至金阁寺交流学习，更凸显了金阁寺在中外佛教传播中的重要作用。

金阁寺也是连接宗教信仰与民族精神的桥梁。在中国近现代史上，金阁寺同样扮演了重要的角色。抗日战争期间，金阁寺住持含空法师提出了"出家

雨中的金阁寺（徐劲松 摄）

没有出国，爱教更爱国"的口号，率领僧众积极参与抗日活动。他巧妙地利用寺院和僧人身份作掩护，为抗日军民支援物资、传递情报、提供庇护，使金阁寺成为隐蔽的抗日据点。

僧人的爱国之举，正是佛教信仰与民族精神相融合的典范。正是通过金阁寺，佛教信仰不再仅仅是为了个人的修行和解脱，更是被赋予了保家卫国的时代使命。

金阁寺还是连接宗教与社会的桥梁。改革开放以来，中国宗教迎来了良好的发展机遇，金阁寺也在这样的时代利好中有了新的发展契机。20世纪80年代，广济法师开始担任金阁寺的住持，他在政府的支持下对寺院进行了大规模修缮，推动寺院发展重回正轨。

五台山金阁寺正殿（徐劲松 摄）

  之后，广济法师又积极参加国内外佛教交流活动，使金阁寺与国内外诸多佛教团体、社会团体建立了深厚的联系。同时，他不忘出家人的社会责任，积极投身各项社会公益事业，如资助村庄、赞助学生、帮扶困难老人，得到了社会的广泛赞誉。

  金阁寺也因此不仅是宗教修行的场所，也成为服务社会、造福民众的公益平台，通过宗教与社会事业的联系，将佛教精神扩展到更广阔的社会领域。

  在不同的时期，不同的文化、不同的思想、不同的时代精神在这里交汇贯通，金阁寺不仅是历史的见证者，更是历史的推动者。赋予金阁寺这些意义的是那些曾在这里生活和修行的人，他们的信仰、精神和行动，为金阁寺注入了新的灵魂。

佛光寺：

一位守护者的自述

胡俊英

佛光寺保护利用部主任

我和佛光寺的缘分是从 2017 年 8 月 27 日开始的。

当时我还在山西省古建筑保护研究所工程经营科工作。佛光寺东大殿经历连续 49 小时持续降雨后出现渗漏。在接到山西省古建筑保护研究所领导委派的抢险任务后，我立即就近抽调二十余人组成抢险队伍赶赴佛光寺。

从准备抢险物资，给东大殿搭好架子，到给整个屋顶铺上一千多平方米的塑料布，历时 30 个小时，我们一刻也不敢放松。由于以前没有养护屋顶这一说，东大殿屋顶上布满苔藓，很滑，人爬上去非常危险。我们在腰上系着绳子，冒着大雨在屋顶抢险。一些工人的脚陷进泥里，最后磨得脚上全是血泡。

缘分妙不可言。2018 年 2 月 8 日，因工作需要，我被任命为佛光寺管理所所长，我怀着激动与感慨的心情，开启了我的佛光寺"守护之旅"。

佛光寺创建于北魏孝文帝时期，位于五台县豆村镇佛光山中，距离五台县县城 30 公里，距离五台山台怀镇 47 公

五台山佛光寺唐代彩塑（马毅敏 摄）

里，隋末唐初，已是五台名刹，在奠定五台山佛教圣地的地位中起到了重要作用。

历史上佛光寺的规模十分宏大，设置有南禅院、白云院、华严院、单禅院、各寮院五个大院。据《宋高僧传·法兴传》记载，法兴禅师在唐元和、长庆年间（公元806—824年）主持修建了三层七间高95尺的弥勒大阁。民间也有"骑马关山门"的说法，可见寺院规模之大，建筑之雄伟。

唐武宗李炎于会昌五年（公元845年）传旨毁佛灭法，佛光寺重要建筑被毁。唐宣宗李忱于大中元年（公元847年）恢复佛法，京都女弟子宁公遇布施，愿诚和尚主持重修佛光寺。

此后因远离台怀镇，交通不便，佛光寺香火不旺。虽经宋、金、元、明、清、民国历次修建，但总体扰动不大，寺内珍贵文物得以保存至今，实乃一大幸事！

1929年日本学者关野贞提出，中国本土不存在唐代建筑，想要研究"唐构"只能到日本。这深深刺痛了中国营造学社年轻学者的心。怀着中国必有唐代木构的信念，营造学社的成员毅然踏上了中国古建考察之旅。

1937年6月26日，梁思成、林徽因、莫宗江和纪玉堂四人在敦煌第61窟《五台山图》的指引下，骑驮骡来到佛光真容禅寺。

扶着栏杆，爬上陡峭高耸的台阶，东大殿就映入眼帘。一眼看去，大唐遗风扑面而来。大殿灰瓦红墙，面阔七间，深远的屋檐下雄大的斗拱、斑驳的匾额、厚重的木门，诉说着悠远的岁月。

当年，梁思成一行"焦灼"地想知道这座大殿的确切建造年代，通常殿宇的建造年月多写在脊檩上，于是他们开始了细心且艰苦的屋顶梁架调查研究：梁思成拍摄，林徽因抄碑，莫宗江、纪玉堂测量绘图。

有游客曾感叹："即便是现在，有的古建筑也不好找，何况当时条件那么艰苦。我特别佩服他们对祖国传统建筑的热爱，以及在面对困难时的坚守，尤其林徽因非常有女性力量。"

五台山佛光寺东大殿转角铺作（阮祯鹏 摄）

　　在大殿工作的第三天，林徽因发现在一根梁底部有非常模糊的墨迹。她仰起头，努力从不同角度观察，已经能够读出许多带有冗长唐代官衔的人名，其中最重要的是"佛殿主上都送供女弟子宁公遇"。这与殿前经幢上的"佛殿主女弟子宁公

山西遇见 悟空

五台山佛光寺东大殿塑像（樊丽勇 摄）

遇"碑记一致。经幢上刻有建造时间"唐大中十一年",就算不是同年兴工,经幢建成也应是在大殿完工的时候。大殿的建造年代由此得到实证。

和其他朝代的建筑相比,这座大殿给人的突出感觉是:斗拱硕大、屋顶平缓,色彩单纯。这些特点使这座大殿给人以台基部分脚踏实地、平和稳重,主体部分个性张扬、雄壮有力,屋顶部分舒缓宽广,犹如大鹏展翅搏击长空,这使得本来显得有些压抑的建筑生发出一种轻灵舒展的动感。

佛光寺的历史遗存极其丰富,除殿堂建筑外还有各个时期的墓塔、经幢、碑刻等构筑物遗存。建筑内保存有珍贵的彩绘、壁画、泥塑、题记等。特别是佛光寺东大殿因唐代建筑、唐代彩塑、唐代壁画、唐代题记这"四绝"的存在,被梁思成先生誉为"中国第一国宝"。

东大殿存有唐代壁画 68.16 平方米,是国内现存古建筑中面积最大的唐代壁画遗存。唐代壁画中,不仅有头戴花冠的菩萨,还有穿着豹皮服的力士,妙趣横生,绘画技艺高超,展现了唐代的风韵格调。其中,明间拱眼壁画《阿弥陀佛说法图》保存最完整,和敦煌唐壁画的绘画风格如出一辙。东大殿明间佛座背面还有一幅《镇妖图》,画面清晰生动,色泽如新,保存完好,是除敦煌之外早期寺观壁画的仅存之物,异常珍贵。

东大殿保存有唐代彩塑 34 尊、明代韦陀像 1 尊、明代罗汉 296 尊。其中唐代塑像比例适度、躯体自如、线条流畅,虽经后世多次补塑、重装,但基本保持了晚唐佛教彩塑造像的形态。殿内塑像尊卑有序,有五个小区域组成一个大佛坛,整坛塑像脸部圆润、饱满着装、神态怡然,体现了大唐的开放性和包容性。

东大殿殿内题记均采用黑色墨汁书写,现存状态较好,字迹比较清晰。除了梁栿上的墨书题记,北稍间板门背面也有这样一处题记,仔细辨识可见"礼谒届此,仲夏之日梦雕八叶,沙门玄𰠧,咸通七禩"。其意思就是咸通七年,有一个叫玄𰠧的小和尚来佛光寺拜佛,由此可见就连板门都是唐代原物。

五台山佛光寺斗拱（樊丽勇 摄）

佛光寺饱经风霜、伫立千年，如今古松做伴，见证着世间变幻。它不仅是一处承载着厚重历史与文化的古迹，更是一个能让人心灵得到净化和升华的圣地。

在佛光寺工作的日子里，看着古老的建筑、庄严的塑像、沧桑的经幢、幽静的环境、千年的油松、几百年的丁香和牡丹，我时常觉得自己太渺小了。对于佛光寺来说，我们只是一个过客。

能为佛光寺做点事情，我感到荣幸，在心中立下为之工作一生的夙愿。

接过来、保护好、传下去是我在佛光寺工作的重心。佛光寺核心保护区66.8公顷、建设控制地带411.9公顷、环境协调区660.8公顷，保护范围之大并不多见。

新中国成立以来，各级政府逐步加强对佛光寺的保护，成立文管所，将其列入第一批全国重点文物保护单位，由山西省古建筑与彩塑壁画保护研究院负责管理、进行全面测绘、申报世界文化遗产、建立数字档案、提升安防和消防措施等。

我们常说，要全力打造一个中国文化遗产保护的标本，用最小干预、润物无声的方式守护它的健康。如今，经过几代人的努力，佛光寺已是国内原真性、完成性及周边生态保护最好的古建筑群之一。

为守护好前辈们来之不易的保护成果，我和工作人员扎根文物保护工作一线，以寺为家。我们既当文保员、讲解员，又当保洁员、安保员，二十四小时都值守在佛光寺内。

早上七点早饭后开始打扫卫生，八点半开门接待游客，六点关门，晚上夜巡……日复一日，年复一年。

可能大家会有疑问，这些工作人员有家吗？家人需要照顾吗？有，他们有家，也有家人需要照顾。

为了让更多的游客在佛光寺这古朴优雅的环境里，接受中国传统文化的洗礼，感受中华文明的博大精深，他们自愿放弃许多，牺牲许多。正是有这么一群可爱的人，更加坚定了我为佛光寺坚守一生的想法。

工作其实挺苦，但大家乐在其中。

上千年的文物来之不易，我们要把老祖宗留下来的这些古建筑保护好、守护好、传下去，让它们继续见证岁月的流转，传承历史的记忆。作为佛光寺的守护者、一线工作者，我时刻提醒自己不能有丝毫懈怠，应坚守一线工作岗位，做一名合格的"文物卫士"。

群山苍翠，大殿巍峨。如今，千千万万个文化爱好者来瞻仰佛光寺东大殿。人们喜欢按照老照片上梁、林的足迹拍照，与前辈们跨越时空对话。

而我，我们，想要把这一草一木、一砖一瓦的故事，讲给更多人听。

五台山佛光寺大殿（徐劲松 摄）

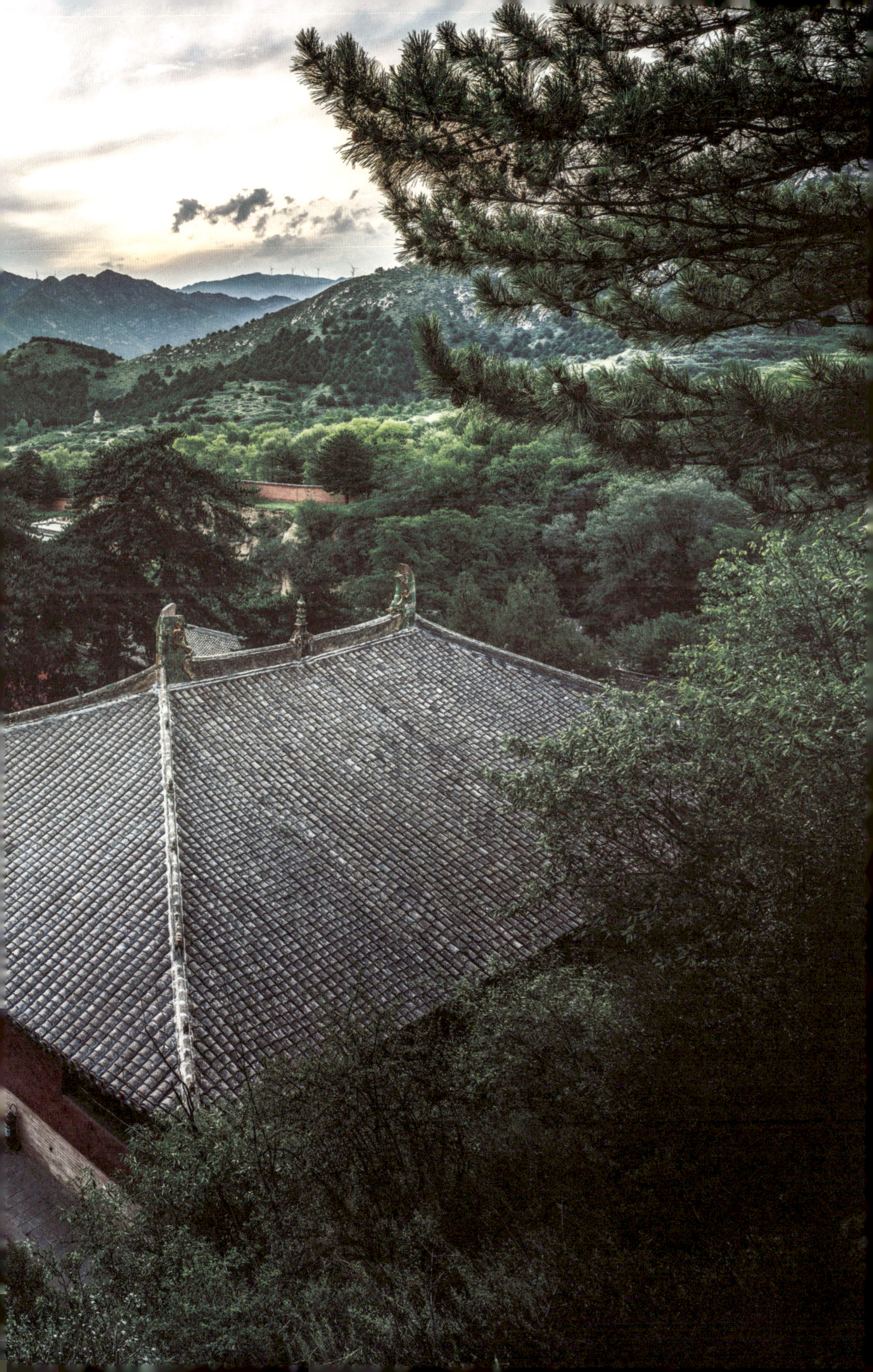

遇见山西 悟空

刘勇
人文旅行家
资深媒体人
历史学硕士

佛光寺：

穿越千年的大唐荣耀

在山西的青山绿水间，隐匿着一处穿越时空的圣地——佛光寺。它岿然挺立，佛光朗照千年，承载着一个盛世的记忆和信仰。

佛光寺，距离五台山寺庙集中的台怀镇有四五十公里远。寺周围东、南、北三面环山，只有西面低下而开阔，因此古寺因地势而建，坐东朝西，高低层叠。其远离我们通常意义上的五台山景区，交通不便，人迹罕至，如遗世独立的山间高士，远离尘嚣。也许正因身居此地，其原始的风华在千年岁月里方得以保存。

佛光寺为世人所知，多数是因梁思成、林徽因夫妇；它的发现，令人振奋。

"昨日本社接到梁主任快函报称，本月五日在该山佛光寺发见（现）唐代建筑，缘该佛光寺所有建筑及佛像等，均系木质建造，由我国古代建筑史上考验证明，确系唐代建筑物……"1937年7月9日，《北平晨报》刊发题为《营造学社调查组发见唐代建筑寺院，梁思成由五台佛光寺报告，测

佛光寺：穿越千年的大唐荣耀 | 讲述篇

林徽因在五台山佛光寺测量唐代石幢（图片来自梁思成《中国建筑史》）

绘故宫赶制模型即开始》的报道。

查阅书籍得知，当年，梁思成、林徽因等人在敦煌莫高窟第 61 窟《五台山图》壁画的指引下奔赴山西。他们骑驮骡子入五台山，揭开佛光寺的神秘面纱。梁思成在笔记中这样写道："瞻仰大殿，咨嗟惊喜。"

佛光寺东大殿是 20 世纪中国学者在中华大地上找到的第一座唐代木构古建筑，也是中国现存珍稀唐代木构古建筑中规模最大、保存最完整的一座。它的发现打破了日本学者宣称的中国已没有唐代及其以前木构建筑的断言。

五台山佛光寺唐代经幢（阮祯鹏 摄）

自此，佛光寺重回学界视野，众多学者和古建爱好者纷纷从四方前来。

初识佛光寺是十几年前，作为梁、林夫妇的"粉丝"，我循着他们的足迹，探寻佛光寺。

未入山门，看到阳光穿过绵绵群山，斑斑驳驳地照射在门头古朴的匾额上，仿佛能涤荡一切，展现出一种说不出的静谧安详。

从大门踏入寺内，古寺院树木茂盛、环境清幽。走进东大殿要穿过两进院落，再拾级而上。高台之上，在青松掩映下的，就是被梁思成先生誉为"中国第一国宝"的佛光寺东大殿了，气势很是壮观。

殿前驻足，沉寂千年的大唐遗风扑面而来。巍峨矗立的东大殿外观稳重、古朴，

五台山佛光寺东大殿（阮祯鹏 摄）

磅礴豪放的斗拱，撑托起深远的屋檐，见证了晚唐历史。斗拱的错落有致，犹如盛开的花朵，为建筑增添了动态美和层次感。每当我抬头凝视这些精巧的构造时，能深刻体会到古代匠人对技艺的执着与追求。

在梁思成看来，这一座殿，同时保存着唐代的建筑、书法、绘画、雕塑四种艺术，实是文物建筑中最重要、最珍贵的一件国宝。

进入东大殿，迎面是三十余尊唐代彩塑。整组塑像以释迦牟尼为中心，胁侍菩萨、供养菩萨、护法金刚、随从者姿势不同，形象生动，呈现出佛祖说法的宏阔壮观场面。每一尊彩塑都是工匠们智慧和技艺的结晶，穿着饰物轻柔、有垂感，手帕褶皱流畅，感觉像风吹动手帕。这与后世沉重繁复的装束形成截然不同的风格，展

五台山佛光寺东大殿转角铺作（阮祯鹏 摄）

现了大唐的开放大气。

　　东大殿现存有唐、宋、明、清各个朝代的壁画，最为珍贵的当数唐代壁画。壁画内容均为佛教故事，妙趣横生，上千个人物，连同他们的饰物、衣纹，画得都很细腻，体现了唐画的风韵。

　　题记记录千年史实。除殿内梁下有唐代人的墨迹外，大门的背后等也有唐代以来有具体年号的墨迹多处。这些题记墨迹清晰，有极高的观赏价值和史料价值。

五台山佛光寺唐代彩塑（马毅敏 摄）

　　佛光寺发展的高峰在北魏到唐朝，明清以后进入衰落期，外界对佛光寺的认知逐渐模糊。千年的时光到底有多长呢？不知当梁、林夫妇发现佛光寺时，是否也发出过叩问？

　　行走在东大殿是令人陶醉的。抬头看到林徽因曾爬过的横梁，看着门板上唐代僧人留下的墨迹，那种与历史面对面的惊喜涌上心头。一缕缕金色阳光，穿过云层，恣意地洒在寺庙大殿上，佛光普照大抵如此吧。

这是千年前唐人留在世间的惊鸿一瞥，但也足够令今人去想象盛世大唐的瑰丽。佛光寺虽比后来发现的五台山南禅寺大殿晚，但规模远胜于彼，且在后世修葺中改动极少，所以国内一般都将东大殿作为仿唐建筑的范例。

作为第一批全国重点文物保护单位，佛光寺的古建研究和保护工作一直在稳步推进。佛光寺在社会上的知名度也与日俱增，各方面人士持续宣传和推广佛光寺。这座唐代建筑逐渐融入现代社会。

特别是2024年夏天以来，首款国产3A游戏《黑神话：悟空》爆火，其场景借鉴多处山西古建，让更多人开始关注并了解山西古建，佛光寺即是其中之一。

游戏的古建场景元素仅是古建文化中的冰山一角。对佛光寺这样的大型古建而言，其可观赏、考察的地方实在太多，足够我们不断深入探寻其中。

对我国古建筑以及梁、林夫妇古建考察活动感兴趣的人士，均对佛光寺很熟悉。每当提及它的美好和"伟大"，都令人心中充满向往。十几年来，我几乎每年都会前往佛光寺，赏殿宇巍巍，听松风阵阵。

我望向佛光寺，佛光寺也正凝视着我。漫步在古老的殿宇之间，或欣赏着唐代建筑的雄浑大气；或静静聆听导游讲述佛光寺的传奇故事；或驻足凝视那些历经岁月洗礼的古迹。

从最初的惊诧到细品、思考，仿佛穿越时空，与古人对话。

千年前的宁公遇、几十年前的林徽因……古朴宏伟的佛光寺就像一位走过千年的老者，静静注视着人世间的风云变幻，独自看天地春秋变换。

佛光寺的自然环境、人文故事与古建精华，组成不可再生的文化遗产。它的存在让我们铭记过去，展望未来。当代人更应无限珍惜，不断传承并传播其深邃的文化内涵，为中华文明的赓续发展助力。

每每去到佛光寺，我都感叹佛光寺的选址可谓"深山藏古寺"，符合人地关系交融的高妙境界。隐于山谷松林之中，每当夕阳笼罩东大殿，我想，这就是在佛光寺里最美好的时光。

今天的佛光寺，鸟语花香、清幽静谧。寺里养的网红猫儿、狗儿自由地在院内

五台山佛光寺祖师塔（阮祯鹏 摄）

穿梭，毫不认生，唐代木构古建筑的舒展大气一览无遗。跟梁思成一行拍摄的老照片相比，变化最大的就是远处群山郁郁葱葱，院内花卉盛开，再也不是杂草丛生的景象。

南禅寺：

祖先的信仰天地

钱文忠　复旦大学历史学系教授

我去南禅寺，纯属误打误撞。

依稀记得是 20 世纪 90 年代初，那时的山西古建还没有开始全面保护，也可以说是处在保护条件聊胜于无的状态。当时我给自己制订了一个小任务：在山西看古建，一定要跑到乡一级，去寻找那些被遗忘的、被不太重视的古建。机缘巧合下，我邂逅了南禅寺。

当时，它给我的第一印象是小；第二印象是老旧。就是这样的地方，留存了万分宝贵的建筑、雕塑、壁画等遗产，留存在岁月里的匠心艺术。千百年后与它见面，我倍感亲切和荣幸，感觉不虚此行。

踏入南禅寺的一瞬间，我产生了一种从未有过的感觉：厚重。在我印象中，南禅寺体量很小，但几十年过去了，在山西诸多古建筑中，它仍然令我印象深刻、记忆犹新。

听过这样一句话，"想了解古建筑，要先从南禅寺开始"。我觉得确实是，它就在忻州市五台县李家村，悄然伫立在河旁山岗上，比佛光寺还要早 75 年。南禅寺坐北向南，规模

不大，能看到唐、明、清时期的建筑。寺内有山门、东西配殿和大殿，共同组成一个四合院式的建构。除大佛殿三间是唐代原物外，还有明代的龙王庙、清代的观音殿和菩萨殿。

漫步在这间寺院，感觉好像穿越了时空，回到了千年前的唐朝，给人古朴、舒缓的感觉。南禅寺大殿是核心建筑，

五台山南禅寺大殿图（阮祯鹏 摄）

五台山南禅寺内的唐代彩塑（马毅敏 摄）

面宽和进深都是 3 间，平面近正方形，小而精美，全殿由台基、屋架、屋顶组成，殿内没有天花板和柱子，梁架制作简练，墙身不负载重量，只起隔挡的作用，空间开阔，更显庄严肃穆。

后来，每每来到五台山，佛光寺、南禅寺我是一定要去的。感到相同的是，它的厚重感依旧；不同的是，随着山西不断加大对古建筑的保护力度，之前那种灰暗颓唐的感觉没有了。

现在再去南禅寺，与之前不同的是，游客越来越多。在与他们闲聊的过程中，我发现大量游客都是有备而来的，很多人都是真正的古建筑的爱好者、学习者、研究者。我清晰地感觉到，中国古建筑从冷清、冷落，到在人们心目中重焕生机，现在变得热起来。

我始终认为，南禅寺可以提醒我们一点，它重建于唐代建中三年（公元 782 年），那就说明它在这之前肯定已经存在了，可以说是亚洲最古老的木结构建筑。一直以来，中华民族的时间概念是非常明确的，最古老是非常重要的一个概念。这在国际角度上看，也是十分有意义的。同时，南禅寺能让我们深刻认识到，古建筑留存到今天，都不是偶然。比如说，南禅寺在宋朝元祐元年也是修过的，我记得它的两根梁上留有痕迹，后来大殿内的塑像也都被重新整修过。这是历代人呵护的结果。

可以说，南禅寺周围的村民，都是这座寺庙的功德主。有一个功德碑很有意思，上面基本上都是郭姓和姚姓，没有第三种姓。我想，可能是在某一个历史阶段，维护这座寺庙的恰恰是南禅寺周围生活的郭姓、姚姓两姓村民，是他们把它护持下来。如今，我在功德碑上也看到了篮球明星姚明、企业家郭广昌的名字，我在视频中开玩笑地说，让他们来续费。我想这也是一定程度上，证明了南禅寺相对而言是凭借社会基层力量和人们对文化遗产的真爱，得以传承至今。

南禅寺内有座龙王庙，这显然将中华民族的多元、开放和包容的信仰展现得淋漓尽致，也是一种活灵活现的融合。以至于，我越来越觉得这座

山西遇见唐宋

五台山南禅寺内的唐代彩塑（马毅敏 摄）

寺庙很亲切，感觉是"家乡的村头"，是像和蔼老人一般的寺庙。

在我眼中，山西古建筑跟别的地方的古建筑不同的是，山西古建都"活着"。比如应县木塔、张壁古堡，能让游客感知到它的生命力。佛光寺、南禅寺这些唐代的瑰宝，也都是"活着"的。

虽说现在山西的古建筑，都已成为旅游景区，但它们旅游气不强。就像闻名天下的晋祠，我去过无数次，它的旅游气也不强，所以这种特性在中华民族的文化传统中就显得分外可贵。在我看来，山西古建特有的功能是，帮我们了解中国大历史，甚至是中国古代乡村史。

像南禅寺，很大可能就是周围的乡村护持的；双林寺也可能是旁边的乡村护持的。这是中国传统文化之所以源远流长的一个重大支撑，原本中国传统文化的根就是在乡村里的。回观山西历史上的每个乡村，村民们一定是有财富、有文化、有美学品位的，不然也不会修庙。历史上的乡村故事，在山西的古建筑上都能看出一二。这也是我多次来山西的一个重要原因。

再看南禅寺，屋顶的瓦当、鸱吻、筒瓦等构件都是历代重修的，屋顶坡度平缓、出檐深远，有着唐代建筑的大气风范。在南禅寺大殿，可以看到17尊唐代彩塑，造型精美、场面宏大，动静结合、各具形态，堪称唐代雕塑艺术的珍品，每一尊都仿佛在诉说着古老的故事，历经千年依然色彩鲜艳、栩栩如生，在中国建筑史、雕塑史上有着极为重要的地位。

佛坛上，可以看到佛像的布局沿袭南北朝至隋、唐基本规制，释迦牟尼居中，左侧为弟子摩诃迦叶，右侧为弟子阿难尊者，两位弟子两侧又各立一尊胁侍菩萨，之后是乘大象的普贤菩萨、骑狮子的文殊菩萨，左右又各立一尊胁侍菩萨，最外侧分立着两尊天王像。这些塑像姿态自然而若动，表情逼真似有神，丰满优美、夸张适度，同敦煌莫高窟唐代塑像如出一辙。每尊都绝妙！

记得有段时间，南禅寺还曾发现过壁画，大概十几平方米，是后补

五台山南禅寺内的唐代彩塑（马毅敏 摄）

五台山南禅寺内的唐代彩塑（马毅敏 摄）

山西遇见悟空

五台山南禅寺内的唐代彩塑（马毅敏 摄）

的，唐代工匠制作这些塑像时，他们所具备的美学水平也是很高的。南禅寺大殿也是五台山地区最早的文殊信仰建筑实物见证，唐武宗"会昌法难"后，南禅寺成为

南禅寺：祖先的信仰天地 | 讲述篇

五台山南禅寺内的唐代彩塑（马毅敏 摄）

极少有的木构建筑幸存者，躲过了天灾，也抵挡了战火纷飞。它扛起最古木构的大旗，带给后人大唐的辉煌，留下无限遐想。那次在南禅寺山门看到有几个柱础，发

山西遇见悟空

有1200多年历史的五台山南禅寺大殿,因年深日久,大梁重弯11公分,严重威胁着大殿的安全,文物科技工作者采取给大梁注入化学材料进行加固的方法,使大殿保持原样。左图:修复后的南禅寺大殿;右图:修复前的南禅寺大殿(原载《我国文物保护科研工作取得可喜成绩》 1977年10月24日新华社发)

现它是莲瓣的形状,与佛光寺东大殿等地见过的唐代柱础对比来讲,感觉这也很有可能是唐代遗物。

我珍爱南禅寺,热爱它难得的乡村气息,这是一种人间性。大胆猜测下,我认为在历史上,大家进入南禅寺,邻里亲朋、乡间老者在一起喝杯茶,唱几段乡村小曲,其实这个才是民间信仰的主流,它的可贵性也随之体现。

前不久《黑神话:悟空》爆火,给山西带来了泼天的流量。文化的表达方式、被人所接受的方式、传播的方式是随着历史和时间不断变化的。比如游戏,过去我们谈文化的时候,很少听到这两个字,觉得文化和游戏是两个维度里的东西,但现在将这两个词放在一起,没有任何违和感。这就是随着时间的前行,我们接触、熟悉文化后,开始传播文化,表达我们这一代人对于文化的认知,让它有了很多新形式。游戏就是其中流行的、重要的一种形式。

所以，我认为传播模式是与时俱进的，我们能做的事首先是做好准备。因为流量什么时候来？富贵什么时候来？我们并不知道，但是，得时刻准备好，要接得住。山西做得很好的一点是，它厚重，也随时接得住。有泼天流量，这是意外惊喜，但做好接的准备，是我们子孙后代的本分。

任何一座城市、一个区域，都是有厚重历史作为积淀的，生活在这里的人，无法摆脱历史文化对其潜移默化的影响。老话讲"一方水土养一方人"，过去我们往往把它理解为自然条件：水和土，但其实一方水土里包括人文精神，包括它所承载的、肉眼无法看见的文化，这一切共同养育了这一方人。

说实话，我对山西文物保护工作一直都是充满敬意，因为看见过它一路走来的百般不易。现在，山西的每处古建都得到了在我看来是相当好的照顾，旅游气不强这个特点难能可贵。为什么山西古建筑会格外得到大家的喜爱？这其实是山西文保人的一个大功德，也是他们的学术造诣之一，这都是很见功底的。

南禅寺就是这样一间并不宏大的村佛堂，保存着极具艺术价值的历史瑰宝。像这样的古建筑，它们展现出来的文化气息，蕴含的文明内涵，可以被称为祖先的信仰天地，全方位、多角度展现出中国北部的古代乡村文明，我们祖先的信仰天地应该就是如此。这样的存在是瑰宝，只可远观，不可亵玩，实乃珍贵。

南禅寺：

一次阴差阳错后的一生坚守

任毅敏 山西省古建筑与彩塑壁画保护研究院原院长

作为一名在文物界摸爬滚打四十余年的"老人"，我曾先后主持完成了晋祠圣母殿、大同华严寺大雄宝殿、榆次城隍庙、平遥古城等四十余处古建筑的保护与修缮工作。回顾来时之路，其中的酸甜苦辣，犹如一场多姿多彩的盛宴，每一种味道都浸润着不同的故事和感受。

1994年，是我从事文物保护工作的第十年，我走进了南禅寺。古朴的建筑风格、舒缓的屋顶、雄大疏朗的斗拱等，处处彰显着这座古寺不凡的气度，仿佛能让人穿越时空，一下子回到千年前的盛唐。

南禅寺位于山西省五台县阳白乡李家庄村附近小银河一侧的河岸土崖上，寺院坐北朝南，迎面和背面各有一道山梁，寺旁渠水环绕、林木繁茂、红墙绿树、溪水青山，极为隐秘幽静。

虽始建年代不详，但据寺内大殿梁上的题记记载，寺庙重建于唐代建中三年（公元782年），已伫立了至少1200多年。比著名的佛光寺还要年长75年，是我国有准确纪年

五台山南禅寺全貌图（阮祯鹏 摄）

五台山南禅寺大殿图（阮祯鹏 摄）

的、最古老的木结构建筑。

　　南禅寺占地并不大，坐北朝南，分东西两个殿院。主要建筑集中在西殿院，呈四合院式布局，南北长60米，东西宽51.3米，占地面积3078平方米。

　　1953年发现南禅寺时，院内除唐代建筑大殿以外，尚有明代建筑龙王殿，清代建筑伽蓝殿、罗汉殿、文殊殿、观音殿（山门）和东院的阎王殿、禅房等几座小型建筑物。20世纪70年代重修南禅寺时，将伽蓝殿、文殊殿拆除。

　　南禅寺大殿坐北向南，面宽进深皆为3间，平面近正方形，小而精美。大殿采用单檐灰瓦歇山顶，全殿由台基、屋架、屋顶组成，共用12根檐柱，殿内无金柱与平棋，其屋顶坡度平缓，出檐深远翼展，刚健轻巧，展现出唐代建筑的独特韵味。

　　伫立在南禅寺大殿前，斗拱雄大疏朗，四周各柱柱头微向内倾，与横梁构成斜角，四根角柱稍高，与层层叠架、层层伸出的斗拱构成"翘起"，整个大殿有收有放、有抑有扬、轮廓秀丽、气势雄浑。

关于南禅寺的建制，当地《五台县志》《清凉山志》均无记载，仅有数座明清石碑和在大殿西侧平梁底皮发现的"因旧名嵓大唐建中三年岁次壬戌月居戊申丙寅朔庚午日癸未时重修殿法显等谨志"墨书题记，说明大殿的重新修建年代为唐建中三年（公元782年）。

大殿内有唐代彩塑21尊，分布有主有从、错落有致，布局似乎还沿袭着南北朝至隋唐时期的规制，是佛教原始教义中"人心皆佛、人性皆佛、佛遍世界、佛遍古今"的形象展现。

五台山南禅寺大殿转角铺作（阮祯鹏 摄）

这些塑像丰满、俊美、慈善、自然，既为佛国神祇，又极近世人情态，虽经后人重妆，但唐塑的造型、风格、服饰、神韵依然如故。临近观赏，每一尊都仿佛在诉说着古老的故事，历经千年依然色彩鲜艳，栩栩如生，堪称唐代雕塑艺术的珍品，展现出极高的艺术价值。

　　熟悉敦煌莫高窟的人不难发现，这些塑像姿态自然、表情逼真，身形丰满优美、

五台山南禅寺大殿唐代彩塑图（马毅敏 摄）

夸张适度，衣纹简练准确、和谐流畅，与莫高窟的唐代塑像如出一辙。

看着眼前的一件件珍品，我的内心五味杂陈，在深受震撼的同时，我也深知其来之不易。

1937年，梁思成、林徽因与中国营造学社的同仁，以敦煌第61窟的《五台山图》为"指南"，在五台县发现佛光寺。因受资金、交通、政治环境等多种因素的制约，他们此行与距佛光寺仅四十余公里的南禅寺失之交臂。

酒香不怕巷子深。1953年，也就是佛光寺被发现16年后，山西在进行文物普查时，南禅寺被考古人员发现。随后经过多位专家的考察与确认，最终认定了其唐代木结构的完整性和珍贵性。

南禅寺的发现不仅填补了我国唐代木结构建筑研究的部分空白，也为研究唐代建筑艺术、雕塑艺术以及宗教文化提供了宝贵的实物资料。

虽然珍贵如斯，但毕竟历经千年，南禅寺被发现时已是岌岌可危，亟待修缮。修缮工作迫在眉睫，但

五台山南禅寺内的唐代彩塑（马毅敏 摄）

其大殿维护与保护引发的系列争议当时在专家学者中持续发酵。

为了最大限度地保留南禅寺的原真性，文物界及建筑史学界的前辈们在特定历史背景下对文物保护理念进行了大胆探索：本着不改变文物原状、最小干预的原则，在借鉴学习国际理念的同时，不断积累实践经验，在安全的前提下尽可能完整地把历史信息传递下去。

1975年，在经历了22年的漫长研究、评审、优化以及与同期案例、现场条件比对研究和取舍分解后，这座千年古寺最终修缮完工，迎来"新生"。

修缮研究性工作贯穿始终，不仅恢复了南禅寺的"唐代风貌"，也对其装修、

五台山南禅寺大殿一角出檐深远（阮祯鹏 摄）

屋面、吻兽有较大改变，所体现的文物保护理念与做法影响至今，是我国"研究性修缮"的先行实验项目。

如今，站在南禅寺大殿回望历史过往，这些修缮争议的背后，是先辈们关于文物建筑维修原则和指导方针的深度思考，是文物保护工作在尊重历史原貌的基础上进行维修、保护、研究、讨论和权衡，确保文化遗产完整性、真实性、可持续性的根本追求。

这些年来，我也欣喜地发现，在各级政府支持和社会力量参与下，北宋晋祠圣母殿、金代崇福寺弥陀殿等一大批不可移动文物本体，像南禅寺大殿一样得到了修

五台山南禅寺的斗拱（马毅敏 摄）

缮保护，周边环境持续改善，更加"延年益寿"。

如今的我，伴随着南禅寺走过了30个春夏秋冬，即将步入花甲之年。身边的人迎来送往，总会有人不时地问起，是什么支撑着我，为文物保护奉献了一生？

在我看来，这份工作虽然苦点、累点，但是有意思、有意义。当一处古建筑即将在地球上消失的时候，通过测绘、勘探、研究、查阅资料等等，让它重新伫立在大地之上，那份成就感无以言表。

尤其是最近的3A游戏《黑神话：悟空》带火了山西古建筑。看着这些散落在三晋大地上的"宝贝"能够继续发光、发热，被越来越多的人提起、记住，我更为自己的这份坚守感到自豪。我会自豪地向家人、朋友、学生讲述，游戏在山西的取景地中，超过80%的古建筑都有我参与修缮的身影。

而游戏的火热,也为我们带来了新的思考:文物能为人民、社会带来什么?我想,新时代背景下的文物保护,已不仅仅是专业的人做专业的事,而是以政府为主导,各级部门协力,全社会共同参与,在保护的前提下,更好地将文物利用起来为人民服务。

在这方面,南禅寺就是一个很好的范例。

1975年修缮后,南禅寺交由山西省古建筑保护研究所管理,成立专门的保护机构,设立专职人员负责日常管理与养护工作,同时加装安防系统、消防系统,建立并持续更新文物保护单位四有档案……通过这一系列的举措,这座千年古寺在日常养护中始终维持着"健康"状态,近50年来从未动过"大手术",为古建筑的预防性保护提供了可借鉴的经验。

在过往的文物保护工作中,人们常盲目地使用技术手段,而忽略了文物的日常监测与管理,南禅寺则佐证了日常管护的重要性。

2021年,我们在之前维护、管理的基础上,与浙江大学文物数字化团队联合开展了南禅寺数字化项目,对寺域范围内的文物进行全面、科学、系统地数字化信息采集和调查记录,让更多人能够通过网络等渠道接触、认识、了解南禅寺,进一步促进文化遗产的传播和传承。

未来,我们还将持续扩大南禅寺展陈,将历史资料、修缮数据、图片影像资料以及修缮中收集到的文物构件进行公开展示,让文物走进大众视野,真正活起来。

而随着展陈的进一步扩大,南禅寺的日常管理、服务、讲解,甚至文创产品也会陆续加强,吸引更多人走进山西、走进古建筑、走进南禅寺,去了解、学习文物背后的故事,加入文物保护中来。

遇见山西　悟空

王晋苗
惠济寺义务讲解员

惠济寺：

有缘相逢，就是人间值得

姿态生动、纹饰华美的宋代"文殊七尊"；坐姿随意、自在妙相、世间鲜见的自在观音；胸戴"宋"字璎珞、惠济寺独有的十二圆觉菩萨；人物生动精美、线条沉稳多变的沥粉贴金壁画……时间仿佛从未流逝过，惠济寺的每一块砖、每一片瓦都是历史的低语。

晨曦暮霭，四季更迭，又回梦中，我在惠济寺里看到千年前的自己，正携手与曹姑姑一起，守护着这座神圣的寺庙。我知道，这是命运的安排，是千年以前就注定好的缘分，是历经磨炼、跨越时光迎来的重逢。

2021 年的相遇，牵起我与它的缘分。
2024 年的契机，让我重新认识它，爱上它。
惠济寺好像一位老朋友，我在初见它的时候，就依稀感觉在梦里已经遇到过它。梦中景象繁盛，烟花似锦，小桥流

讲述篇

惠济寺：有缘相逢，就是人间值得

水，我的裙裾也沾染上了盛唐的光彩。

那一年，我是刚来原平市练家岗村的到村工作大学生。初来时，我感觉这个村庄好像一幅水墨画，干净整洁的大广场和新旧房屋错落有致地排列着，柏油路蜿蜒曲折，仿佛在诉说岁月的故事。惠济寺就静静地伫立在村口，宛如一位守护者。

"我们村有个庙，你可以去看看。"村干部看我有些无措，便朝我介绍道。一直以来，我都喜欢人文历史方面的物件儿，便当即踏上了去往惠济寺的路。

这是我们的第一次见面。在路途中我提前做了功课，了解到这是一座创建于唐、重构于宋的古建筑，历代屡有修葺。那几年的古建受众并不宽泛，惠济寺又是国家重点文物保护单位，所以平日里是不开门的。

于是，我一边等待守庙人来帮我开门，一边端详起眼前这座历经千年岁月的寺

惠济寺（阮祯鹏 摄）

惠济寺大门（惠济寺供图）

庙。在蓝天白云的映衬下，惠济寺显得格外庄重。寺庙的外墙有些许斑驳，满是时光的痕迹，让人忍不住想要去探寻其中的奥秘。木质的大门紧闭着，门上的铁环泛着暗淡的光泽，仿佛在诉说着昔日的辉煌。屋顶的瓦片层层叠叠，在阳光下闪着微弱的光，几株野草在墙角随风摇曳，为这座古建增添了一缕生机。

很快，一个手拿旱烟袋、体态略显佝偻的大爷带着一条皮毛油亮的狗，脚步轻快地一边为我打开那扇吱呀作响的大门，一边跟我热络地寒暄，表达欢迎之情。经过一条小路，我站在寺庙中心的院子里，看到阳光透过树叶的缝隙洒在地上，形成

文殊殿（阮祯鹏 摄）

一片片光斑。太安静了，我一时晃了神，耳边只剩下风掠过风铎而发出的悠远绵长的叮当声。

仔细一看，惠济寺由山门、文殊殿、伽蓝殿、东西廊庑等建筑组成，整体保存较为完整。听守庙人讲述，文殊殿是主殿，也称"千佛殿"，据说其中大小塑像有百余尊，除殿内现存的9尊，其余39尊小的塑像保存在原平市博物馆内。抬头一看，主殿四面通设斗拱，前檐斗拱是五踩双昂，正心三重拱，翘为足材，这就是古建大木作结构。

遇见山西 | 悟空

文殊殿（惠济寺供图）

　　守庙人见我第一次来，就跟我讲了很多，像献宝一样，带我一一参观。我看到南殿慈航殿里存有较为完好的《观音救八难》壁画，至今色彩未褪，还有十二圆觉菩萨和文武两将。按守庙人的说法："这些虽都是老物什，但都有生命力。"阳光透过木窗洒下，映照着这些壁画与雕塑，这里千年没有什么改变，也不知哪些人与我看过同样的画面。

　　参观完毕，我心中并未泛起太多涟漪。于我而言，惠济寺只是一座坐落于偏远村落的岁月遗珠，远远不如那位守庙人有趣。对庙里的一切，他如数家珍，二十多

文殊殿（惠济寺供图）

年以来，只要有人来参观，他就会去开锁，风雨无阻。他说："守了一辈子了，这儿就变成了家！每天回家看几眼才踏实。"

对此，我深有感触。这样底蕴深厚的文物，理应被更多人看到。在那几年的工作中，我偶然路过惠济寺，总是不免感到惋惜。那时，我没有想到，这座千年古刹与我竟如此有缘。

命运的齿轮悄然转动。2024年，一款游戏取景文殊殿牌匾和慈航殿壁画，让惠济寺一改往日的静谧，成为热门旅游打卡地。五湖四海的"天命人"纷纷来到这里，就为一睹惠济寺的真容。

　　凭借以往对惠济寺的了解和到村工作经验，我义不容辞地成为这座千年古刹的义务讲解员。这样一来，我与惠济寺从偶尔见面变成朝夕相处。我看过清晨第一缕阳光照射下的惠济寺，也看过太阳落山时归于寂静的惠济寺；我看着它从一个大门紧闭的国保单位，变成一个门庭若市的热门旅游地。说真的，我很自豪。

　　每一次为游客讲解，都是我重新认识它的过程。移步换景中，过往的故事娓娓道来，时间让它们更有质感，焕发新生。也许是冥冥中的一种指引，我渐渐不满足于惠济寺的讲解稿，开始重新了解惠济寺。

　　站立于文殊殿佛坛前，首先映入眼帘的是两根一米粗的柱子：一根是罕见的由上千根藤萝组成的萝萝蔓，另一根是枸杞树，现场看很震撼。游人每每到此，都要拍摄记录下来，全身心感受这方土地涌动着的生命气息。

　　凑近看，我惊叹于那些壮美的飞檐斗拱，沉醉于那些精致的雕塑

慈航殿壁画（惠济寺供图）

壁画，惠济寺不仅仅是一座庙，更是一本活着的历史书。一砖一瓦、一梁一柱，每一尊塑像、每一处细节，都彰显着古代匠人的智慧和精湛技艺。

每位走进文殊殿的人，无不为佛坛上的 9 尊彩塑动容，文殊菩萨骑狮居中，佛

文殊殿外檐转角铺作和五铺作双下昂斗拱（阮祯鹏 摄）

坛之下左右各立一位天王，尤其是竖着兰花指的天王，南来北往的"天命人"都说是第一次见到。遗憾的是，文殊菩萨与两侧胁侍菩萨的头于2002年被盗走，现为补塑。

令更多游客感叹的是，文殊殿西面角落有一尊雕塑，不细看会以为其只是一尊普通的现代泥塑，其实她是一位传奇"女菩萨"的真身塑像。她的故事被当地人口口相传。

她叫曹姑姑，虽待字闺中，却虔诚向佛，在惠济寺工程中主动承担挑水、做饭的活儿，每天不停歇地辛勤劳作，直至过世。当时的工匠甚为感动，将她的肉身塑像，让其永远守护在文殊菩萨身边。现在从裸露的膝盖处还可以看到她的真骨，走近甚至能闻到一股若有似无的清香。

姿态生动、纹饰华美的宋代"文殊七尊"；坐姿随意、自在妙相、世间鲜见的

自在观音；胸戴"宋"字璎珞、惠济寺独有的十二圆觉菩萨；人物生动精美、线条沉稳多变的沥粉贴金壁画……时间仿佛从未流逝过，惠济寺的每一块砖、每一片瓦都是历史的低语。

我热爱惠济寺在阳光下闪耀的模样，热爱它在风雨中屹立不倒的坚韧，热爱它所承载的文化底蕴和历史记忆。我的内心也在这些热爱中产生着强烈的变化。就好像是发现了好多宝贝，恰巧还是自家的宝贝，现在我的宝贝被许多人所熟知，会永远保存在大家的文化记忆里。

每每看到对古建筑充满好奇的孩童、接踵而至的年轻人、仔细端详惠济寺的耄耋老人，我都会告诉他们："惠济寺不仅仅是一座寺庙，更是中国古建筑的瑰宝。它承载着中华民族的智慧与创造力，是历史的见证、文化的传承。"

穿越千年的风霜，我站在历史的门槛上，凝望着那些镌刻在时光深处的辉煌

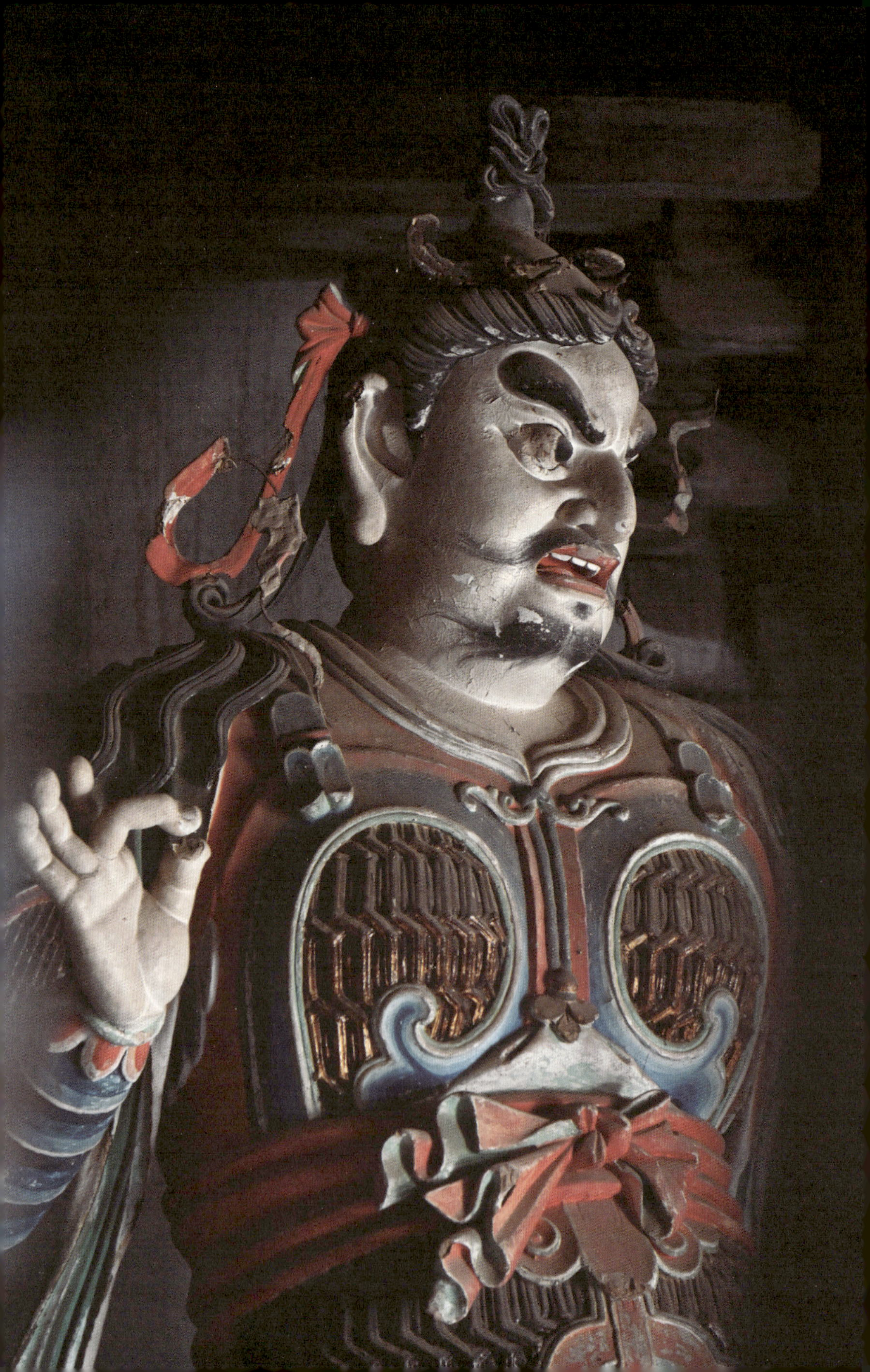

印记。

因为热爱，我一直在研究、拜读关于古建筑、古塑像、古壁画的书籍，再结合古建领域学者对于惠济寺的评论和记载，想要将那些学术语言与讲解工作联系起来，把我家的宝贝全方位地展示给众多"天命人"。如此，惠济寺的讲解词从 20 分钟讲到了两个小时，讲解人数也从一天几十人讲到一天几千人，越来越多的游客看到了惠济寺的珍贵之处。

站在它面前，仿佛能听到千年前匠人的呼吸声，那是技艺的灵动呈现。时至今日，我的眼中不再是建筑、雕塑、壁画，而是好似被带到那时那刻，看到淳朴的村民们沐雨栉风、举全村之力修建寺庙，听到运送巨柱时嘹亮的号子声，看到曹姑姑担水时甘之如饴的神情，听到古人虔诚跪拜时嘴里对美好生活的期盼……

晨曦暮霭，四季更迭，又回梦中，我在惠济寺里看到千年前的自己，正携手与曹姑姑一起，守护着这座神圣的寺庙。我知道，这是命运的安排，是千年以前就注定好的缘分，是历经磨炼、跨越时光迎来的重逢。

惠济寺让我找到了自己的价值，让我明白了坚守之道，懂得了历史的可贵。在山西这个"抓一把泥土就能攥出文明汁液"的地方，有山就有庙，有庙就有看守和爱护它的人。

作为他们中的一分子，我将带着这份使命与责任，继续前行。凭借文化自信，我们将踏稳前行的脚步，让古建筑展现深厚魅力和时代风采，让惠济寺焕发新生机，绽放新光彩。

追寻着最初的梦想，我深刻感知到藏于血脉中的文化传承。历史的印记在惠济寺缠绵悱恻，每一处都承载着千年的诗意，等待着人们用心触摸、以情解读。

这里有先辈们留下的痕迹，只要你想，随时来看看。

原平惠济寺宋代彩绘（马毅敏 摄）

永祚寺：

双塔凌霄，福运永祚

王金平

太原理工大学建筑学院院长、教授

科学技术史博士

　　双塔平面皆为八角形，13 层，其中宣文塔高 54.78 米，塔刹为铜铁制"宝瓶式"顶，每层塔檐都用孔雀蓝琉璃瓦砌出边沿，收分明显。文峰塔高 54.76 米，做法与宣文塔大同小异，皆为典型的阁楼式空心砖塔。塔座为沙石条垒砌，质朴坚固，塔上的额、枋、椽、斗拱、飞檐、垂柱等均为青砖仿木结构雕琢而成。也许是来自民间的缘故，较之于宣文塔，文峰塔装饰简朴，浑然天成，成为省会太原的地标性建筑。

一

　　20 世纪 80 年代初，我在太原工业大学就读本科，建筑学专业，适逢太原市政府向全社会广泛征集市花、市树和市徽。一众同学积极参与，废寝忘食。尽管我们的方案最终没有被选中，但同学们仍然深感欣慰。"双塔凌霄"，作为太原

永祚寺（阮祯鹏 摄）

古代八景之一、太原国家历史文化名城最有象征意味的地标形象，不负众望，中了头榜，至今成为太原市民的美谈。

  人们对"凌霄双塔"的喜爱，由来已久。宋代之前，三晋大地物华天宝，人才辈出，出现了众多的思想先哲和文化大家。宋代之后，三晋文化逐渐失去了既往的繁荣昌盛，黯然神伤。之所以成为这个样子，人们把始作俑者归罪于赵宋王朝。北宋平定北汉，为了斩断龙城的地脉，火焚并且水淹了自古久负盛名的晋阳古城，使得三晋大地良俊凋敝，人才匮乏。

双塔并非同时创建。及至明代万历年间，以傅山祖父傅霖为代表的地方先贤一致认为，无论是建于宋代唐明镇的太原府城，还是建于明初的府城，并州太原地处吕梁、太行两山之间的盆地，自然地形西北高于东南，"左癖不胜右""文明不开""其民挚悍"。"奎星"所处的巽位地势较低，须在府城东南方向建造祈求文运的"文峰塔"，以使"开山川之形胜，创文运之兴盛"。明万历二十五年（公元1597年），傅霖主持、集资兴建了文峰塔。说来也是无巧不成书，明万历三十五年（公元1607年），杰出的学者、思想家、书法家、医学家傅山先生诞生了。

又过了一年，明万历三十六年（公元1608年），文峰塔等来了一位高僧——中国古代匠作大师妙峰和尚。看过晋剧《二进宫》的朋友都知道，明代有一位著名的李太妃，她在儿子继位、成为太后之前，处处受制于人，有诸多不易。妙峰和尚为皇家在五台山求子有功，成为李太后的座上宾，被封为护国禅师。受晋穆王朱敏淳邀约，在宣文李太后的资助下，年逾古稀的妙峰和尚主持扩建文峰塔周边的永明寺。

在现场踏勘过程中，妙峰和尚发现文峰塔已有倾斜，只有在其西北方向处再修

永祚寺（阮祯鹏 摄）

建一座塔才能纠偏，该塔地宫里埋藏着舍利，是名副其实的佛塔，被称为宣文佛塔（也称宣文塔），于是形成了"凌霄双塔"的景观。

双塔平面皆为八角形，13层，其中宣文塔高54.78米，塔刹为铜铁制"宝瓶式"顶，每层塔檐都用孔雀蓝琉璃瓦砌出边沿，收分明显。文峰塔高54.76米，做法与宣文塔大同小异，皆为典型的阁楼式空心砖塔。塔座为沙石条垒砌，质朴坚固，塔上的额、枋、椽、斗拱、飞檐、垂柱等均为青砖仿木结构雕琢而成。也许是来自民间的缘故，较之于宣文塔，文峰塔装饰简朴，浑然天成，成为省会太原的地标性建筑。

二

　　永明寺扩建后，妙峰和尚将其改名为"永祚寺"。象征"君子万年，永锡祚胤"。

　　在做博士论文时，我已历经二十余年对山西古建筑进行文献学习、田野调查与分析研究，发现"窑房同构"的营造方式是山西古建筑的典型技术形态。具有"窑上建窑""窑上建房""窑前建房""窑顶檐厦""无梁结构"和"窑脸仿木"等同构现象及多种技术表现形式。

　　这里所谓的"窑"主要指的是现存于山西省境内的窑洞建筑。既包括土体窑洞和砖石砌筑的"锢窑"，也包括靠崖窑洞、地坑窑洞和"接口子窑洞"。其中，锢窑的拱券结构技术既包括"偷碹"技术，也包括"明碹"技术。

　　这里所指的"房"主要是指由木结构体系形成的带有屋顶的房屋。既可以是能上人的平屋顶，也可以是不能上人的瓦屋面坡顶；既包括柱、梁、枋、檩、椽等木构件齐全的独立式大木结构体系，也包括木梁架与砖石承重墙混合建造的结构体系。

　　所谓"同构"是一种建构文化范式，这里主要指的是两种不同的结构体系混合建造的技术方法。

　　在考察妙峰和尚主持修建的永济万固寺、五台山显通寺、太原永祚寺三座无量殿的过程中，我又发现，如果将妙峰和尚早晚期主持建造的无梁殿作一比较，其营建做法各有不同。随着经验的日积月累，妙峰和尚的营造技艺日臻成熟，其晚期主持建造的太原永祚寺无梁殿已经达到了鬼斧神工、炉火纯青的境界。

　　永祚寺位于二进院落轴线的结束处，布置有二层楼阁式的大雄宝殿，顶上为三圣阁。底层面阔五间，由五间并列顺窑与一间横窑十字交叉而成。中间三间各有筒拱式拱券门，梢间开有相同结构的格子窗。窑脸上安置六根青砖磨砌的壁柱，形成"券柱式"立面。中部三间因空间需要，设计成一种纵联券的结构。该建筑与明早期的无梁殿建筑不同，在其各个抵抗拱券水平推力的厚重外墙上，均挖有佛龛。这种形式使窑腿承重变成了壁柱承重，既充分利用了空间，又减轻了墙体的重量，显示了该时期砖石结构技术的进步。顶层的三圣阁为面阔三间的并列筒拱锢窑，明间

永祚寺无梁殿（阮祯鹏 摄）

的顶部四角以砖仿木斗拱出挑，叠涩而上，使井壁变成八面，斗拱逐层收缩，攒尖于窑顶中部，成为斗八砖砌藻井。整座建筑外观呈重檐歇山顶式，巧思妙构，做工精美。

三

对永祚寺无量殿的研究结果表明，"无梁结构"与"窑脸仿木"是窑房同构的两种技术形态，前者产生了窑洞的内部空间，后者丰富了窑脸的外观形象。二者相

永祚寺山门琉璃龙壁（阮祯鹏 摄）

结合构建，达到了形式与内容的契合、技术与艺术的统一。相对于抬梁式木框架结构而言，拱券结构用砖石叠砌而成，无柱、无梁、无板，其窑腿、券顶取代了木结构的柱子与梁、板，所以这种结构被形象地称为"无梁结构"。又由于在寺庙建筑的殿堂中，用以供奉无量寿佛，这种结构的建筑

被称为"无量殿"。

利用砖石材料模仿木结构形式的做法肇始于春秋战国时期的砖石结构墓室，历经魏、晋、南北朝，至唐、宋、辽、金、元，经久不衰。其营造技艺也在不断进步。元代之后，随着社会、经济、科技、文化的发展，这种结构形式终于从地下走向地上，应用范围日益宽泛，风靡于官家和民间建筑中。这种砖石仿木结构的营造方式的建构重点集中在窑脸部位，形成以筒拱窑洞为内里、仿木结构形式为外表的独具特色的窑房同构建筑形态。

"无梁结构"的砖石仿木建筑既解决了取材不易的问题，又提高了建筑的耐火等级，还保留了先民对木结构建筑的审美情节，坚固耐用、装饰精美，蕴藏深厚的建筑技术史料价值。

"窑脸仿木"的关键技术是将砖石砌块雕刻成木构件的式样，再牢固地安装在窑脸上，用以模仿木结构建筑的造型。这种方式对工匠而言，要求其必须掌握较高水准的专业技能，既懂木作工艺，又懂石作技艺；既要了解砖石材质的加工性能，又要了解木结构建筑的构件尺度，也即所谓的综合技能。窑脸仿木的工艺重在雕刻，雕刻的魅力在于它对美的追求，不断完成对美的创造和升华。同时，窑脸仿木还具有较多的价值，如审美价值、文化价值和社会价值等。

明万历四十年（公元1612年），永祚寺工程尚未完工，妙峰和尚溘然辞世。五台山显通寺西侧至今树立一碑，上书"敕封妙峰真正佛子"。妙峰和尚辞世后不久，万历皇帝和李太后仍然坚持完成了永祚寺等妙峰在世时主持的尚未完工的项目，也算遂了妙峰和尚的心愿，为后世留下了历经四百余年的"凌霄双塔"这一人间奇观。

遇见山西 悟空

张引
晋祠博物馆五星讲解员

晋祠：

在这里聆听土木绝唱

  这里不仅是中国现存规模最大、历史跨越最久远、保存得最为完整的唐宋祠庙式古典园林，更是唯一集宋、金、元、明、清各代古建筑精华于一体的建筑群。

  漫步在晋祠内，我深深被这里丰富的文化遗存所吸引。抬头望去，殿堂楼阁、亭台桥榭等古建筑错落有致，总共有98座，每一座都散发着历史的韵味。而那些彩塑、铁质文物、壁画，更是让我目不暇接。特别是那些楹联匾额和碑碣石刻，每一处都像是历史的见证者，静静地诉说着过往的故事。

  我是晋祠博物馆讲解员——张引，同事开玩笑说我是明星讲解员。这个曾经扎着马尾辫蹦蹦跳跳地接难老泉水喝的小姑娘怎么也不会想到，她会成为这里的"代言人"。

  游戏《黑神话：悟空》让山西出圈，作为山西人不禁感慨，我的家乡终于不再是因为煤炭、面食、陈醋出名了。

金代献殿（阮祯鹏 摄）

作为讲解员，把文物背后的故事讲给更多的人听，让中华文化展现出永久魅力和时代风采，我想，我们是幸运的，也是幸福的。

早年的种子，帮我解开迷茫

我是一个土生土长的晋祠人，爷爷、爸爸、叔叔都曾是晋祠的工作人员。

小时候，我眼中的晋祠是高高的一道院墙。春天采花，夏天捉蜻蜓，秋天捡银杏叶，冬天在厚厚的雪地里打滚儿。这是印象中童年最美好的回忆。

我想，热爱是根植在血液里的。每一个晋祠长大的小朋友每年都盼着六月十五难老河会、七月初二晋祠庙会快点来，有听不够的晋剧、数不尽的美食，还有闹不完的红火，舞龙舞狮、背铁棍、晋阳三三叉等民俗表演怎么都看不腻。

大学毕业后，我经过了一段很迷茫的时期，恰巧遇到了文物局讲解员招聘，抱着试一试的心态，踏入了博物馆行业。慢慢地，我发现，每座建筑、每株古树、每尊塑像都在讲述一段故事，而我们，如此渺小。我想，第一次来到这里的年轻人也是这样的感受吧。而我，也从最初的背诵讲解词到泡图书馆查资料、看论文，巴不得连每一块砖是哪年铺上去的也要搞清楚。

记得刚工作没多久，就被游客问到一副看似不起眼儿的楹联上写的是什么内容，答不上来的我顿时面红耳赤，当天便下定决心要做到"见匾会读，遇联能解"。而现在我也会把我学到的知识毫无保留地教给新入职的同事们。如今，我可以熟练地面对不同年龄、不同身份的游客，因为有了他们，才能让我飞速进步。

八年里，我不断成长，录制线上讲解、直播、参加讲解大赛等，我终于"守得云开见月明"，2023 年 5 月，我迎来了人生中关注度最高的一天，东方甄选来到晋祠宣传直播，我被选中成为直播时的讲解员。几万人的直播间，激动盖过了紧张的情绪，更多的人看到晋祠，看到这个晋祠姑娘在卖力宣传家乡。

长大后蓦然回首，原来你是这样的晋祠

"我想，今天大家来到晋祠，或许是因为这里有历经六朝的古建，或许是因为这里有三千年生命的古树，又或许是被梅兰芳先生笔下'一颦一笑，似诉生平'的彩塑所吸引。"这段话，今年成为我讲解途中的一段串词，每当讲到这里，游客总频频点头，似乎看懂了我骄傲的样子源于何处。

我站在太原市西南的悬瓮山麓，眼前这片占地 178 亩的文物保护核心区，就是我心心念念的晋祠。

舍利生生塔（阮祯鹏 摄）

  这里不仅是中国现存规模最大、历史跨越最久远、保存得最为完整的唐宋祠庙式古典园林，更是唯一集宋、金、元、明、清各代古建筑精华于一体的建筑群。

  漫步在晋祠内，我深深被这里丰富的文化遗存所吸引。抬头望去，殿堂楼阁、

圣母殿及鱼沼飞梁（胡远嘉 摄）

亭台桥榭等古建筑错落有致，总共有98座，每一座都散发着历史的韵味。而那些彩塑、铁质文物、壁画，更是让我目不暇接。特别是那些楹联匾额和碑碣石刻，每一处都像是历史的见证者，静静地诉说着过往的故事。

这里还有40982件馆藏文物和122株古树名木，其中千年以上的古树就有29株，真是让人叹为观止。我仿佛能感受到这些古树历经千年的风雨沧桑，却依然屹立不倒的坚韧精神。

更让我感动的是，李白、白居易、欧阳修、范仲淹、司马光、元好问等历史上的名人墨客都曾在这里留下过他们的诗词歌赋，总共有480余首。每当我读到这些诗句，都能感受到他们对晋祠的深深赞美和敬仰。

晋祠初名唐叔虞祠，是为了纪念西周武王之子叔虞而建的。根据北魏郦道元

讲述篇

晋祠：在这里聆听土木绝唱

圣母殿盘龙柱（阮祯鹏 摄）

山西遇见 悟空

《水经注》中的记载，我便能想象到一千五百年前晋祠的模样。它肇始于西周，孕育于北朝，发展于隋唐，成熟于北宋，扩展于明清，就像一部记载着三晋历史的"线装书"，让我仿佛穿越时空与古人对话。

如今，晋祠已经成为一处古老厚重、美丽迷人的风景名胜区。每次来到这里，我都能感受到它独特的魅力，仿佛每一次的到访都是一次心灵的洗礼。而这次，当我得知晋祠入选"第五批国家一级博物馆"的消息时，更是为它感到无比的骄傲和自豪。

走在这处文化遗产的深处，我特别被宋代建筑的代表作——圣母殿所吸引。它的宏伟与精致让我深刻感受到宋代建筑的独特魅力。还有那座我国现存唯一的十字形古桥——鱼沼飞梁，它的独特设计与精湛工艺，让我对古人的智慧与技艺充满了敬意。更不用说那座稳如大殿、巧似凉亭的金代建筑献殿了，它简直就是建筑史上的瑰宝，无论来多少次都让我为之惊叹。

而宋代彩塑的杰出代表——侍女像，更是让我一次次驻足。这些侍女彩塑开创

宋代侍女彩塑（郝芃如 摄）

了雕塑艺术写实作品的先河，不仅是中国雕塑史上唯一反映宋代宫廷人物的造像，更是艺术高超的罕见精品。我敢说，这些侍女像绝对是古今中外历史上最伟大的雕塑艺术作品之一，它们在中国雕塑史和美术史上都有着极为重要的地位。

除此之外，这里有三千年的周柏，它们见证了岁月的变迁；长流不息的难老泉，它的清澈与活力让我感受到了大自然的神奇；唐太宗李世民御制御书的《晋祠之铭并序》碑，他的书法与文采让我为之倾倒；还有武则天亲自作序的唐刻80卷《华严经》石刻祖本，它们的历史与艺术价值更是无法估量。

每一处、每一件都让我感受到这处文化遗产的独特魅力与深厚底蕴。我仿佛在与历史对话，与古人交流，这种体验真的是太过珍贵，让我久久不愿离去。

来晋祠取文化真经，就是这么"city"

受《黑神话：悟空》的影响，许多年轻游客对晋祠产生了兴趣，使得晋祠的游客群体更加年轻化。年轻人的到来为晋祠注入了新的活力，他们更倾向于通过社交媒体分享自己的游览经历，这让晋祠越来越火。

最近在工作时，有很多游客问我："《黑神话：悟空》有在这里取景吗？是哪一座建筑呀？"我总会回答，游戏取景地均为佛教建筑群，而晋祠是晋国宗祠，是儒、释、道三教合一的古建筑群，因此这里的古建筑并未出现在游戏中，而1961年的国产经典动画片《大闹天宫》和86版《西游记》都曾在晋祠取景。

但《黑神话：悟空》游戏中所展现的中国传统文化元素与晋祠的历史文化底蕴相契合，这让游客在参观晋祠时能更深刻地理解和感受中国传统文化的魅力，从而增强人们对晋祠文化以及中国传统文化的认同感。

晋祠借助《黑神话：悟空》的热度，举办了一系列与游戏相关或具有文化特色的活动。景区在部分古建前设立了标识牌，还原电视剧中的场景，为游客提供贴心的指引；推出"跟着西游游晋祠"活动，游客跟随"唐僧师徒"在博物馆里巡游、互动；讲解员在讲解过程中佩戴西游元素挂件，为游客提供沉浸式游园体验。同时，

遇见山西 | 悟空

水镜台（胡远嘉 摄）

在文昌宫设立通关文牒发放处，吸引更多游客跟着悟空游山西。这些活动既丰富了游客的游览体验，又增加了景区的吸引力。

从事文博讲解工作八年来，我也是第一次遇到这"泼天的富贵"，景区每天都是人山人海，在每个属于文博人的工作日几乎没有休息的时间，微信步数也是一顿暴增。但这种感受更多的是幸福，幸福于山西的文化底蕴被更多人认同，幸福于家乡的路上有不同口音的朋友，幸福于讲解员被更多的游客需要。

实际上，近年来，晋祠博物馆将中国传统文化元素与现代流行元素相结合，成功举办五届"晋祠国风文化节"；晋祠古庙会也是当地一项盛大的民俗活动，2008年被国务院列为国家级非物质文化遗产；依托晋祠历史文化，自编、自导、自演《宋塑华裳》《晋祠十二时辰》《戏舞宋韵》等原创舞蹈；持续推进文明交流互鉴，常态化举办多彩中外文化交流活动。依托得天独厚的旅游资源和地域特色，推陈出新，让古老的文化符号得到更好的保护和传承。

镇国寺：

五代十国"稀世珍品"

雷雅仙
平遥县文旅局党组成员
平遥县文物所所长

在镇国寺的深处，主殿万佛殿以庄严姿态静静地守护着一段古老的历史。这座近乎正方形的殿宇，以它独特的结构和精美的装饰，成为古建筑中的瑰宝，也是我国唯一既保留了五代时期的建筑风格又保存了五代时期的泥质彩绘造像遗存的建筑。

在平遥古城的一隅，有一座古寺，名叫镇国寺。

镇国寺是一座始建于五代北汉天会七年（公元963年）的古刹，它的万佛殿见证了历史沧桑，却依旧保持着五代时期的风貌。如今，这座古寺因为《黑神话：悟空》焕发了新的生机，因独特的建筑风格和深厚的佛教文化成为连接过去与现在的桥梁，被更多的人所熟悉、欣赏。

我与镇国寺的故事开始于1988年的春天。

在刚参加工作时，我跟着文物工作者来到距离平遥古城东12千米的平遥镇国寺，看到天王殿内面带微笑的四大天王，看到像鸟儿张开翅膀向天冲去的万佛殿四周翼角，看到

万佛殿内"水桶腰溜溜肩,莲藕胳膊指尖尖"的唐五代彩塑,我既震撼又惊讶,想不到在小山村里居然藏着如此美丽而神奇的建筑和彩塑。

学美术的我对那些历经风霜的古建筑和栩栩如生的彩塑总是怀有一份深深的迷恋。在那个春日的午后,我静静地靠着万佛殿明间门槛,画了参加工作后的第一张速写——一张菩萨画像。

"相遇本无因,天意来安排。"我想这就是天意,从此我与文物保护工作结下了不解之缘,对那些古老的建筑和塑像产生了深厚的情感,我与镇国寺缔结了一段长达三十余年的守护之约。

镇国寺原名京城寺,寺内现存建筑多为元、明、清各时代遗构,其中万佛殿以

平遥镇国寺万佛殿(马毅敏 摄)

及殿内塑像都是五代遗物。万佛殿是中国现存最古老的木结构建筑之一。1988年，镇国寺被国务院评为全国重点文物保护单位。1997年12月，作为"平遥世界文化遗产"的组成部分，镇国寺被联合国教科文组织列入《世界遗产名录》。

在镇国寺的深处，主殿万佛殿以庄严姿态静静地守护着一段古老的历史。这座近乎正方形的殿宇，以它独特的结构和精美的装饰，成为古建筑中的瑰宝，也是我国唯一既保留了五代时期的建筑风格又保存了五代时期的泥质彩绘造像遗存的建筑。

站在殿前，我仰望着那由12根檐柱支撑的屋顶，它庞大而深远，仿佛要触及云端。但巧妙的举折和屋角反翘设计，不仅减轻了建筑的压迫感，还赋予它一种生动的艺术形象，我不禁一次又一次地赞叹古代工匠的聪明才智。

万佛殿五代彩塑（马毅敏 摄）

走进殿内，你的目光一定会被那些错综复杂的斗拱所吸引。它们层层叠叠，如同精美的蕾丝，支撑着整个建筑。这些斗拱不仅承载着结构的重量，还是装饰艺术的展现。

在万佛殿的墙壁上，725尊坐佛的彩绘仿佛在诉说千年来的故事。这些坐佛加上拱眼壁上的佛像，总数达到了千佛，这就是"万佛殿"名字的由来。每一座佛像都有独特的表情和姿态，它们或庄严肃穆，或慈悲祥和，或沉思冥想，或微笑低语，站在众佛面前，我仿佛与它们进行一场跨越时空的对话。

但万佛殿的精华远不止于此。这座殿宇还保存着五代时期的11尊彩塑，它们是全国寺庙殿堂中唯一保存完好的五代彩塑。这些彩塑以丰满圆润的面相和贴体流

畅的衣纹，展现了唐代像设的特点。释迦牟尼佛安详端庄，迦叶和阿难尊者虔诚聪颖，菩萨文雅娴静……每一尊塑像都栩栩如生，仿佛随时会走出墙壁，与你对话。

通过这些佛像，你还可以窥见当时的社会生活。虽然它们是宗教神化的塑像，但按照当时社会的等级制度，它们的衣饰、装饰、神情等都与当时的社会生活息息相关，深刻地刻画出当时社会各个阶层不同的形象，反映出古代匠师继承了唐代注重写实的艺术风格。

镇国寺也是中国唯一现存五代彩塑的寺院，寺中彩塑堪称稀世珍品，对于研究中国雕塑发展史，认识唐、宋两代雕塑演进过程，提供了极为可贵的资料，该寺也是专家学者必到之地。

乱世之中，五代时期的建筑艺术如同一股清流，传承唐代的风格，又为宋代建筑发展奠定了基础。然而，由于战乱频发，人们的生活都难以为继，那些精美的建筑大多未能幸免于难，能够穿越千年风雨留存至今的更是凤毛麟角。如今，这些栩栩如生的佛像显得尤为珍贵。

在万佛殿东侧的碑廊下，还有一块被称为"半截碑"的残碑。虽然它的首尾皆缺，款目难觅，但史学家从残存的文字中推测它是五代时期北汉王族刘继钦的墓碑。这块碑不仅为研究五代时期北汉小朝廷的争权史提供了宝贵资料，也为寻找北汉时期的王族墓葬提供了线索。

有人问我，来到镇国寺到底看什么？除了来到这里必打卡的万佛殿外，我想绝不能错过的有三：一是古建筑；二是彩塑；三是不同时代的碑文题记。

镇国寺和许多唐、五代寺庙一样，没有独立的山门，可以穿堂而过的天王殿是元、明时期遗留下来的珍贵遗产，它的一砖一瓦都透露出古朴雄浑的气质，仿佛在向世人诉说着历史的厚重。

走进天王殿，仿佛穿越时空，回到了那个遥远的时代。殿内的屋身低矮，却因硕大的斗拱而显得气势非凡。这些斗拱不仅仅是支撑结构，更是那个时代建筑艺术的展现。在略显压抑的房顶下，小窗户透进的光线投射在明代天王的塑像上，他们高大威严，却似乎在这狭小的空间里显得有些憋屈。四大天王塑像分坐殿内东西两侧，东方持国天王怀抱琵琶，南方增长天王手执宝剑，西方广目天王手缠一蛇，北方多闻天王手擎一伞。在民间，四大天王俗称为"风调雨顺"。四大天王作为佛教的护法神，通常分列在佛教寺院第一重殿的两侧，它们的存在为这座古寺增添了一份神秘与庄严，天王殿也因此得名。

我常常站在镇国寺万佛殿前檐处，抬头仰视古建筑屋顶斗拱及翼角的层层起翘，低头俯视地面老砖承载的厚重文化，仿佛朦胧中看到一幅这样的场景：古代匠人们光着膀子，顶着炎炎烈日，挥汗如雨，他们伸出长满老茧的双手，修建屋顶、铺设方砖、描绘塑像……

当你踏入这座古老的寺庙，仿佛打开了一扇通往过去的大门，每一步都踏在历

平遥镇国寺（梁生仁 摄）

史的回廊上。当你低头时，那些细腻的壁画又将你带入另一个世界。壁画中的人物、场景仿佛都在向游客们诉说着自己的故事。它们如同一幅幅鲜活的历史画卷，让你在赏心悦目的同时，也能感受到那些跨越千年的时光岁月。

历经一千余年，回到当下，这些历史文化遗存虽历经唐、宋、元、明、清的岁月沧桑，但仍风韵犹存。守护好祖先们留下的智慧结晶，是我们这一代文物人应尽的职责和使命。

读者朋友们，当你有机会来到镇国寺，不妨放慢脚步，用心去感受这里的一切。在这里，一砖一瓦、一画一雕，都在讲述着一个关于时间的故事。

遇见山西 悟空

张芸
平遥县双林寺彩塑艺术馆副馆长

双林寺：

遇见众神与众生

　　双林寺的彩塑艺术尤其令人称道。现存的两千余尊作品全部是在木质骨架上，根据形体需要，缠以麻绳、草等材料捆扎，再以晋中地区特有的红胶泥为材质，经过沥粉、贴金、着色、敷彩等多道工序最终完成。这些造型精致、形神兼备的彩塑，展现了极高的艺术成就和历史价值，集宋、元、明、清历代彩塑之精华，被联合国教科文组织称为"真正的、独一无二的珍宝"。

　　从讲解员到双林寺彩塑艺术馆副馆长，二十多年来，别人认为普通到有些枯燥的工作，却让我倍感踏实自在。在别人眼中的"庙"里，我把"众神"的故事讲给"众生"听，双林寺也在不知不觉中成为我生活中的一部分。

　　我是土生土长的平遥人，与双林寺的缘分不浅。

　　父亲曾经担任过平遥县文物管理所副所长，当时文管所办公地点就设在双林寺。因为我常常跟着父亲上班，这座古

老而神秘的寺庙在我幼时就很自然地出现在我的生活里。

2000年，双林寺招聘讲解员，我听从母亲的建议，来考试应聘，成为一名讲解员，在"被动"中与双林寺真正"结缘"。

双林寺开放参观的时间是比较早的。1979年，门票是1毛钱。那个时候，人们对于旅游的概念不是很明确，买票进来看的人很少。

大多数人印象中的双林寺可能仅仅是一座深藏在小县城的古庙宇，而在山西，古庙宇并不稀缺，双林寺为何能受到关注？

双林寺（梁生仁 摄）

天王殿（阮祯鹏 摄）

  其实，在 20 世纪 80 年代，双林寺甚至比平遥古城更出名，有许多欧美游客专程坐飞机来参观。1997 年，联合国教科文组织确定山西平遥古城列入《世界遗产名录》时，界定的清单目录是"一城，两寺"，"两寺"之一便是双林寺。

  双林寺位于山西省平遥县桥头村，原名"中都寺"，以其独特的彩塑艺术和壁画享誉海内外。该寺重修于北齐武平二年（公元 571 年），其地本为战国时期赵国的中都故城所在，后改名为"双林寺"。"双林"典出佛经记载，释迦牟尼涅槃在双树之下，头北面西，右肋而卧，四边双树顿开白花，称为"双林入灭"。从北齐算起，该寺至今已历经 1400 多个春秋了。

双林寺整座寺院坐北向南，庙群占地面积约 1.5 万平方米。独特的城墙式围墙，高耸而坚固。垛口错落有致，宛如一座坚固的城堡，守护着寺内的每一寸土地。沿着山门至天王殿的长长甬道，游客可以看到寺内古木参天、石径斑驳，一砖一瓦都沁润着时光的沧桑与厚重。站立于此，我总会被这里独特的氛围所感染，不由自主地涌起一股敬畏之情。

寺内布局严谨，以中轴线为基准，东西两侧分列着风格各异的殿堂，共计 11 座，形成了三进院落的宏伟格局。前院有释迦殿、罗汉殿、伽蓝殿、地藏殿；中院是大雄宝殿、千佛殿、菩萨殿核心建筑；后院则相对宁静，娘娘殿与贞义祠静静地

千佛殿内菩萨群雕（马毅敏 摄）

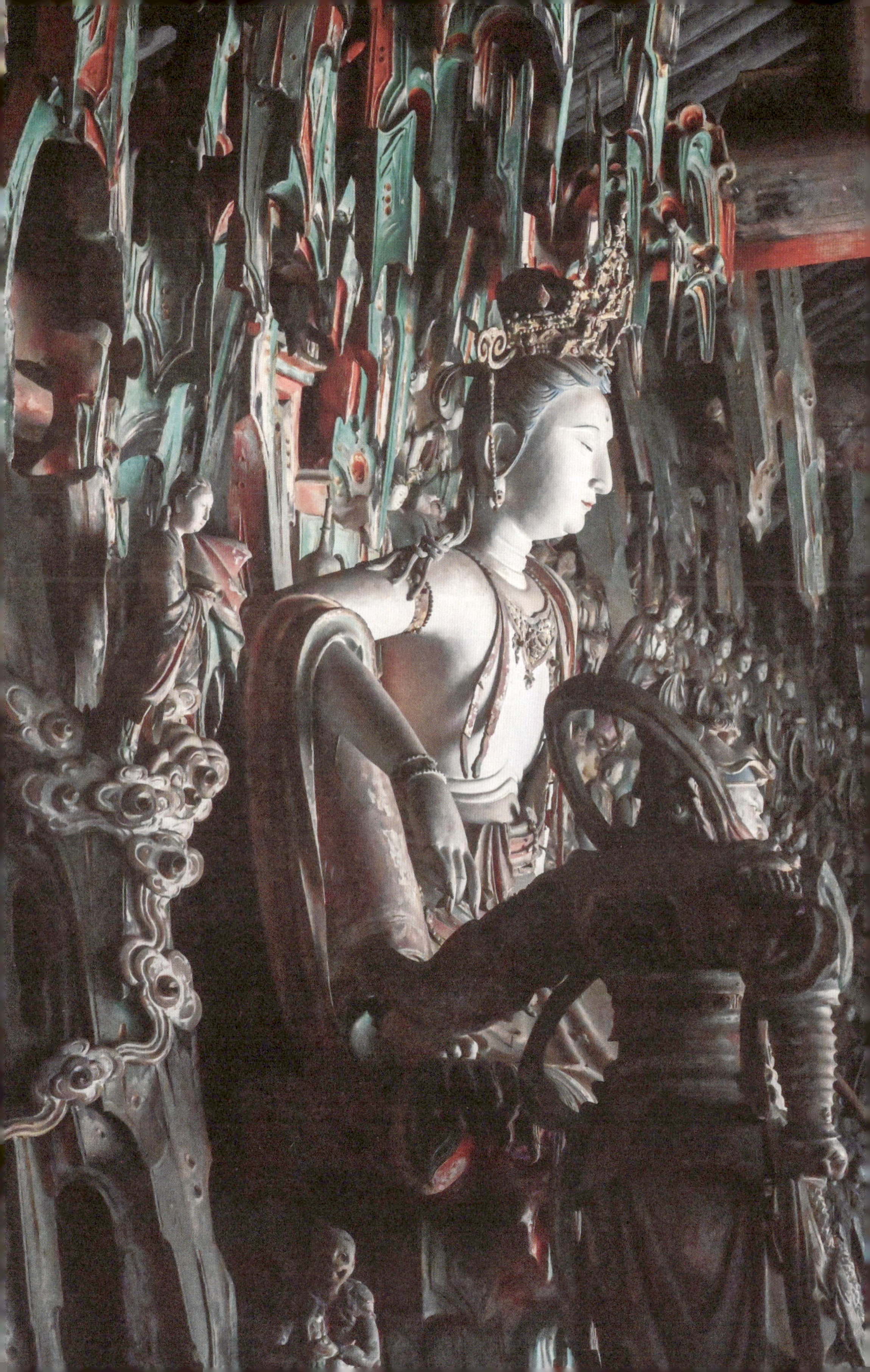

诉说着古老的传说。

双林寺的彩塑艺术尤其令人称道。现存的两千余尊作品全部是在木质骨架上，根据形体需要，缠以麻绳、草等材料捆扎，再以晋中地区特有的红胶泥为材质，经过沥粉、贴金、着色、敷彩等多道工序最终完成。这些造型精致、形神兼备的彩塑，展现了极高的艺术成就和历史价值，集宋、元、明、清历代彩塑之精华，被联合国教科文组织称为"真正的、独一无二的珍宝"。

在双林寺工作多年，我自己也记不清完成了多少次讲解、与多少游客分享过双林寺的故事，但是每次讲解和分享时我心底始终充满着敬意与感动。如果非要让我找出保持工作热情的源泉，我想那就是匠心，穿越时空的匠心。

从几十厘米到三四米不等，双林寺的彩塑巧妙地结合了圆雕、浮雕、壁塑、悬塑等多种雕塑手法，既体现了佛教文化的深邃内涵，又展示了中国古代工匠的卓越技艺和丰富想象力。一千多年前的匠人用他们神乎其技的手法为后人留下了繁复精美的作品。他们是谁，已无可考。但是他们的作品如此清晰地告诉我们，他们曾经来过，并且为世人送上了如此震撼、如此匠心独运的旷世佳作。我有什么理由不认真地把他们的故事分享给更多的人呢？

来双林寺参观的游客来自各行各业，男女老幼，来这里的目的也各有不同。虔诚的参拜者、专注于古建研究的学者、被彩塑美学震撼的大学生，不一而足。他们中的不少人曾问我，为什么在观看彩塑的时候会有一种"全方位"被人注视的感觉，仿佛神佛的眼睛闪着光彩，其视线会随着参观者的走动而移动？这种神奇源自塑像的眼睛。

一般人认为，塑像的眼睛是在整体完成后安装到眼眶里面的。其实不然，古时的匠人是先安放镶嵌好眼睛，再根据眼神、眼睛轮廓来完成雕塑的整体，并且眼睛的结构符合解剖原理，如眉弓、眼眶、眼球等部位的结构完全符合真人比例，眼球则是由山西自产的黑色琉璃镶嵌而成的。被大多数人认为是配件的眼睛才是塑像最重要的部分，赋予了这些彩塑无比的灵动，这也成就了双林寺彩塑的"灵魂"。

每尊彩塑的眼睛都与其身份相符。例如：菩萨和金刚的眼睛是不一样的。菩萨

天王殿菩萨造像（阮祯鹏 摄）

天王殿金刚像（阮祯鹏 摄）

的眼睛是微睁着的。狭长的眼睛，眼球只露出三分之一，有那种"看破世事难睁眼，阅尽人情暗点头"的感觉。金刚的眼睛则截然不同，是怒目圆睁、充满威严的，眼神中透着正气。所谓"菩萨低眉，金刚怒目"，都是慈悲。

在土地殿里，土地爷的眼睛是一明一暗的。虽然使用的是同一种材料，但是土地爷的一只眼睛很亮，整个眼球基本都露出来了；另一只眼睛黯淡，眼角有点下垂，有种视力下降的感觉，从正面看就像是一位颤颤巍巍的老人。

这种细腻的手法，同样造就了全国韦驮之冠——双林寺韦驮像。韦驮是佛教中最有名的护法神，中国佛教寺院大都有韦驮形象。而双林寺中的韦驮像则是在静态典型中表现出运动——不动之动，达到了非常传神的效果。在全国同类题材作品中，这尊塑像可谓精品。

千佛殿内，韦驮刚中有柔，武中蕴文，威而不悍，机智勇猛，力量感十足。韦驮身体重心基于左足，下肢朝前站立，从腰部开始，由头部带动上体躯干向右侧扭曲。这种扭曲程度已极大地超出了人体生理所允许的限度，很像一节麻花，但从整体气势看，这种违反人体解剖结构的姿态，不仅没有一点儿让人不舒服的感觉，相反却让人从这种艺术夸张变形之中感受到一种强大的力度和动势。这是由一条从头到脚贯穿于韦驮全身的S形曲线所表现出来的，这条曲线极富弹力和流动感，构成韦驮身体动态的主轴线，加之韦驮身上的飘带萦绕飞舞，本身就是大的曲线，从视觉上也加强了动势。

韦驮右臂握拳下垂，肘部向外伸出，让人感觉肌肉紧张，充满力量。韦驮整个身躯的外轮廓构成一个略带倾斜的三角形，这个三角形由左手肘部、右手肘部和足部三个突出点形成，给人心理上造成一种微妙的不平衡和不稳定感，因而也增加了这尊塑像的活力。

不止韦驮像，自在观音的洒脱舒展、四大天王的高大威猛、天冠弥勒菩萨的优雅从容、千手千眼观音的多变动感……双林寺中的"众神"各有特点，如同我们芸芸众生，个性迥异。

为了让游客听得"解渴"，我从入行起就一直坚持学习，不断拓展讲解的外延。

菩萨殿供养菩萨像（阮祯鹏 摄）

千佛殿韦驮菩萨（阮祯鹏 摄）

其实这种拓展并不是简单的知识拓展，而是文化的浸润。我不仅要让游客了解各种塑造手法、建造技艺，而且要让他们了解手法、技艺背后的文化和历史。双林寺是庙宇，但我不仅仅把它当作庙宇。它丰富的历史、文化、研究和考古价值值得我去进一步挖掘，进而分享给大家。

穿行于各个殿宇，在面对游客讲解时，我常常有些恍惚——自己仿佛是一剂催化剂，把双林寺讲给大家听，让来到这里的人更快速地融入这里、爱上这里。我如同一个赤诚的孩童，想把自己最喜欢的故事分享给所有人。这是这么多年来我舍不得离开这里的原因，因为我"贪恋"那份来自心底的热爱、平和与宁静。

《黑神话：悟空》爆火以后，为双林寺带来了不小的流量。我欣慰于大家对双林寺古建、彩塑的关注与喜爱，也看到双林寺更加丰满的未来。踏平坎坷成大道，在西天取经的征途中，有我的努力，你的见证！

菩萨殿千手观音（马毅敏 摄）

双林寺：遇见众神与众生 | 讲述篇

观音堂：

我与"三只悟空"的不解之缘

崔晓荣
观音堂文管所副所长

　　在山西长治市的深处，隐藏着一座古老而神秘的观音堂。它始建于明万历九年至万历十一年（公元1581—1583年），距今已有四百多年的历史。这座观音堂坐东向西，面朝村庄，仿佛一位慈祥的老者，静静地守护着这片土地。而我，一个偶然踏入这片圣地的普通人，却在这里与"三只悟空"结下了不解之缘。

古树下的悟空

　　观音堂的核心部分是后院正殿内的明代悬塑，这些悬塑不仅技艺精湛，而且蕴含着深厚的文化内涵。然而，让我印象最为深刻的是院中那棵千年古柏树。

　　这棵古柏树见证了观音堂的风风雨雨，它的树龄甚至超过了观音堂本身。在我担任观音堂工作人员期间，每天我都会巡视检查安全。有一天，我偶然发现这棵古树的外观竟然

观音堂（徐劲松 摄）

形似一只猴子，双手合十，向着南方拜佛。那一刻，我仿佛看到了悟空的身影，他仿佛在向我诉说着什么。

我把这个故事讲给了来观音堂参观的游客们，大家也跟着我的指引观察起来。这棵古柏树也因此成为观音堂的一大亮点。许多游客还会选择在这棵树下种下萝卜和葱，寓意着"清白"和"聪明"。每当看到这些场景，我都会想起那只在古树上默默拜佛的悟空，它和这些游客一样，他们的虔诚和敬畏让我心生敬佩。

千年古柏树（徐劲松 摄）

殿脊上的龙与悟空

　　穿过古树的荫蔽，步入庄严的大殿，映入眼帘的首先是殿顶屋脊上的浮雕。那龙纹浮雕，四肢矫健，孔武有力，仿佛蕴含着无尽的力量与威严。它不同于飘逸俊美的宋龙，也不同于简约大方的金元龙，更不同于工整匠气的清代龙，而是有着自己鲜明的地域与时代特色。我凝视着这龙纹，心中不禁涌起一股莫名的敬意，仿佛看到它穿越时空而来。

　　正当我沉浸在龙纹的威严之中时，一个熟悉的身影悄然跃入我的眼帘——那是一只活泼可爱的小猴子，它正侧身躺在文殊菩萨的底座下，眼神中闪烁着对这个世界的好奇与渴望。这不就是我朝思暮想的悟空吗？它好似想挣脱束缚，进入这繁华的世界，去探索、冒险，创造属于自己的传奇。

讲述篇

观音堂：我与"三只悟空"的不解之缘

文殊菩萨座下的小猴子（作者供图）

我走近细看，这只小猴子雕刻得栩栩如生，眼神活泼，仿佛下一刻就要跃起，施展它的神通。我不禁想起了悟空在《西游记》中的种种英勇事迹，它机智勇敢，不畏强敌，始终保护着唐僧西行取经。而此刻，这只小猴子仿佛就是悟空的化身，它虽然被束缚在这里，但那份对自由的渴望与对冒险的向往丝毫未减。

看着这只小猴子，我仿佛听到了悟空在耳边低语："师父，你看，即使我被束缚在这里，也无法阻挡我对冒险的热爱和对自由的向往。无论身在何处，我都要追寻自己的梦想，去创造属于自己的传奇。"

我微笑着点了点头，心中充满了对悟空的敬佩与喜爱。我知道，这只小猴子虽然只是大殿中的一个雕刻，但它承载了悟空的精神与梦想。在我眼中，这些龙纹仿佛是悟空的化身。他们时而腾云驾雾，时而翻江倒海，展现出悟空那无所不能的力量。

长治观音堂悬塑群像（马毅敏 摄）

悬塑中的三教合一与悟空

　　踏入这座古老的庙宇，我首先被那些栩栩如生的十八罗汉像所吸引。它们高大威严、形态各异，仿佛在诉说着古老的佛教传说。当我目光流转至睡罗汉时，不禁想起了悟空那无拘无束、洒脱自在的性格。悟空虽然身为猴子，却拥有超凡脱俗的智慧，他的形象与这睡罗汉的悠然自得、心无挂碍有着异曲同工之妙。

　　随着我一步步深入，二十四诸天的形象映入眼帘。这些天神形象各异，既有威严的武将，也有温婉的仕女，他们的服饰和表情也都变化多样。这不禁让我想起了悟空在取经路上遇到的种种天庭众神和妖魔鬼怪。他们虽然身处不同的世界，但都有着各自的性格特点和喜怒哀乐。悟空与他们的交锋和互动正是他与三教世界的一次次碰撞和融合。

长治观音堂悬塑群像(马毅敏 摄)

当我抬头仰望那色彩斑斓的瑞兽和丰姿绰约的圆觉菩萨时,我仿佛看到了悟空在云端之上自由翱翔的身影。这些菩萨体态窈窕秀丽,表情平和亲切,与悟空那活泼好动、机智勇敢的形象形成了鲜明的对比。然而,正是这种对比,让我更加深刻地感受到了悟空与三教世界的紧密联系。

在南次间圆觉身后,那只金色的猴头格外引人注目。这是悟空形象的又一次提升,他已然身处圆觉层面,成为一个真正的智者。我仿佛看到了悟空在经历了无数的磨难和考验后,终于大彻大悟,断绝了烦恼妄念,往生清净佛国。这一刻,他与三教合一的理念完美融合,成为一个超越时空、超越种族的伟大存在。

我与悟空的故事就像是一段跨越时空的传奇。从最初的相识到并肩作战,再到最后的感悟与成长,我们共同经历了无数的风风雨雨。而悬塑中的三教合一与悟空的形象则为我们这段故事增添了几分神秘的色彩,让我更加深刻地理解了悟空的内

山西遇见 悟空

南壁十二圆觉身侧后就是金色的猴头（马毅敏 摄）

心世界和成长历程，也让我更加珍惜这段与悟空共度的美好时光。

在观音堂的日子里，我与"三只悟空"结下了不解之缘。他们不仅仅让我领略了观音堂的独特魅力，更让我对人生有了更深刻的感悟。

古树下的悟空让我学会了敬畏和虔诚。无论我们身处何种环境，都应该保持一颗敬畏之心，尊重自然和生命；保持一颗虔诚的心，追求真理和智慧。

殿脊上的龙与悟空让我学会了勇敢和自信。无论面对何种困难和挑战，我们都应该像悟空一样，勇往直前，不畏艰难。同时，我们也要相信自己，相信自己的能力和智慧可以战胜一切困难。

悬塑中的三教合一与悟空让我学会了包容和尊重。在这个多元化的世界里，我们应该尊重不同的文化和信仰，包容不同的观点和声音。同时，我们也应该像悟空一样，用自己的力量去促进不同文化之间的交流与融合，让世界变得更加美好。

在未来的日子里，我将继续以敬畏之心面对自然和生命，以勇敢之心面对困难和挑战，以包容之心尊重不同的文化和信仰。

观音堂不仅仅是一座古老的寺庙，更是一座充满智慧和启示的圣地。在这里，我不仅与"三只悟空"结下了不解之缘，而且收获了无数的人生感悟和心灵启迪。这些感悟和启迪将伴随我走过未来的岁月，成为我人生道路上最宝贵的财富。

与此同时，我希望能有更多的人来到观音堂，感受这座古老寺庙的独特魅力。我相信，只要我们用心去感受、领悟，我们都能在这里找到属于自己的那份心灵慰藉和人生智慧。

人生就像一场修行，只有不断追求真理和智慧，才能成为真正的"悟空"。

遇见山西 悟空

张宇飞 长子县天王寺法兴寺崇庆寺文物所副所长

崇庆寺：

守护古寺三十载，更要传承历史记忆

　　30年来，无数次端详崇庆寺中的千佛殿，无数次凝视这座始建于北宋大中祥符九年（公元1016年）的歇山顶木构建筑，无数次与这座"北宋早期小型歇山顶木构建筑的典范之作"对视交流，在感慨其造型之美、结构之谨、工艺之高之余，感受更多的是先人通过这座建筑传递出的工匠精神与人文情怀。

　　一款名为《黑神话：悟空》的游戏如同平地惊雷，不仅在游戏界掀起了滔天巨浪，而且在中国文旅领域投下了一颗炸弹。我，一个与山西古建结下不解之缘的守护者，在国庆假期望着崇庆寺中的人潮涌动，有一种恍如梦境般的虚幻感，看着宠辱不惊的殿堂、彩塑，又觉得庭院里弥漫着浓浓的人间烟火气——真实而虚幻、虚幻又真实。

　　初识崇庆，缘起古建的偶然邂逅。

　　30年前，正值满山杏花灿烂如雪的时节，一个看似偶

崇庆寺山门（阮祯鹏 摄）

然的机缘让我背起行囊来到这座注定要与我今后人生结下不解之缘的古庙——崇庆寺。当年腊月，人事变动，在一个飘着鹅毛大雪的午后，我又独自骑着自行车来到了法兴寺，成了这里的守寺人。多年后和一位老友聊起这两个不同时间的两个细节，他微笑着总结说："来时花如雪，去时雪如花，回望来时路，前世是僧伽。"

30年来，无数次端详崇庆寺中的千佛殿，无数次凝视这座始建于北宋大中祥符九年（公元1016年）的歇山顶木构建筑，无数次与这座"北宋早期小型歇山顶木构建筑的典范之作"对视交流，在感慨其造型之美、结构之谨、工艺之高之余，感受更多的是先人通过这座建筑传递出的工匠精神与人文情怀。

沉醉彩塑，探寻三朝艺术瑰宝

同崇庆寺的木结构古建筑一样，殿堂内的历朝彩塑造像不仅仅是历史的见证者，更是中华美学的承载者、人文思想的传播者。不过，相比于木构建筑，在崇庆寺，我更关注的是殿堂内跨越宋、元、明三朝传统彩塑艺术的杰作。

大士殿的十八罗汉彩塑，塑造于北宋元丰二年（公元1079年），被誉为"宋塑之冠"，也是目前所知最早的、有明确纪年的寺观十八罗汉彩塑造像。这些罗汉像以形写神，形神兼备。宋代是中国封建时代下文人地位最高的一个时期，所以这是一个极具文人气息与人文气息的时代，而崇庆寺十八罗汉造像所呈现出来的审美趣味与那时的时代精神高度契合，是现存宋塑罗汉群像中最具文人情怀与人文气息的一组作品。徜徉其间，我仿佛能听到他们低沉的诵经声，感受到那份超凡脱俗的自在与圆融。

在千佛殿内主尊释迦牟尼佛像后，扇面墙北侧的小木作帐龛内为带有元代密宗造像遗风的四十二臂观音像，造型风格另类而别致。观音菩萨的造像端庄慈祥，四十二只手臂分别持着各种法器，象征着观音菩萨的无限慈悲与智慧。每当阳光透过窗户洒在这些彩塑上，我都会被那光影交错、色彩斑斓的景象所迷醉，仿佛置身于一个神秘而庄严的佛国世界。

此外，明代嘉靖年间营造的十帝殿与殿内彩塑及背景悬塑"阴曹地府"、明朝天启三年（公元1623年）塑造的天王殿护法天王像都是崇庆寺不可多得的瑰宝。这些彩塑不仅展示了古代匠人高超的技艺与智慧，而且传递出了深厚的文化底蕴与宗教信仰。

感受人文气息，传承历史记忆

崇庆寺，这座古老的寺庙，不仅仅是一处文物古迹，更是一座蕴含丰富人文记忆的宝库。在这里，我邂逅了众多热爱历史文化的人们，他们或远道而来，或近在咫尺，都以各自的方式品味着这座古寺的独特韵味。

在与游客的交流中，我时常分享自己对崇庆寺内古建、彩塑艺术的理解与感悟。每当看到他们眼中闪烁着对历史的敬畏与对文化的热爱时，我都深感欣慰与自豪，因为我深知，自己正在传承一份珍贵的历史记忆，让更多人领略到这座古寺的无穷魅力与人文精神。

大士殿的文人精神。大士殿内，十八罗汉彩塑栩栩如生，散发着浓郁的书卷气息。他们或手持经卷，或闭目沉思，或相互讨论，表情与动作都透露出文雅与从容。这种书卷气息不仅展示了宋代工匠对罗汉形象的独特理解与创新，而且深刻体现了宋代的文人精神。

十帝殿内的信仰融合。走进十帝殿，十位帝王造像与背景悬塑的"阴曹地府"形成了强烈对比。帝王们身着龙袍，头戴皇冠，威严庄重；背景"阴曹地府"阴森恐怖、鬼魅横行。这种将帝王与阎王相结合的设计不仅展现了古代工匠的创造力与想象力，而且深刻反映了民间信仰与宗教的深度融合。在中国古代，民间信仰与宗教相互交织，人们既崇拜帝王，祈求

大士殿内彩塑（马效敏 摄）

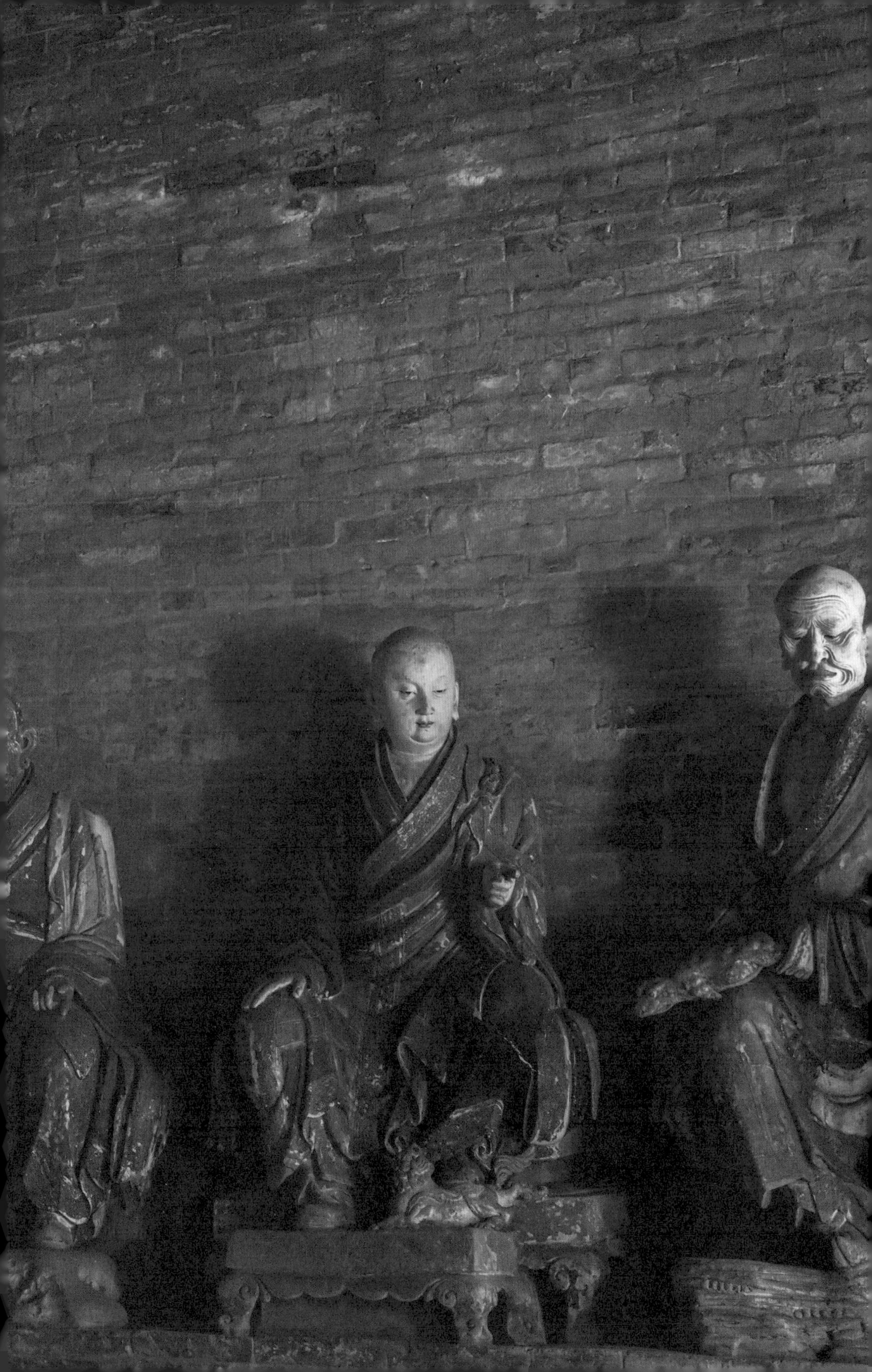

遇见山西 | 悟空

千佛殿（阮祯鹏 摄）

他们的庇护与恩赐；又敬畏鬼神，祈求他们的宽恕与救赎。

　　天王殿内的尚武精神。步入天王殿，护法天王像威严地矗立着，宛如明代战场上归来的武将。他们身披铠甲，手持兵器，眼神中透露出坚定的信念与不屈的意志。这些雕像不仅展现了明代工匠的高超技艺与智慧，而且深刻地彰显了明代的尚武精神。明代，作为一个在政治、经济、文化等方面均取得显著成就的历史时期，其尚武精神不仅仅体现在军事领域，更

讲述篇

崇庆寺：守护古寺三十载，更要传承历史记忆

菩萨立像（阮祯鹏 摄）

渗透到了社会生活的方方面面。

崇庆寺是一座古寺，更是一部活生生的历史教科书。它见证了中国古代社会的变迁与发展，承载了丰富的历史与文化内涵。从北宋的创建到明清的修缮，从宋代的文人精神到明代的尚武精神，从民间的信仰与宗教融合到古代工匠的创造力与想象力，崇庆寺都为我们提供了一个宝贵的视角去审视与理解中国古代社会的各个方面。

与古建共舞，守护岁月痕迹

30年间，我与古建、彩塑结下了不解之缘。我时常穿梭于寺院的殿堂之间，检查着每一块砖石、每一根木梁。目之所及，生怕有所遗漏；心之所至，皆是文物安危。连绵阴雨时，我会心系屋顶是否渗漏；夜间犬吠时，我会立马警觉是否有不法之徒。

作为一名"国保"单位守护人，我深感责任重大——我不仅仅要守护好这座古寺，更要传承好这份宝贵的历史记忆。希望通过我的努力与付出，能够让更多的人了解崇庆寺，感受崇庆寺的魅力，从而共同守护好这份珍贵的文化遗产。

30年的时光匆匆而过，我与"国保"的故事却从未结束。这座"国保"古寺不仅仅是我的工作场所，更是我的心灵寄托与归宿。在这里，我不仅感受到了历史的厚重与文化的深邃，也体会到了守护与传承的艰辛与快乐。我坚信来日方长，未来可期。

讲述篇

崇庆寺：守护古寺三十载，更要传承历史记忆

十八罗汉彩塑（阮祯鹏 摄）

西溪二仙庙：

惦记千年庙宇，
因那处有相识的守护人

李吉毅　《山西晚报》晋城记者站站长　遇见山西 悟空

在晋东南地区，"二仙"的故事源远流长。相传晋代时，姊妹二人显圣于陵川、壶关两县交界之紫团山，之后兴风致雨，疏涝泄洪，祛病消灾，赐子送福，百姓所求，应而不拒。感恩戴德的人们便到处修庙立像奉祀。

虽是传说，但"二仙"不仅作为史实记载下来，而且还见之于碑记和县志，其中"'二仙'犒劳宋军"还被载入《资治通鉴》。

由于犒军有功，宋徽宗便将姊妹二人封为冲惠真人、冲淑真人，并赐庙号为"真泽"，因此西溪二仙庙也被称为"西溪真泽宫"。

"李记者，李记者——"

2024年9月28日上午，陵川县城，天空飘着毛毛雨。

在距县城约四公里的崇文镇岭常村西溪二仙庙牌楼前，熙熙攘攘，人头攒动。平时并不启用的西溪二仙庙山门大开，

讲述篇

西溪二仙庙：恬记千年庙宇，因那处有相识的守护人

蜂拥而至的游客让山门顿显狭窄。

随着首款国产3A游戏《黑神话：悟空》的持续火爆，西溪二仙庙也引起外界以往少有的关注。

2024年9月28日上午，根据"跟着悟空游晋城"2024年中国城市网盟总编（记者）晋城行活动日程安排，来自国内19个省份、40多个城市、62家重点门户新闻网媒的百余名总编、记者们"打卡"西溪二仙庙。

西溪二仙庙来过多少次，具体次数我已模糊不清，只能这样说，每次到陵川参加活动，只要能挤出时间，我就去庙内转转看看。

去的次数多了，就不再是走马观花，而总是心里带着个"小目标"前往。因为，想仔细欣赏一座古建筑，不来个五六次，甚至十几次，许多在心中的疑惑就无法释怀，而疑惑解不开，就总是再想去看看。

"大部队"分成好几组，由文物志愿者们带领到庙内各处分散参观。在倒座山门的戏台下，立有七八通各个朝代的石碑。

"李记者，是李记者吧！"就在我正凝神观瞧着一通《重修真泽庙记》碑文时，一位个头不高的中年男子出现在身后。

"你是张文峰！咱这是有十几年没见了吧？"在笑声中，我和他紧紧握手……

"有了，就是你十几年前来西溪二仙庙采访之后，两年后我就到了县城的崇安寺了！"他似乎想起了什么，"你的手机号码没变吧，我还保存着！"他从手机的"联系人"中，找到了我的电话号码，让我确认！

在这些年中，因为我的手机丢失过，没有了他的号码。不过，一看"139"号段的号码，他存的还是我十几年未更换的老号码！

西溪二仙庙外景（马毅敏 摄）

12年前的初次探访

2011年6月，山西省文物局与《山西晚报》报社联合开办"山西文化遗产展示工程"栏目，对全省部分"国保"单位古建筑进行深入的体察和寻访。此次采访活动历时三年有余，于2014年8月结束。这也是省内媒体持续时间最长的大型文化历史类题材的采访。

在晋东南地区，因孝道成仙的"真泽二仙"的传说不绝，相应的二仙庙星罗棋布。晋城境内现存的二仙庙就为数众多，在陵川县除西溪二仙庙外，还有小会岭二仙庙、南神头二仙庙。

与其他二仙庙不同的是，立庙至少有千年的西溪二仙庙，是晋城乃至晋东南地区创建年代最早、规模最大、建筑最精的一座。

2012年6月20日，我从晋城市区驾车六十多公里，赶往陵川县崇文镇岭常村，

讲述篇

西溪二仙庙：惦记千年庙宇，因那处有相识的守护人

探访2001年被列为第五批全国重点文物保护单位的西溪二仙庙。

出发前，肚子里装满了疑惑：孝顺的"二仙"是哪二仙？金代梳妆楼为何"罕见"？庙内还有"森林保护法"？……

从晋城一路驶来，临近陵川县城西南部，顺着一条柏油路仅行驶了二三百米，原本平坦的路面就变成蜿蜒的下坡路。约四公里之后，迎面群山环抱，青松古柏掩映之中，一座建筑错落有致的古庙宇尽收眼底。

为啥"尽收眼底"呢？很奇怪，西溪二仙庙竟然修建在山沟底！多数寺庙来者是"拾阶而上"，但西溪二仙庙却不尽相同，只能"顺阶而下"才能走到山门。

当年，庙门前还没修建牌楼，居高临下，庙的山门两端设有东西掖门，上各有耳房，面阔三间的戏楼"通透"地倒座于山门中门之上。

西溪二仙庙坐北朝南，面朝栖凤山，从西而来的溪水环绕寺院后殿而过，"西溪"即由此而来。

前殿至山门之间的建筑，多建于明洪武至清康熙时期。正是由于明清时期的修建，才有了二仙庙现有的规模。

二仙庙前殿面阔三间，殿顶为单檐歇山式，殿内设有玲珑剔透、做工极为精美的木雕神龛，殿檐十根石柱支撑着面阔三间的卷棚歇山式献亭，其斗拱及檐柱"龙盘凤舞"，外形争芳斗艳。

当年，在西溪二仙庙当文管所所长的张文峰只有32岁。在他看来，欣赏庙内精华，最好从后往前看。

后殿位于整座庙宇中轴线的末端，建在高约一米的高台之上，面阔三间，进深六架椽，五铺作斗拱，琴面式单下昂单檐歇山式屋顶，灰色筒瓦铺制。这座典型的金代大殿屋顶上饰有琉璃脊兽，琉璃构件做工精细，称得上是琉璃艺术精品。

"通常在庙宇里，很少修建梳妆楼。"在晋城，宋金时期建筑并不少见，"但同时期的楼阁却很是稀罕。"听张文峰的语气，似乎很看重东西梳妆楼。

东西两座梳妆楼，均为两层三檐歇山顶楼阁式建筑，"是当地百姓为'二仙'所修，一人一座。顾名思义，供二仙梳妆打扮之用。"东梳妆楼为重檐九脊顶，平

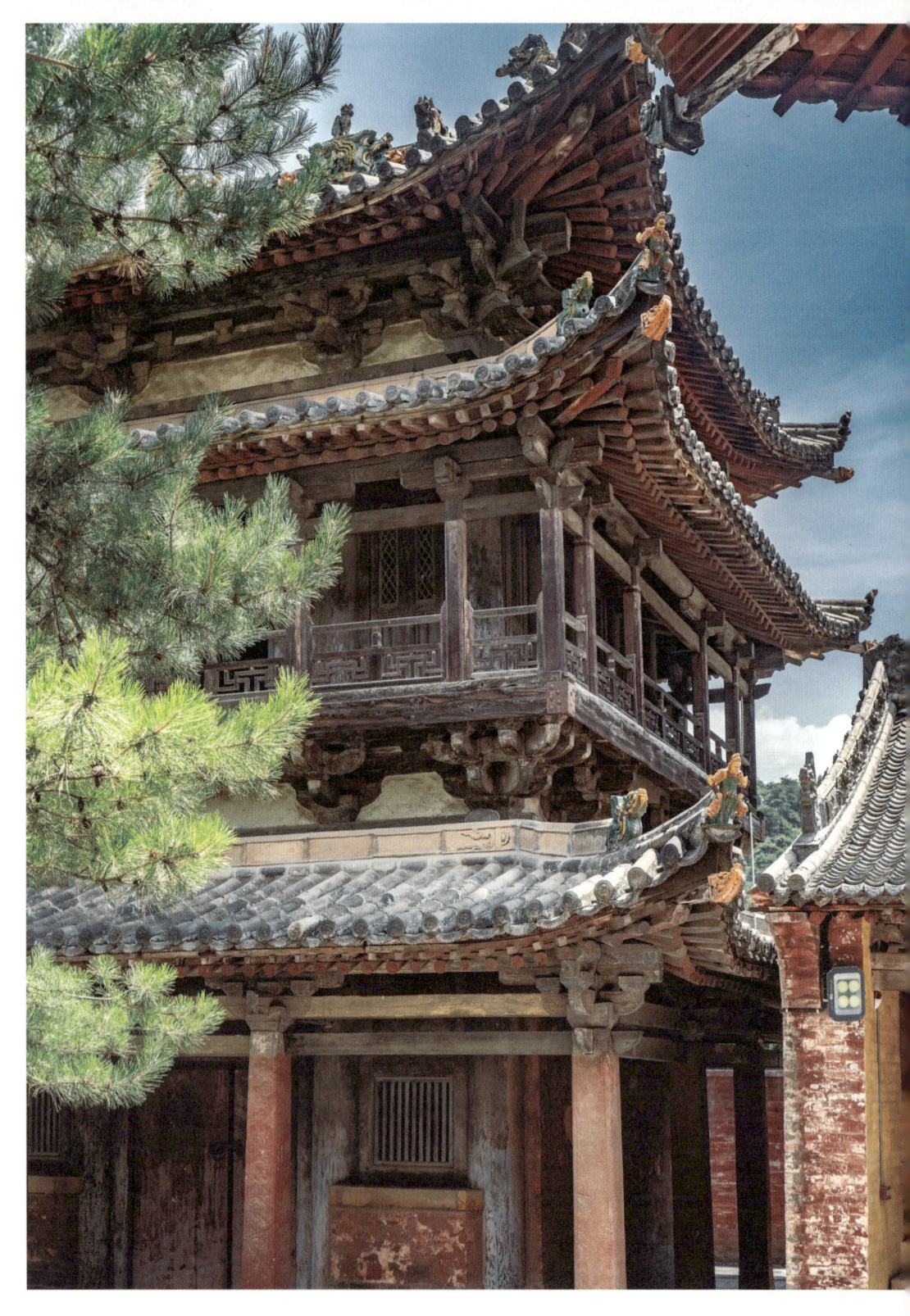

东梳妆楼（阮祯鹏 摄）

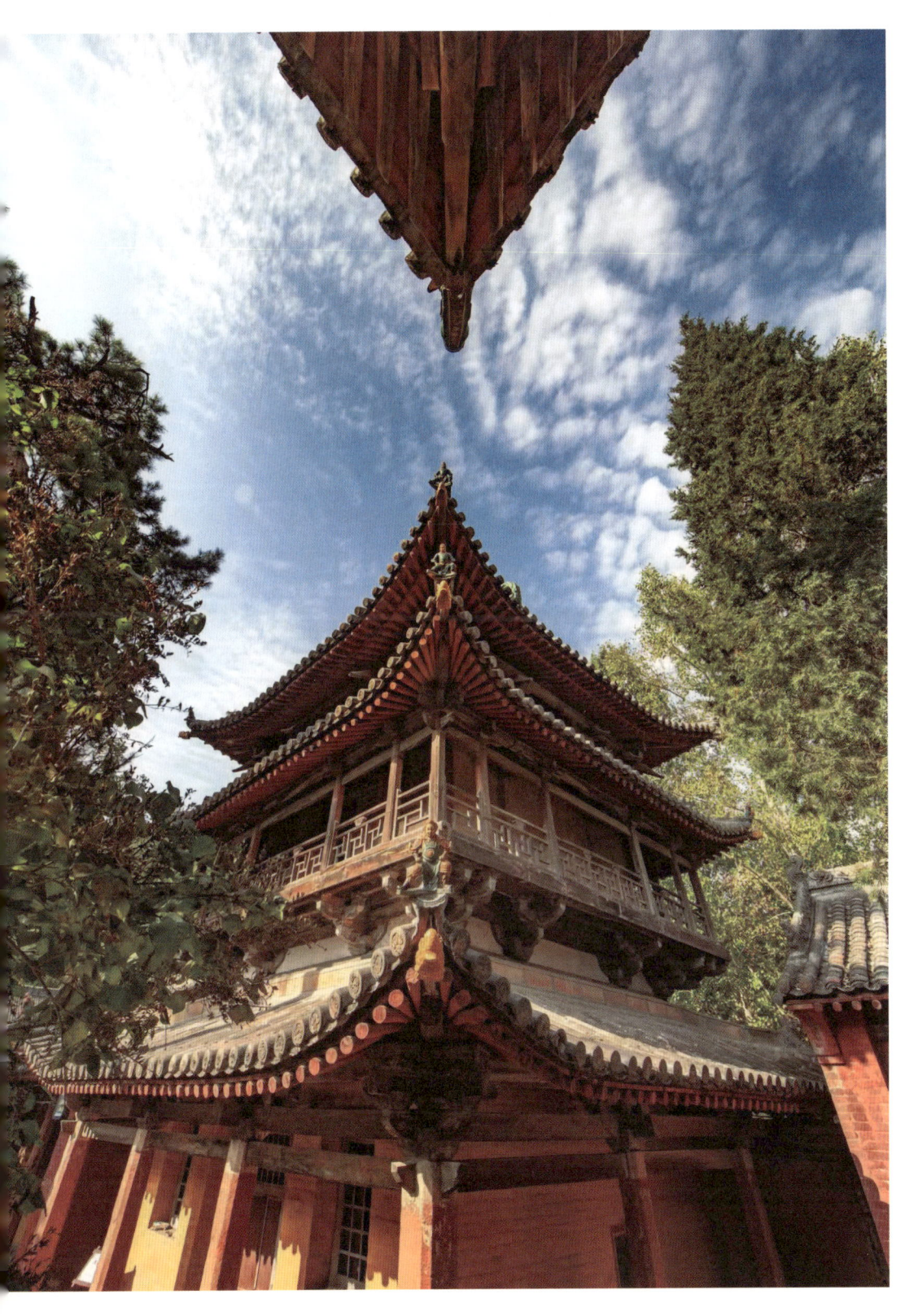

西梳妆楼（王林 摄）

面三间呈正方形，二层用斗拱支出平座，平座与柱头用四铺做斗拱，做法大方简洁，造型优美舒展，是金代楼阁式建筑中的上乘之作。

西梳妆楼经民国年间重修，基本保留着金代楼阁形制。两座金代遗构经多次翻修，主体框架保留了金代用材，做法非常考究，是陵川古代能工巧匠的杰作。1992年，因地基下陷，楼体倾斜，山西省文物部门曾对东梳妆楼落架大修。

"金代建筑数量多，保存基本完好，是西溪二仙庙被列为'国保'的关键。"张文峰说，尤其是东西梳妆楼，是晋城最早的楼阁式建筑，被有关专家称为"中国古代楼阁式建筑的代表作"。

"不会说话"的石碑　妙趣横生

在晋东南地区，"二仙"的故事源远流长。相传晋代时，姊妹二人显圣于陵川、壶关两县交界之紫团山，之后兴风致雨，疏涝泄洪，祛病消灾，赐子送福，百姓所求，应而不拒。感恩戴德的人们便到处修庙立像奉祀。

虽是传说，但"二仙"不仅作为史实记载下来，而且还见之于碑记和县志，其中"'二仙'犒劳宋军"还被载入《资治通鉴》。

由于犒军有功，宋徽宗便将姊妹二人封为冲惠真人、冲淑真人，并赐庙号为"真泽"，因此西溪二仙庙也被称为"西溪真泽宫"。

西溪二仙庙还有"一绝"，就是庙宇内的27通大小碑刻。由于西溪风景迷人，历代文人墨客曾在此写下许多赞美的千古佳作。

在后殿前，有通勒石于金大定五年（公元1165年）的《重修真泽二仙庙碑》，碑文为金代状元赵安时撰写。碑刻不仅完整记载了"二仙"成仙的故事，而且还不经意间"透露"了西溪二仙庙的创建年代——"偶见二仙墨碑乃唐乾宁年间进士张瑜所撰。"碑文开头寥寥数字，将西溪二仙庙的历史追溯到唐乾宁时期。"乾宁"为唐昭宗（公元894—898年）年号，由此可见西溪二仙庙早在此时就已出现，距今已有1100多年历史。

"期岁之间一再来，青山无恙画屏开。出门依旧黄尘道，啼杀金衣唤不回。"在前殿台基后墙，一通落款为"大元延祐四年五月（公元1317年）"的墙碑上刻着一首诗。

"这就是元好问'到此一游'诗。"张文峰风趣地说道。

元好问生于金明昌元年（公元1190年），卒于元宪宗七年（公元1257年），为金元两代文坛巨匠。年少时，随任陵川县令的父亲元格客居陵川，14岁时为西溪二仙庙留下这首七言诗。很显然，这是在元好问去世61年后被有心者刻在碑上并流传至今。

在山门前，有通长方形石碑镶嵌在东墙上。

这通《陵川县为禁约事照得本县二仙尊神》碑刻字迹清晰可见："南山岭新长小松树，多有邻近无知愚民，专一彼牧牛羊马骡头畜吃踏作践不堪。又令男妇推称喂蚕，砍伐明条致伤大树欺神毁坏深可痛恨。拟合出示严禁为北示，仰各村人等知悉：敢有仍前作践树木者，许后开管地方小甲人等，郎便锁拿送县，以凭枷号重处，决不轻贯头至碑者。"

墙碑落款为"明万历乙酉（公元1585年）壬午月立石"。庙周围植被茂盛，或许与四百多年前村民的保护意识密不可分。张文峰笑着说："有人考证，这算是国内最早的'森林保护法'，功不可没啊！"

12年后重逢西溪二仙庙

2020年年底，我开始着手《行走晋城》出版前的准备工作。在查阅当年拍摄的西溪二仙庙老照片时，图片中出现了一个熟悉的面孔——张文峰！

2023年5月，在省委宣传部指导下，《山西晚报》开始"寻访山西文化新名片"大型采访活动。7月30日，根据工作分工，大家分头采访。我忙里偷闲，独自一人步行踏上前往西溪二仙庙的路。

随着全域旅游的兴起，陵川境内的基础设施建设成效显著。如今通往西溪二仙

山西 遇见 悟空

西溪二仙庙拜亭（阮祯鹏 摄）

西溪二仙庙：惦记千年庙宇，因那处有相识的守护人

讲述篇

庙的蜿蜒山路都变成了路面平整、标识醒目的"彩虹路"。

当时，阵雨刚过，天空阴霾，虽然只是下午6时许，却给人感觉已入黄昏。走到西溪二仙庙牌楼前时，四周空旷，已看不到人影。独自在庙内转悠，虽然清净，无人打扰，但遇到惊喜或疑惑，身边连个分享或商讨切磋的人都没有，也是深感无趣。

这次，到陵川西溪二仙庙采访，遇到了熟人——原来是当时西溪二仙庙文管所所长张文峰。与他初识时，他才三十岁出头，如今已是四十多岁的中年人，我也成了快要退休的老头儿。一晃就是12年，岁月流逝，友情常在。难得的是，他还保留着我当年留给他的手机号码。

留了他的电话、互扫了微信后，张文峰告诉我，这次能在西溪二仙庙见面，是考虑到此次"跟着悟空游晋城"2024年中国城市网盟总编（记者）晋城行活动的接待讲解，县里临时将他从崇安寺抽调过来帮忙。

原来，2014年，张文峰被调回局里工作，可是他还是想守护在庙里。没多久，他就到崇安寺继续从事自己的老本行。

有人说，思念一个地方，可能那里有自己想见的人。我想说的是：12年间，惦记西溪二仙庙，是因为在那儿有位我相识的文物保护人！

2023年4月，《行走晋城》正式出版。2022年8月，我在书《后记》中写下一段话："收笔之时，脑海中忽然想起出现在文章中的'小人物'——当年的采访对象：守庙人、路遇的村民、村里的老者……有的仅仅谋面一次，却难以忘怀……但我想让他们的名字留下来。感谢曾经与他们相遇，感谢他们进入我的文字中……"

这个"采访对象"，当然包括张文峰！

玉皇庙：

一庙文化，半庙"神仙"

赵学梅　晋城市委原常委、市政府原副市长

透过铁栅栏步步移动，一张脸、一个发髻、一条丝绦……每个细节都有看点。这堂雕塑绝对称得上是中国彩塑史上的一次革命。

二十八宿彩塑每一寸都饱含着泽州匠人的深情，古代匠人抟捣泥巴并注入自己的思想，通过外貌的塑造表现人物的灵魂、性格和情绪。二十八星宿彩塑表达的人体力学、雕塑语言在情理之中又在逻辑之外。

女性的阴柔、男性的阳刚、老人的慈祥、年轻人的帅气、中年人的沉稳、动物的憨态与灵动等，都在这堂彩塑里徐徐展开。

如果说太行山有一派英雄之气，那晋城秋天的红叶可以说是妩媚妖娆，风情万种。红叶在秋阳的照耀下，热烈而绚丽，灿烂而鲜亮，深红，浅红，深深浅浅，组成一个红叶的世界，覆盖着秋天的晋城。一方苍岩、一棵古树、一泓清泉、一幢村舍，令人心中块垒顿时消失得无影无踪，哪容你有一丝忧郁？但这都没有寺庙文化更有嚼头。

府城玉皇庙位于晋城市区东北十三公里府城村北的土岗上，坐北朝南，居高临下，颇有气势。在国内道教宫观中规模不算大，但庙内道教题材的塑像、壁画、琉璃构件与建筑等为国内罕见，为研究中国道教史与道教文化以及农耕时期与天文学的关系提供了大量的资料。作为全国道教庙宇中的翘楚，保存传世有宋、金、元、明、清时期的珍贵彩塑284尊，尤其是反映我国古代天文观测的美学价值极高的二十八宿彩塑，张弛有度、动静结合、惟妙惟肖，是冠绝海内外的神话人物雕彩塑艺术形象。

推开泽州府城玉皇庙二十八宿殿古老斑驳的大门，一幅长长的、神秘的画卷在我面前徐徐展开。24米长的画面里是另一个世界，是那个来自一千多年前的世界。我们和"众神"如此近距离又如此平等地对视，一个长达千年的问题浮现出来：

你懂他们吗？

气势凌人的一问，让人感到震撼与威慑，这种气势来自古人内心的自信以及其作品展示出的独有魅力。二十余年与古代匠人隔空对话，我茅塞顿开，然后开启了我的问鼎之路。

文艺复兴时期的北宋对创作是宽容的，思想不受钳制，工匠能够展开浪漫瑰丽的想象，把人世间的情感凝固于神的造像上。在逼仄的二十八宿殿里，古代雕塑师充分驾驭空间、光线和色彩，塑造出这一堂具有中国气派、民族风格的伟大雕塑艺术作品——二十八宿彩塑。

二十八宿彩塑是简单的基本单位，又是复杂的群体结构，对称中有变化，变化中又保持统一，不只是孤立静止的存在，还传递出一种整体上的动态气势，充分体现了塑像的流动美、对应美。每尊塑像既独立存在，又与其他塑像相互联系，共同构成了一组完整的群塑。

二十八宿彩塑群（赵学梅 摄）

  古代雕塑匠人以宗教为本体，以星空为题材，体现的是一个宏大的历史场景。瞭望宋朝的泽州雕塑艺术，我们可以看到艺术贯穿于精神生活的景象。二十八宿彩塑展现了四组人物：第一组：马上得天下的七尊英雄激情奔放，一派龙虎之姿；第二组：文官政治下的九尊案前文仕沉稳冷静，表现出心怀社稷的忧世之态；第三组：九尊女神展露出不媚且高贵、不妖且端庄、不卑且沉稳、不柔且含蓄的皇母形象；第四组：农耕社会的三尊老者显示出无忧无虑、玩性十足、乐观豁达的生活状态。除此之外，这些塑像所蕴含的民俗文化也相当丰富。

  透过铁栅栏步步移动，一张脸、一个发髻、一条丝绦……每个细节都有看点。这堂雕塑绝对称得上是中国彩塑史上的一次革命。

  二十八宿彩塑每一寸都饱含着泽州匠人的深情，古代匠人抟挍泥巴并注入自己的思想，通过外貌的塑造表现人物的灵魂、性格和情绪。二十八星宿彩塑表达的人体力学、雕塑语言在情理之中又在逻辑之外。

  女性的阴柔、男性的阳刚、老人的慈祥、年轻人的帅气、中年人的沉稳、动物的憨态与灵动等，都在这堂彩塑里徐徐展开。

"亢金龙"情绪发作的一瞬间，因发怒而飞动的头发向上冲起，双眼吊起，眉毛竖起。雕塑师把握了这精彩一瞬，用夸张的手法表达了人物的内心情感，从而把神人格化、把人神格化。

　　"轸水蚓"带着忧伤的揶揄之笑，无法说清她是伤感还是微笑。通常雕塑只表现一种情绪，而轸水蚓却表现了两种情绪，嘴角微微翘起，有喜悦之感，而两条蹙起的眉毛却传达出一种忧伤的情绪。

　　"翼火蛇""觜火猴""尾火虎""室火猪"表现出武士的雄健和男性的内在力量。他们或怒、或嗔，身上的披帛和绶带飘起。雕塑师用充满运动感的造型，加以夸张的手法，把人物的性格与喜怒哀乐表达得淋漓尽致。

　　"胃土雉""毕月乌""女土蝠"三尊彩塑塑造的是老者形象，他们有着共同的特点：皮肤松弛、干瘪，留着长髯，很像是晋城地区的乡村老翁，生性快乐，天真达观。

　　宋代造像艺术的特点是注重细节、追求韵味、侧重情趣，二十八星宿彩塑的情绪叠加更是点睛之笔。雕塑师捕捉了生活中人物一刹那的动作特点，把静态的、没

遇见山西 | 悟空

铃水蚓彩塑（赵学梅 摄）

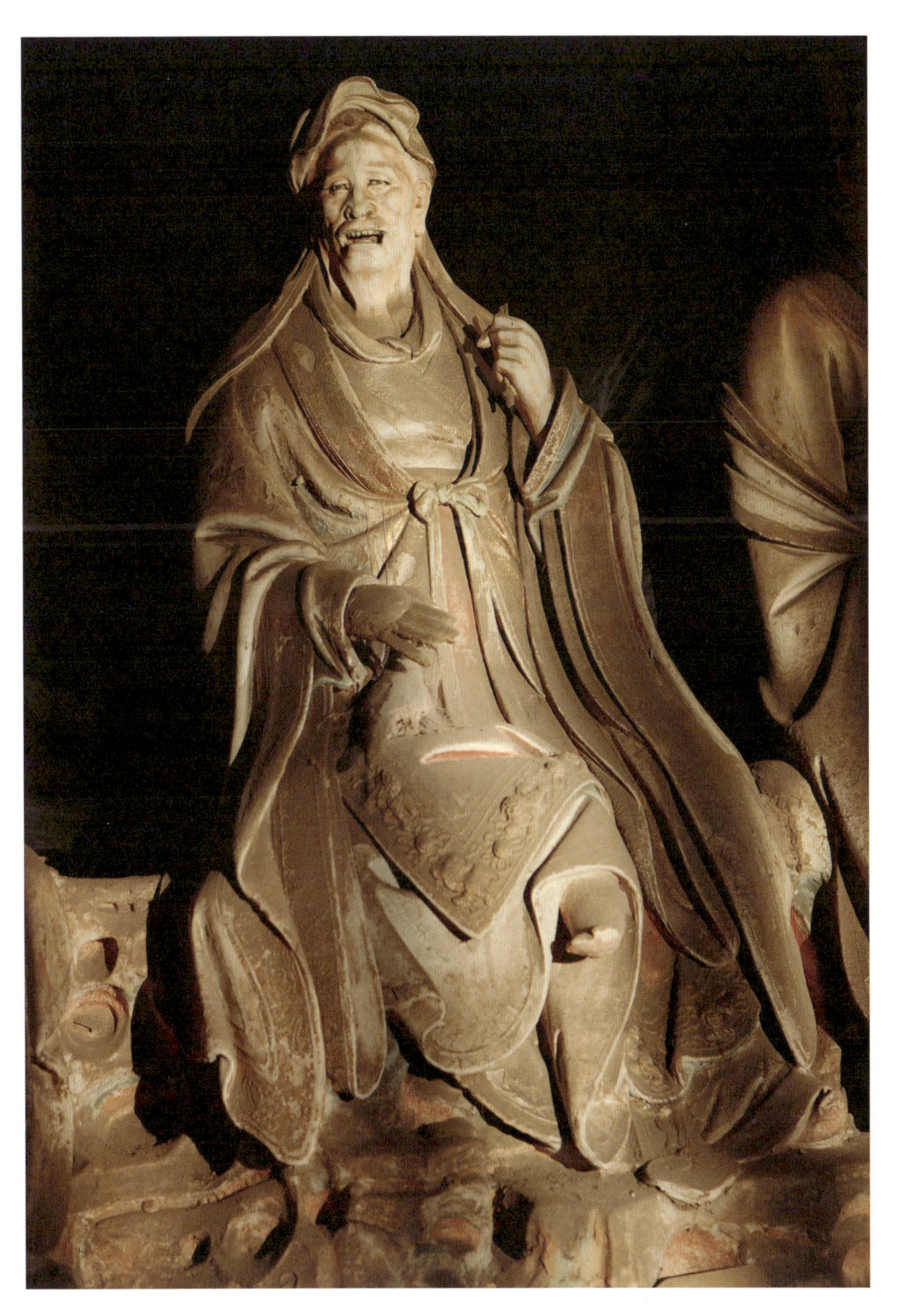

讲述篇

玉皇庙：一庙文化，半庙"神仙"

胃土雉彩塑（赵学梅 摄）

有生命的泥巴塑成了有动感的神像。

在玉皇庙二十八宿殿里，雕塑师有一个"暗示"，就是光线的运用。廊庑的建筑形式使得殿内光线昏暗，这使得二十八星宿神像显得亲切、随和，却又颇具神秘感。

窗棂透入了淡淡的光线，弥漫着柔和静穆的气氛，"众神"虽有人情世态的亲和力，最终我们还是要回到宗教的主题。雕塑师仿佛也在神的思维和人的境界中寻找一种平衡。这是对宗教的虔诚、对使命的虔诚，也是对艺术的虔诚。

一庙文化，半庙"神仙"。府城玉皇庙的建筑体制是标准的庙制，庙内雕塑勾勒出一个庞大的神谱结构。虽说有些神像是渐次填补的，但后院的二十八宿神是玉皇大帝身边的主要神祇。

宋代道教认为，玉皇大帝是天上位分最高的神，二十八宿神是玉皇大帝的侍从，他们各自主持着人世间的不同事务，他们司职天象观测，掌握日、月、星辰在天空的运行。宋代盛行二十八宿值日崇拜，因此二十八宿神的形象从道教的群神中脱颖而出，深入民心。

站在玉皇庙二十八宿殿内，望着这徐徐展开的画卷，我懂他们吗？我在千年时空的这一头，揣摩着创作这座庙宇和塑造神像时千年前那一头古人的心境、古人的生活智慧和生活态度以及他们对生活的的领悟、对现实的观察。

四季更迭，我总是不时地前往拜访，总是对古代工匠那无尽的浪漫情怀和令人惊叹的艺术造诣感到震撼。请原谅我把这些彩塑视为一个个充满生命力的个体，也请原谅我将这些神祇视作有血有肉的朋友。他们伴随着我走过了七十余载的岁月，每一次的造访都让我有新的感悟。

讲述篇

玉皇庙：一庙文化，半庙「神仙」

玉皇殿内彩塑（赵学梅 摄）

　　玉皇庙及其满堂的彩塑是历史的永恒印记，承载着我对故乡的深情。我愿意与晋城这座山城的旅人们分享我对玉皇庙二十八星宿艺术流派的审美体验。

小西天：

我的西天"取经"之路

王进
隰县原文物旅游局局长
文博研究馆员

由大到小看——最大的佛连同基座高达三米多，仿佛天神俯瞰着芸芸众生；而最小的塑像，则只有几厘米，小巧玲珑，藏于大殿的某个角落，等待着有心人的发现。

由近到远看——近在咫尺的佛、菩萨、弟子们面容清晰、姿态各异，仿佛就在人间，流露出许多亲切感；而远处的塑像藏于殿堂深处，则像是被一层神秘的面纱所笼罩，虚无缥缈，引人遐想。

小西天的 226 级石台阶，我走了 44 年，一万六千多天。我叫王进，是小西天的一名守护者。故事的开始，要追溯到 1980 年，当我第一次踏入隰县小西天文物管理所大门的时候，我便被这里的历史文化所深深吸引，与这片古老的土地结下了不解之缘。

位于山西省临汾市隰县城西凤凰山巅的小西天，原名千佛庵，是一座佛教禅宗寺院。

追溯其历史，我们发现小西天始建于明崇祯二年（公元1629年），由一位来自五台山火场寺的僧人东明禅师创建。东明禅师游方至隰县时，偶然间发现了这片形似凤凰、环境幽静的土山，便发愿在此修建禅林。

我国许多名山大寺，以高大宏伟取胜，唯小西天别具一格，以小巧玲珑独秀。寺院在极其有限的空间内，巧妙地布置了大小不等、高低错落、南北对称的建筑20处，仿佛一幅精美的画卷缓缓展开。寺院洞门相连，将上院、下院、前院3个建筑群分隔又连通，构成了一个既有寺院之格局，又有园林建筑之妙趣的独特空间。

走进小西天，你会被它的"小、巧、精、奇"所深深吸引。清人宋劼曾赞叹

小西天建筑远景（张旦 摄）

小西天大雄宝殿内部雕塑（徐劲松 摄）

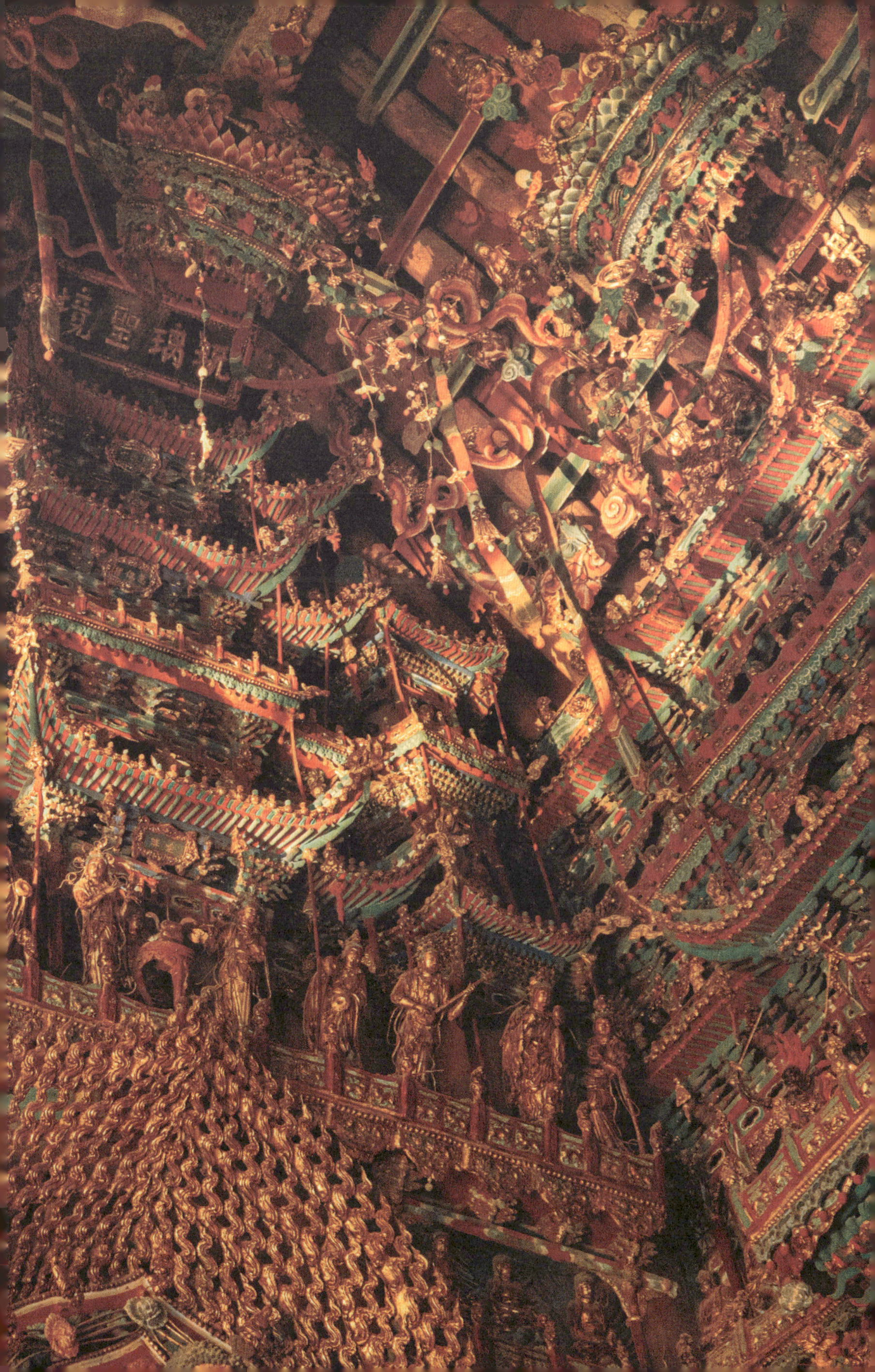

道:"兹山之高,不过数百步耳,兹山之大,止设数十楹耳。"

这里的一切景象都在"小"中发生,"小"中体现,足见它"小"得不俗;因地布景,妙在布局的变化,足见它"巧"得灵活;寺院布置得体、殿堂构造缜密、精雕细刻,足见它"精"得细微;"左仰古寨,千仞绝壁,右带西坡,峰峦叠翠",再加上举世罕见的悬塑,足见它"奇"得拔萃。

因此,小西天备受世人青睐和仰慕。有人拟联道:"借得普陀一峦堪夸其俏,移来泰山半点何惜乎小?"

然而,正是这有限的空间,孕育了无限的佛教智慧与艺术魅力。

在小西天的众多建筑中,大雄宝殿无疑是最为引人注目的。这座不到170平方米的大雄宝殿内,竟然容纳了近2000尊彩塑。这些彩塑布满了大殿的正面和山墙,以梁柱为依托,悬挂盘绕、层层叠叠,构成了一个繁复绚烂的佛国世界。站在大殿之中,仿佛置身于一个充满神秘与庄严的佛教殿堂,直观感受着古代匠师们运用布局艺术的高超技巧。

大雄宝殿的彩塑艺术在总体构图上展现出独到之处,它巧妙地融合了现代雕塑的构图理念,以主线主体构造式勾勒出一幅幅生动的画面。

在这里,佛像菩萨、殿堂楼阁、寺宇宝塔层层叠叠,却又能项背分明。疏散之处,一龛中心部位仅供奉着一佛二胁侍菩萨,他们威严而端庄,加上身后火焰纹背光、贴金的衣褶、精致的莲花座,仿佛是从天而降的神祇;紧密之处,工匠们则在檩柱、龛顶、墙壁等一切可以利用的空间,布置了大量的塑像,它们被有序地排列着,虚实相间,气韵相贯,仿佛将佛的世界统一组织在了一个完整的时空环境和主题之中。

大雄宝殿的"主"与"宾"更是构成了一幅完美的画面。

5个互通的佛龛将全殿分割成了5个佛教的世界。5个佛教世界之间又通过山石的环列、树木的交错、屋宇的掩映、祥云的衔接,巧妙地连成了一个彼此互通、互有联系的整体。

主佛作为至高无上的主宰,傲然屹立于中心位置。他们威严地俯视着众生,仿佛在用无声的语言诉说着佛教的教义和智慧。而胁侍菩萨则左右对称地分站两旁，半侧向佛，构成了一幅对称而和谐的画面。这种布局不仅凸显了主佛的尊贵地位，更让整个画面充满了庄重和肃穆的气息。

与此同时，"宾"们也不甘示弱。他们或站于两侧，或依附于墙壁，形态多样，表情丰富。这些菩萨、金刚、弟子、侍从、乐伎等塑像，仿佛是大雄宝殿的守护者，用他们那坚定的眼神和有力的身姿，守护着这片神圣的净土。

大雄宝殿景物之间的开合大小也都安排得恰到好处，使满堂彩塑在有限的空间里和谐一致。

由大到小看——最大的佛连同基座高达三米多，仿佛天神俯瞰着芸芸众生；而最小的塑像，则只有几厘米，小巧玲珑，藏于大殿的某个角落，等待着有心人的发现。

由近到远看——近在咫尺的佛、菩萨、弟子们面容清晰、姿态各异，仿佛就在人间，流露出许多亲切感；而远处的塑像藏于殿堂深处，则像是被一层神秘的面纱所笼罩，虚无缥缈，引人遐想。

初次来到小西天的人或许心中都有这样的疑问：为何几百年过去了，这满堂彩塑依旧纤尘不染、熠熠生辉？

这是因为殿内的悬塑人物大都就势前倾，灰尘留在了人物身后，人们仰视时便看不到。与此同时，殿堂楼阁中的塑像虽然置于龛台高处，在观者的仰视中，佛像的倾斜就转化成佛自然俯身向前的亲切慈祥感。

如果你细心观察，还能发现更多匠人的奇思妙想。试想，当你缓步踏入殿堂，目光不由自主地被两侧檐下那半掩的隔扇门所吸引，仿佛看见几个小沙弥正悄然步入。

这样的场景让人不由自主地遐想，门外是否还隐藏着更大的空间，藏着另一片未被探索的神秘天地，与殿内景致交相辉映。在这种想象之中，人的视野也随之豁然开朗。正如古人所说："景愈藏，景界愈大。"

高踞凤凰山巅，却依山守拙。小西天朴实无华的外观，与殿堂内浩渺无边的西

殿内佛像雕塑细节（徐劲松 摄）

方极乐世界似乎很不协调。但聪明的设计者根据以小见大、以巧补拙的原理，以微缩景观解决了所要表现的主题，并以巧妙的组合衔接，多层面、多角度的精心构造，使"西天胜境"之意达到了尽善尽美的境界。

用隰县当地一句民谚来形容小西天非常恰当："红心萝卜——内秀。"真正的美，往往不在于外在的华丽，而在于内在的深邃与丰富。这不仅仅是一座建筑，更是人

生哲理的深刻体现。

在四十多年的工作生涯里，我的角色在这里不断变换。从最初的门票售票员，到后来穿梭于古刹之间的巡逻者，用镜头捕捉这里每一个细节变化，再到成长为小西天历史文化的探索者与研究者。我对小西天了解得越多，我们之间的缘分就越发深厚。

在这里，我参与了小西天从建所至今的历次保护和修复工作，撰写了《小西天》《小西天志》《人间乐土隰县·小西天佛教彩塑艺术》等书籍，曾亲手抚摸过那些历经沧桑的文物，感受过它们传递千年的文化。

然而，守护这样的艺术瑰宝并非易事。

小西天建于湿陷性黄土之上，这种地质在雨季时极易因受到雨水的冲刷而形成塌陷，对文物造成损毁。

20世纪90年代的一场暴雨，让我至今记忆犹新。那时，大雄宝殿西北角损毁严重，我和同事们拿着塑料布爬上房顶遮雨，生怕雨水对文物造成不可逆转的损害。那一刻，我深刻地体会到了守护者的责任与使命。

从那以后，一到阴雨天，我的心就悬了起来，就得跑到小西天来看一看，检查下水道口是否有树叶、树枝的遮挡，确保排水畅通。这种担忧和忙碌已经成为我生活的一部分。

除了自然因素外，小西天的保护还面临着其他挑战。

在大雄宝殿旁的文物修复室内，有6个大柜子，里面摆放着五百多个从悬塑上掉落的小物件儿，大到整尊佛像，小到佛像上的配件。

在2014年至2018年历时5年的塑像修复工作中，

殿内雕塑细节（徐劲松 摄）

已有大量构件被恢复至原位，但柜内保存的这些再无法"找到家"。这让我感到十分遗憾，因为悬塑构件一旦掉落，就很难找到原先的位置。尽管如此，我和同事们仍然尽力保存着这些碎片，希望有一天能够找到它们的归宿。

《黑神话：悟空》的火爆给隰县小西天带来了关注度的提升和客流量的增加。每次和游客交谈时，我都能感受到他们对文化的敬畏和对历史的尊重。他们静静地聆听我的讲解，时而点头赞同，时而露出恍然大悟的表情。那一刻，我深感自己的付出是有价值的，因为我不仅仅是在传递知识，更是在传承文化。

我希望游客能够欣赏到满堂悬塑的精湛艺术，感受到每一尊佛像所传递出的历史文化信息，领略到小西天建筑风格之美；我希望通过自己的努力，让更多的年轻人了解并爱上小西天，从而让这处具有极高艺术价值和历史文化价值的寺院得以保护和延续。同时，我还希望游客们能够在欣赏美景的同时，更加关注和尊重文化遗产，共同为保护和传承这些宝贵的历史文化遗产贡献力量。

殿内雕塑细节（马毅敏 摄）

广胜寺：

塔我相应

马毅敏
山西省摄影家协会副主席

　　这座香火极盛的寺庙在北魏灭佛运动后，由盛转衰。及至唐朝，中书令郭子仪上奏牒文复建，唐代宗执御笔，写下"大历广胜之寺"的匾额，得皇家偏爱的广胜寺再次兴盛，直至金末贞祐之乱又毁于兵火。时局稳定后，广胜寺开始新一轮的复建，可不过半个世纪，竟毁于地震。

　　历次修葺，工匠们积累了宝贵的建筑经验，我们如今看到的水神庙（明应王殿），便是大德九年（公元 1305 年）的成就。

　　我的家乡是山西洪洞县，那里有我童年最美好的回忆。儿时，无论是大槐树下乘凉的悠闲，还是广胜寺庙会上的热闹，都如同一首首美妙的诗歌，萦绕在我的心头。

　　那时日子恓惶，远行没有车马，外祖母踮着小脚在山路上晃晃悠悠，一同晃悠着的还有我手里的糖葫芦。路有多远，外婆讲的故事就有多长。"相传小偷偷走了广胜寺的宝物，看官兵来追,情急之下便把宝贝埋在一棵枝头向南的柏树下。等风声过了,小偷来寻,只见满山柏树枝尽南向,只能空手而归。"我长大后见过很多地方的柏树,但广胜寺的柏树,依旧是最神秘的。

走进广胜寺的大殿,香客芸芸,大多是黑色、灰色、蓝色的装扮,与佛像上亮晶晶的装饰形成鲜明的对比。尽管佛像上积了不知多少年的尘土,但丰富的色彩扑入眼帘,我的心也被他们身上那飘逸的绸带拂动了。目光再往上,只见菩萨面部白一块、灰一块,嘴唇却红艳如新,像昨天刚绘成的。

离家求学后,每回探亲,我都要到广胜寺转转。闲坐于飞虹塔下,山间的鸟鸣与塔上的风铃声从耳朵灌入身体,心情异常宁静。现在人们常说"磁场""量子纠缠"等,或许我与广胜寺之间有着某种难以言喻的缘分,否则为何一来此,便能沉静下来,什么都不想,什么都不做,却感觉心里满满当当。

飞虹塔(马毅敏 摄)

再后来，我成为新华社记者，那时候满腔热情，想让世界看到我的家乡。山间的桃花开了，我拍桃花丛中的飞虹塔；霞光满天，我拍夕阳下的飞虹塔……每一幅画面都凝聚着我对这片土地的热爱。

筹备出版《中国广胜寺》（中英文版）时，我汇总出数千幅照片，真有些意外。随后，整理工作变得异常作难，哪张都好，哪张都舍不得筛掉，我只好把图片全洗出来，整齐地摆放在桌上，再选出最能抓住眼球的。

这本画册一经问世，便收到来自全国各地读者的反馈，看到那些真挚的话语，我心里很是满足。同年，这本书获得"亚洲最佳图书奖"。彼时，我觉得心愿已达成，对广胜寺的关注可以告一段落了。过了五六个月，我察觉到自己还是肤浅了，再拍广胜寺，仍有新的发现与感受。如今，围绕广胜寺拍摄已经持续四十余年，年过花甲的我终于明白"广大于天，名胜于世"并非虚言。

广胜寺始建于东汉建和元年（公元147年），是中国历史上出现较早的寺庙，原名"俱卢舍寺"，因存有佛骨舍利，又称"阿育王塔院"。相传，佛祖释迦牟尼圆寂后，结8.4万颗舍利，传入我国的仅有19颗，广胜佛塔正是为供奉佛骨舍利修建的。

这座香火极盛的寺庙在北魏灭佛运动后，由盛转衰。及至唐朝，中书令郭子仪上奏牒文复建，唐代宗执御笔，写下"大历广胜之寺"的匾额，得皇家偏爱的广胜寺再次兴盛，直至金末贞祐之乱又毁于兵火。时局稳定后，广胜寺开始新一轮的复建，可不过半个世纪，竟毁于地震。

历次修葺，工匠们积累了宝贵的建筑经验，我们如今看到的水神庙（明应王殿），便是元代大德九年（公元1305年）的成就。

此处最为人称道的是元代壁画，被誉为"广胜三绝"之一。

下棋图壁画（马毅敏 摄）

不同于传统宗教题材，这里重点反映市井生活。士农工商、男女老幼、天神鬼差汇聚一堂，他们各得其乐，可见，什么样的日子都能让人们过得很逍遥。

西壁右上方是捶丸图（又称"打球图"），球，"求"也；下面画对弈图，又称"下棋图"，棋，"祈"也；东壁左下方绘售鱼图，售鱼，"授雨"也；连起来便是"祈求授雨"。

若觉此处谐音梗过于直白，那外墙的天王图的确更耐琢磨。这两幅巨型人物画像没有题字，只能通过兵器来辨认身份，手持长剑的是东方天王，持弓箭的是西方

飞虹塔北侧二层琉璃雕饰（马毅敏 摄）

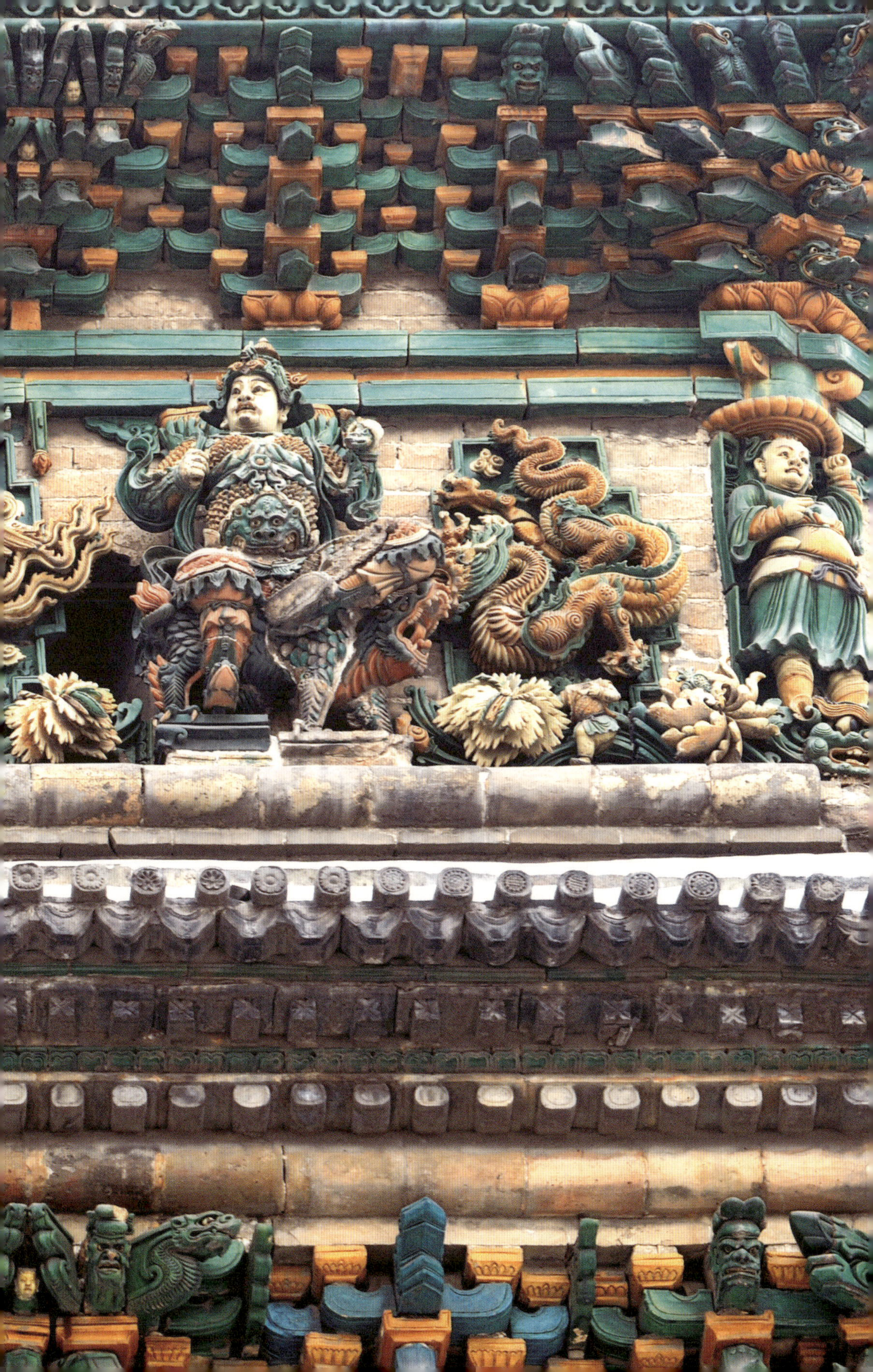

天王。

　　天王身边各立侍者，其中着黄衣的那位，手指抵在咧开的大嘴上，双眼圆睁，这模样，怎么越看越像壁画中的明应王？再看落款：画工商文远。且看天王脚下那一通小碑，我还真没在哪儿见过碑刻挡住大门的。碑文如下："照近赵王廷琅将壁水等石尽行掀去，将渠淘深，水流赵八分有余，洪二分不足，致旱田苗，国赋民食，两无资赖。告府，委徐知县勘明，定立陡门，卷照今赵刁恶不改，祈怜民命，委廉官立碑……仰平阳府查报……"这通碑立在商画师脚下，明摆着说他是"刁恶不改"的代表，这可真出乎意料呢！

　　从明应王殿绕出，只见霍泉如沸，水尤清冽。在2023年，霍泉灌溉工程入选第十批世界灌溉工程遗产名录，也是我国第一个以引泉自流灌溉为特色的世界遗产项目。拾级而上，满山扭柏间，偶尔有松鼠穿梭。约莫半小时的脚程，就与举世无双的琉璃宝塔——飞虹塔相会了。

　　如今的宝塔是明代重修的，工程持续了整整12年。人们常说"彩云易散琉璃脆"。这座近50米高，从内到外、从头到脚被琉璃包裹的宝塔，在五百余年风雨中扛住了大大小小10次地震，甚至经历康熙年间的八级强震后，依旧岿然不动。据《赵城县志》记载，"城郭房舍存无二三"，可见它足以坚固、精巧。

　　广胜寺属禅宗道场。禅宗有句话："圆同太虚，无欠无余。"圆满，在我理解是不多不少、恰恰好的微妙状态。而广胜寺的多次重建与修葺，正是对"修道"的最好诠释。那一次次地震或许是在检验主持修建的达连法师的"道行"深浅，看来，"世间好物不坚牢"不仅在乎材质，更在乎人心。

　　从宝塔穿出，来到弥陀殿，四壁摆着藏经柜，过去存放着"天壤间的孤本秘籍"——《赵城金藏》。这是一部刻于金代的大藏经，包含了金代及前朝从印度、西域取回来的全部真经，民间称"一切经"。

　　平阳一带，是金代北方刻印中心，虽有材料之便宜，如"绛州之墨，蒲州之油"，又有为避兵火从汴京迁来的刻印工匠助力，但这部经书的刻印，仍历经四十多个春秋。该经书是当时我国卷帙最多、雕印最难的一部佛教经典总汇，共六千余

飞虹塔内明代彩塑及琉璃藻井（马毅敏 摄）

万字，也是目前存世最完整的一部佛教三藏。

1933 年，著名高僧范成法师来此游历，发现《赵城金藏》并将失传多年的经论公之于众，中外佛学界为之震动，广胜寺再一次"名胜于世"。而这一举动，又引出广胜寺上寺住持力空法师与八路军艰难护宝的一段佳话。道路虽曲折，但功夫不负有心人，最终这部佛教大藏经被保存了下来。

上寺最后一殿，是"天中天"，这里的壁画绘制于明代，主题是"十二圆觉"。不若水神庙贴近生活、生动活泼，这些菩萨大同小异，以前我也看不出什么门道儿。

记得一次补拍工作，从这儿出来直接进入下寺的大雄宝殿。这里原先也有壁画，如今存于美国纽约大都会艺术博物馆。望着空旷的土墙，画师小小的笔，竟要如何填满？画花鸟容易，画人物难，让佛像既有人味儿又有仙气儿难上加难。那天，我因长时间低温工作，行动有些迟缓，头脑也僵住了，一时想不起来要做什么。呼吸吐出的白雾中，我联想起画师们专注描摹的情景，他们的视野由专深扩向宽广，光影的流转、笔触的角度，都成为呈现佛像神韵的一部分。

回头再看十二圆觉菩萨，近处欣赏，每一位都流露着友善随和的神态；远观纵览，又不失端庄威严。《圆觉经》归属华严宗，重点是讲"见性成佛"。我伫立良久，忘了怨天寒、叹辛苦，殿外冰天雪地，此身仿若置身华严境界。执笔绘心，数百年过去，这些画仍有撼动心魄的力量。大匠诲人，如果世界上真的有神，神定是人性光辉力量的化身。这一闪念的感动，使我开始关注造像，而弥合肉眼所见和让机器如实表达的路程，又走了很久很久。

2023 年年底，我主编的《中国广胜寺》（中日文版）付梓。2024 年，在平遥国际摄影节，我再次登上领奖台，捧着摄影节组委会颁发的"优秀画册奖"奖杯时，满堂喝彩已经不那么重要了。

台上一分钟，非一朝一夕，四十余年中的拍摄，都是品位。意境在，就是享受。我也希望能尽己所能，重现诡秘繁复、群神相聚的曼妙胜境，追溯或焦墨薄彩或重彩勾填的丹青妙手，从形而下参悟到形而上……如果观者在欣赏后能够升起清凉、平和、愉悦之感，那么我将由衷地感谢读者朋友，与我如此心意相投、塔我相应。

广胜寺：塔我相应 | 讲述篇

天中天殿内的元代彩塑（马毅敏 摄）

铁佛寺：

明代彩塑特例中的特例、异类中的异类

曹旭 文史研究者

说来惭愧，20世纪90年代，我曾因公私多次出入山西上党的长治市和晋城市，却从未听闻过高平铁佛寺。多年后，随着国内文化游和研学游的逐渐兴起，因踩线与讲解的需要，方才走进铁佛寺一睹真容，并被它深深震撼。直到《黑神话：悟空》出世，这份震撼在无数入晋的"天命人"那里找到了共鸣。

记得，第一次去铁佛寺，是赶着大清早，从晋城的高平市区到近郊的米西村口，行车将近半个钟头。沿着村路三弯两拐以后，不多时，就看到了铁佛寺的檐墙背面，左邻右舍皆为民居，我怀着期冀紧提几步转到正面，才发现铁佛寺是典型的坐北朝南布局和东南辟门形制。我轻敲大门说明来意后，随着文保员的引导，面积不算太大的单进四合院落呈现在眼前。略过倒座及两厢房，迎面就是正殿前檐，三开间的小面阔和双昂无抄、双琴面昂的斗拱形制展现出晋东南地区的旖旎古建风貌。细看檐下的题记和碑刻，乃知正殿为金代大定遗构并历经多次重修，而殿内彩塑应为明代嘉靖时期的

释迦牟尼及部分二十四诸天彩塑（郭国伟 摄）

遗作。

走进铁佛寺的正殿，看到满堂的明代彩塑，我们会在刹那明白，什么叫明代彩塑特例中的特例、异类中的异类。在铁佛寺略显扁长的正殿内，七十平方米左右的空间中，回字形布局的中央以及四周，布满了题材多样的彩塑造像。这里有"华严三圣""倒座观音"，还有"胁侍菩萨"以及梁架悬塑等。可惜的是，因盗窃损毁、年深日久等原因，大多数彩塑或面部暴露泥胎、或头部完全缺失、或手部局部残损。好在最为让人震撼的二十四诸天群像在一定程度上得以整体保存下来，并以明代彩塑绝唱绵延回响至今。

铁佛寺最具综合价值的艺术遗存，就是那二十四诸天群像。二十四诸天群像以东西两列且左右对称的方式被布设在两山面槛墙处的佛坛上，一米左右的佛坛使得两米左右的彩塑在有意无意间展现出超等身的震撼效果。

这些年来，十余次走进铁佛寺，我和身边的许多朋友，对铁佛寺都有相似的感受，那就是，每一次欣赏铁佛寺的二十四诸天群像，除了超等身诸天所带来的直逼心魄的震撼，无论从时间和空间还是从宏观和局部来看，都会有不一样的感悟。面对二十四诸天群像，我们既能看到秦汉时期的意向性写实主义风格，也能看到宋、明两朝的世俗化写实主义特征；既能看到南北朝时期河西彩塑空间布局之遗风，也能看到宋、元、明三代中原彩塑神祇布列之必然；更遑论诸天群像所高度呈现的身形与容姿的夸张主义和浪漫主义兼备、表情与装饰的怪诞主义和炫技主义相融的艺术风格，以及传统文明由三教争立到三教合一所演变发展的礼制文化。如女性诸天塑像的服饰和男性诸天塑像的甲胄，以及其纷繁复杂的沥粉、贴金等精美工艺，都体现了这一艺术成就。

我们在参观时，需要从互相掩映的诸天群像中仔细辨识并深度探究，方能真正领会母艺术、母文化及历史的博大厚重、源远流长。

进入大殿，东侧第一尊和西侧第一尊塑像，分别为"昭惠真君"和"崇宁真君"。两尊塑像的盔甲均展现出山文甲的风格，"昭惠真君"的头部佩戴着三山帽，"崇宁真君"的腰部装饰着具有明代特色的鹘尾叶。从这两尊塑像我们可知，秦汉时期的秦始皇陵兵马俑和霍去病墓石雕像的意向性写实主义经过隋唐演变，已经转向了宋、明两朝的世俗化写实主义。

继续向北参观，我们会看到类似南北朝时期的河西彩塑空间布局形式，如河西石窟的塔庙窟、印度石窟的窣堵坡形制。经过隋唐以及五代十国时期的演变，宋、元、明三代的中原彩塑神祇布列方式彻底形成，包括中轴布局、左右对称、中心拱卫和分层布列等。正是在这样的历史背景下，我们得以见证那些令人惊叹的、高度夸张甚至带有怪诞主义色彩的身形和容姿。

西侧第四尊塑像为"散脂大将"，是佛教护法金刚，也是药叉群体至尊。散脂大将与其他众多男性诸天塑像，以其狰狞的面容、肌肉的凸起以及繁复的装饰，展

崇宁真君彩塑（阮桢鹏 摄）

现出夸张与怪诞、狞厉与张扬的风格，在铁佛寺中独树一帜，即便在全国范围内也极为罕见。这类风格特征并非凭空而来，有着深厚的历史渊源。早在唐朝以及辽金时期，山西的寺观彩塑和壁画中便已广泛流行此类艺术表现手法，如佛光寺东大殿的唐代天王擒妖图壁画、华严寺薄伽教藏殿的辽代天王彩塑，以及佛宫寺释迦塔的辽代天王像金刚图壁画和崇福寺弥陀殿的金代天王彩塑等。

散脂大将塑像以其独特的艺术风格，与山西及中原各省的大多数明代彩塑形成了鲜明对比。特别是其面部特征，环眼怒睁，嘴巴咧开几乎占据了整个面颊，鼻根几乎被挤没，加上颧骨的异常突出和斜视的眼神，创作者将夸张、怪诞与浪漫主义完美融合，展现了丰富的想象力和精湛的技艺，令人叹为观止。塑像身上的装饰则集合了唐、宋、明三代汉甲的佩帛、护膊、绣衫、抱肚、腰裙，以及山文甲与鹘尾叶等元素，细节丰富，观赏性极强。

如果说"散脂大将"的怒发冲冠展现了铁佛寺造像艺术中铁艺的独特风格，那么帝释天以及其他男性诸天塑像的火焰纹头光装饰则巧妙地融合了上党地区丰富的煤铁资源与当地精湛的民间工艺，并将这一结合展现得淋漓尽致。铁佛寺的头光铁艺，作为山西地区从唐代至清代寺观彩塑的装饰材料、造型及效果的综合体现，展现了其独特的欣赏价值。从早期南禅寺藤条包泥贴金到后期铁佛寺行云流水的铁丝工艺，始终不变的是雕塑师们对造像艺术的极致追求。雕塑师凭借对普通炉冶铁丝柔韧性和延展性的认知和经验，通过上下起伏和前后交错的编织手法，辅以全镂空的技艺，将夏、商、周至南北朝及唐、宋、明时期的火焰、涡卷和祥云等元素表现得十分精致。

铁佛寺二十四诸天群像中除男性诸天塑像所传达的夸张和怪诞以外，"鬼子母"等女性诸天同样可圈可点，并且以"鬼子母"为代表，同样展现出传统文明由三教争立到三教合一所演变发展的礼制文化。如"鬼子母"原本的食子恶鬼形象被儒家文化进行了浪漫主义改造，呈现给民众的是"送子女神"和"儿童护法"形象，并以端庄温婉的气质示人，所弘扬的是华夏文明"己所不欲，勿施于人"的传统美德。这也许就是铁佛寺在明代彩塑群像的极致美和超凡美之外，带给所有参观者的深刻

讲述篇

铁佛寺：明代彩塑特例中的特例、异类中的异类

散脂大将彩塑（马毅敏 摄）

启悟。

　　铁佛寺的明代彩塑群像精湛绝伦和超凡脱俗的特质以及其所展现和映射的内涵，难以用言语完全表达。这些彩塑历经岁月的洗礼，至今仍被视为艺术的巅峰之作。我们坚信，随着时间的推移，铁佛寺将继续承载着人们的期望，持续地传唱其不朽的华章，让更多华夏子孙领略到其永恒且深远的文化韵味。

汾城古建筑群：

在古建筑面前，
古人要比修缮者"聪明"

王春波 汾城古建筑群修缮设计项目主持人 山西省古建筑与彩塑壁画保护研究院研究馆员

　　漫步在古城与城南，老字号商铺、明清时代的老宅随处可见，尤为可喜的是，这里至今仍保存20世纪50年代特征鲜明的商店4座，与周边的明代古城融为一体，形成晋南古城的鲜活生活画面。

　　宏伟壮观的庙宇殿堂、玲珑精致的民居小院，每一座建筑都是一段历史的记忆，每一块砖石都承载着过去的故事。这些年来，我往返汾城古建筑群上百次，对这里非常熟悉。它就像我的一个老朋友，通过它，我可以详细了解晋南地区数百年的历史和文化。

与它相识，已有20年之久。
足迹踏上这片土地已有百余次。
它是我最熟悉的一位老朋友。
它就是中国明代县级城市的活化石——汾城古建筑群。
汾城内的古建筑群以明清时期的建筑风格为主，有城池

讲述篇

汾城古建筑群：在古建筑面前，古人要比修缮者"聪明"

汾城城隍庙全景（阮祯鹏 摄）

（城墙、城壕）、县衙、文庙、关帝庙、城隍庙、社稷庙、鼓楼、洪济桥等。同时，民居、商铺、米醋作坊、书院遗址等建筑保存至今并相对完好，堪称奇迹，是我国少有的保存完整的明代县级城市。

我第一次走进汾城古建筑群是2004年，那时的景象与现在截然不同。我走街串巷，寻迹其间，能够感受到汾城昔日的富足和繁荣，也能感受到曾经的厚重与沧桑。

历史上记载，汾城周边有24个村堡。明朝末年，旱灾频发，百姓困苦，盗匪兴起。太平县（汾城镇原是明清时期山西省太平县的县城）"每村给仓谷数十石"，命各村修筑堡城，太平县城墙就是在这个时期重修并包裹青砖外墙的。

城隍庙拜亭（阮桢鹏 摄）

讲述篇

汾城古建筑群：在古建筑面前，古人要比修缮者"聪明"

这些城墙和村堡依自然地势砌筑，最大限度地利用自然地形高差，反映了当时冷兵器时代军事防御作战体系思想与军事建筑艺术的融合。比如，城墙上设置凸出墙体的马面，为守护城墙的士兵提供了多个射击角度，可有效阻止敌兵攀爬；西城墙外的自然河道为原城外的护城河，属于阻止敌军的第一道防线；目前已经消失的城门楼与四角角楼，既起到军事瞭望的作用，又形成了完美的城市天际线。

参与汾城古建筑群修缮项目后，我们首先从修复城隍庙开始。

城隍庙创建于明初洪武二年，后屡有重修，是每年四月当地庙会的重要场所，庙外房屋达一百多间，繁华程度可见一斑。城隍庙现存总占地面积3200平方米，中轴线上除寝殿不复存在，基本保存完整，现存共计14座构筑物。

城隍庙牌楼建筑式样的山门正面上书"显佑伯"，这是明洪武二年朱元璋敕封全国各县级城市城隍庙城隍神的正式名称，是监察司民城隍显佑伯正四品的由来。城隍是保护城市的护佑神，拥有监察腐败和维护社会正义的权力。城隍庙的历史可以追溯到古代的城墙和护城河祭祀。

勘察测绘与研究是文物保护最关键的一步，是保护修缮最基础的工作，也是保护修缮好的先决条件。

当时作为粮站使用的城隍庙大殿，堆放着与梁架齐平的小麦。为防止虫害，殿内充满了刺鼻的药剂味道，我们工作二三十分钟就需要出来换换气。

在勘测过程中，我们发现了许多有趣的历史痕迹。比如，城隍庙的大殿曾作为粮站使用，存放粮食多了，就容易把墙体挤塌，所以人们对外墙进行了加固；为了防潮，粮库的地下都要埋一层煤，然后再铺上砖或者水泥；为了防止屋面漏雨淋湿小麦，每年粮站工作人员都要对屋面进行修补、勾抿瓦垄。那些曾在粮站工作的人们不一定了解古建筑的历史价值，却在无意中保护了这些建筑。

历史痕迹有时也像一面镜子，折射出古时候民众生活的历史画面。

在测量时，我发现城隍庙戏台前广场地砖分布、排列的形式不一样，而且还留存搭设遮阳棚立杆的位置，由此可判断，当时划分出了男女观众区及名流士绅的区域，等级之分较为严格。这是我国目前现存最早、唯一保留的古代戏台观众区遗迹。

城隍庙戏台（张旦 摄）

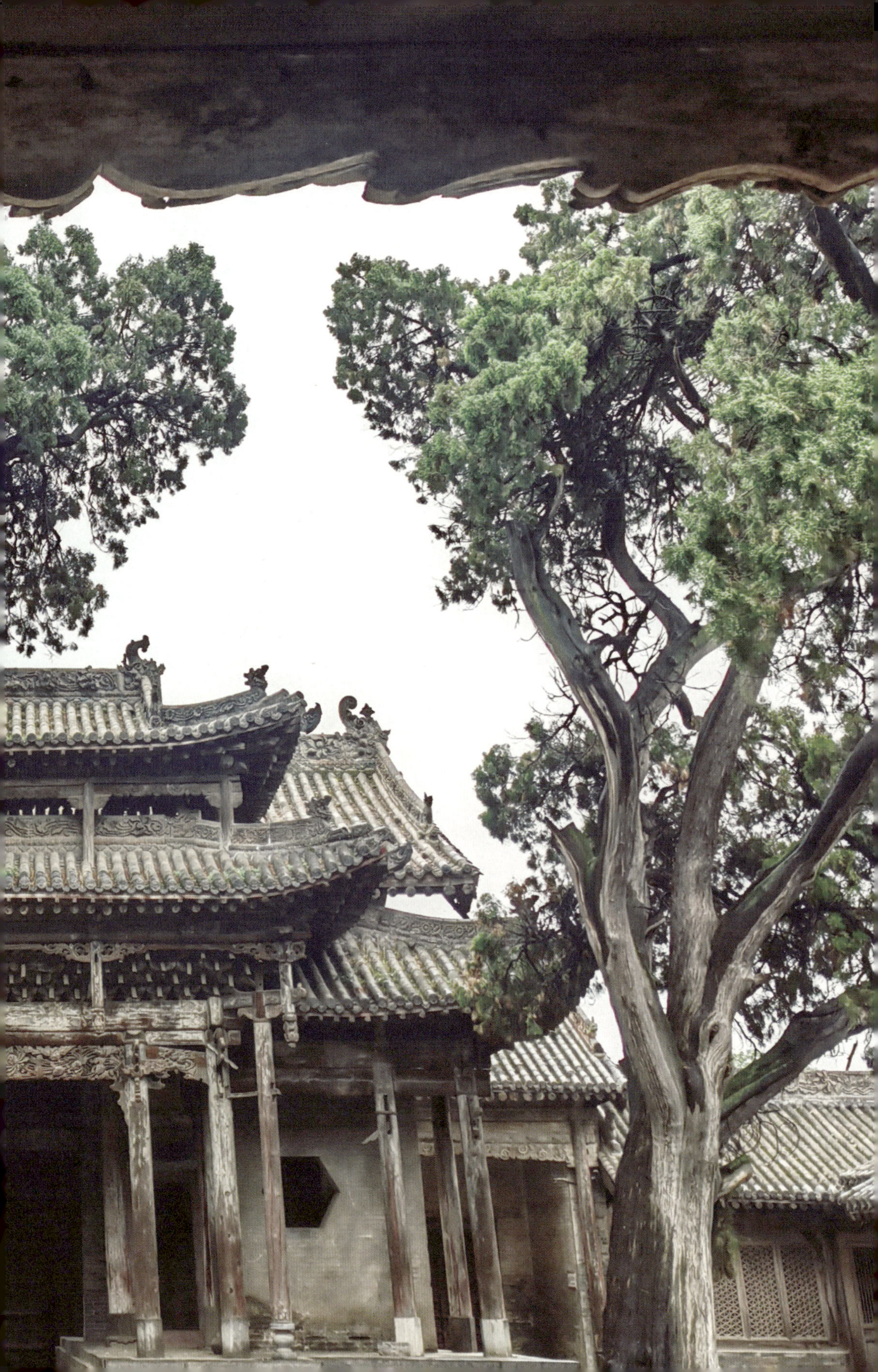

除了建筑本身，我们还关注这些建筑背后反映出的历史信息。如文庙是古代城市除城池、衙署之外的另一主要建筑标志。今天，如果在某些乡镇看到文庙这一古迹，那就说明这里在历史上曾经是县城的所在地。

汾城古建筑群的太平县试院是旧时科举考试的考场，在古代城市中也是必有的公共建筑，目前全国仅两处，山西省仅存这一处，极为珍贵。贵州省安龙县清代兴义府试院独缺考试场所，而太平县试院仍保留试院的最主要建筑——考场，古代名为号舍，实为难得。太平县试院西号舍面阔15间，总建筑面积462平方米，可容纳450名考生，每间可容纳考生30名，垒砖为桌几，平均每个考生仅占面积0.88平方米，不足1平方米，可见其拥挤程度。

除此之外，商铺与民居建筑也是古代城市建筑的重要组成部分。漫步在古城与城南，老字号商铺、明清时代的老宅随处可见，尤为可喜的是，这里至今仍保存20世纪50年代特征鲜明的商店4座，与周边的明代古城融为一体，形成晋南古城的鲜活生活画面。

宏伟壮观的庙宇殿堂、玲珑精致的民居小院，每一座建筑都是一段历史的记忆，每一块砖石都承载着过去的故事。这些年来，我往返汾城古建筑群上百次，对这里非常熟悉。它就像我的一个老朋友，通过它，我可以详细了解晋南地区数百年的历史和文化。

回想起当年，我与团队在修复汾城古建筑群里那些古老的商铺、民居时，遇到了不少挑战。我记得有一位三十多岁的年轻房主，他的房子外包青砖，内为土坯墙体。他不同意我们按照传统方式修复，坚持要全部拆除改砌现代砖墙。那位房主非常固执，甚至拿起铁锹就要开始铲自家的老墙，我说他是破坏文物，并让同事拍摄记录他的行为，这才让他冷静下来听我们劝说。

那些日子真的很艰苦，我们住在乡镇的招待所里，大通铺，条件非常简陋。但即便如此，我们依然坚持了下来，大家都对文物保护充满热情，

讲述篇

汾城古建筑群：在古建筑面前，古人要比修缮者"聪明"

因为我们深知这些古建瑰宝的价值和意义。

事实上，每一代人都在以自己的方式默默地守护着这片土地。

汾城古建筑群的洪济桥目前仍是城外村庄通往汾城镇的主要通道之一，修缮时为保证原石铺地面的安全，我们在其上方铺设了石板路面，将那些珍贵的历史痕迹留在下方。我们希望通过最小干预的保护方式，让每一代人都能感受到历史的痕迹。

在编制修缮设计方案时，我们始终坚持不改变文物、最小干预的原则。当遇到某个构件缺失的部分无法确认原状，但又不影响文物安全时，我和工作人员通常采取现状保留方式。例如：城隍庙山门上的鸱吻仅存下半部，上半部鸱吻的尾部缺失，修缮时仍保留残缺的现状，而不是盲目补缺。

我们的目标是在不损伤古建筑原有风貌的前提下，进行最低限度的干预，让历史的痕迹得以保留。干预得越多，损失的历史信息就越多。

那些明代的砖瓦，每一块都留有匠人的"印记"。如果我们用现代的砖瓦去替换，那么这些珍贵的历史信息就会消失，哪怕是破碎的半截儿砖。同样，宋代的几何纹砖、辽代的粗纹砖、汉唐的绳纹砖，它们都是有文化含义的砖，而不是普通的砖，这些都是我们研究历史、读懂历史的重要线索。

在与学生的交流中，我经常强调一个观点：进行文物建筑修缮时，我们必须认为自己是"最笨"的，古人是"最聪明"的。因为他们的建筑结构及做法是一种时代特征的表现，每一个时代的建筑都有每一个时代的结构形式，建筑的做法又与生产工具有所联系，都蕴含着时代的智慧。我们不能轻易改变这些历史痕迹，而应该尽量保留原貌，让后人能够继续研究和传承。

我也注意到，有些地方出于安全或美观的考虑，对古建筑进行了过度干预，重新砌筑或更换成新木构件，这让我深感痛心。就好比送你一幅古画，但古画上又被重新描了一遍，缺失了原有的历史、艺术价值。

随着汾城古建筑群的知名度越来越高，也面临一些新的问题。例如：游客的增多给文物保护带来了压力，一些原本不受重视的细节现在也需要更加谨慎的处理。还有汾城古建筑群的环境卫生和公共设施问题，我希望当地能够加大对古建筑保护的投入，增加维护人员和经费，确保这些珍贵的文化遗产能够得到持续有效的保护。

文物保护是一项长期而艰巨的任务，每一代人都有自己的责任和使命。希望未来能有更多的人关注并参与到文物保护工作中来，让这些珍贵的文化遗产得以传承和延续。我相信，只要我们每个人都尽自己的一份力，像汾城古建筑群这样的珍贵遗存一定能够得以保存和传承，成为连接过去与未来的桥梁。

汾城，不仅仅是一座城，更是中国古代城市规划和建筑艺术的代表。它是岁月深处的瑰宝，是历史的见证。我有幸与它相遇，它让我收获良多，也让我更加热爱山西这片古老又神奇的热土。同时我也有责任尽我所能，保护好古人留给我们的瑰宝，让这些凝固的历史重新绽放光彩。

"鉴察坊"牌坊（张旦 摄）

讲述篇

汾城古建筑群：在古建筑面前，古人要比修缮者「聪明」

福胜寺：

"渡海观音"悬塑的不朽风华

解玉霞　福胜寺文管所原所长

当我站在那尊被文物界专家誉为"中国最美的菩萨"的"渡海观音"悬塑前时，我的心灵被深深地震撼了。她站立于波涛汹涌的大海之上，面容慈祥而宁静，目光深邃而温柔，仿佛在静静地注视着我，聆听着我内心的声音。她的身上，散发着一种难以言喻的慈悲与智慧。

那时，我不曾想到，我将在这里值守整整21年。

山西，这片古老而神秘的土地，其丰富的文物资源尤其是古建筑遗产，在全国乃至全世界都享有盛誉。在这片土地上，元代以前的早期木构建筑数量之多，令人叹为观止，而这些古建筑中的彩塑、壁画等艺术瑰宝，更让山西享有"中国古代彩塑壁画艺术宝库"的美誉。

而我，有幸在这片土地上，邂逅了新绛县福胜寺，那颗在时光长河中熠熠生辉的明珠。

2000年，那年我33岁，第一次走进福胜寺，走进这个始建于北齐天统年间（公元565—569年），距今一千四百多年的寺庙。那时的福胜寺，有些破败，尽是历史的痕迹。一砖一瓦、一草一木，都似乎在诉说着这里古老的故事。

我记得，那是一个晴天，寺中静谧无人，我沿中轴线步行而入，缓缓前行，心中充满了期待与好奇。

钟、鼓二楼分峙于天王殿两侧，中轴线自南向北依次有山门、天王殿、弥陀殿、后大殿，两侧有十帝阎君殿、三霄娘娘殿、东西配房、厢房及廉颇、蔺相如配殿等建筑，井然有序。

穿过天王殿，沿中轴线走过清乾隆丁酉年间修建的牌坊，顺着十三级台阶而上，就到了寺院的主建筑弥陀殿。弥陀殿有宋、辽、元、明时期的彩塑20多尊，主尊阿弥陀佛，二胁侍菩萨观世音、大势至分立两旁。

十六罗汉中，10个佛头已被盗窃，佛身用布蒙起来，在整个大殿中显得有些刺眼。这些曾经庄严慈悲的法相，如今却只能以残缺之姿静默守候。风，轻轻掠过蒙布的边缘，带起一丝不易察觉的颤动，剩余的罗汉雕像，它们的目光穿越岁月的尘埃，仿佛在等待着佛头的归来。

在尚存完整的塑像身上，还是能看得出塑工精湛，其中尤以主尊背后的"渡海观音"悬塑塑工最佳。"渡海观音"悬塑的左上角部位有一题记，上写"元至治二年六月十三日工毕"，记述了此组悬塑制作的年代为元代，公元1322年。

当我站在那尊被文物界专家誉为"中国最美的菩萨"的"渡海观音"悬塑前时，我的心灵被深深地震撼了。她站立于波涛汹涌的大海之上，面容慈祥而宁静，目光深邃而温柔，仿佛在静静地注视着我，聆听着我内心的声音。她的身上，散发着一种难以言喻的慈悲与智慧。

那时，我不曾想到，我将在这里值守整整21年。

运城新绛福胜寺元代彩塑"渡海观音"（马毅敏 摄）

在这里的第一年，我邂逅了形态灵动的奇妙神祇

福胜寺是不对外开放的文物保护单位，从2000年到任，直到2021年退休，我没有遇到过游客，陪伴我的只有守门人范师傅夫妇，还有一条大黄狗。

一年又一年过去，我望着"渡海观音"悬塑，她也年复一年地看着我，她看我从青春走向成熟，而我，似乎也从她表面的形态美，看到了艺术的逻辑美，听到了古代工匠对美的理解和诠释。

在这里的第一年，我站在观音菩萨的脚下，仰望她那端庄秀丽的面容。她的衣裙随风摇曳，身上的环钏、璎珞在阳光下闪闪发光，由朝天犼神兽驮承，由远而近徐徐飘来。而观音菩萨身旁的善财童子，更是让人忍俊不禁。他那天真无邪的笑容、肉乎乎的小手和脚丫，栩栩如生，仿佛在你耳边轻声细语，讲述着跟随观音菩萨修行的故事。

目光转向观音菩萨的两侧，一股威严与勇猛的气息扑面而来。那两尊三头六臂的明王，脚踏风火轮，怒目圆睁，就像是守护神一般，守护着这片土地，尤其是其中一尊白发白肤的明王，他手持法器，脚下踩一蛇，令人望而生畏。这尊白发白肤的明王形象后来也成为《黑神话：悟空》中的人物形象原型。

第一次听说《黑神话：悟空》是在退休后，这个我守了21年的福胜寺，在"悟空热"的带动下，要开门迎客了！福胜寺从"藏在深闺人未识"的文物景点变为网红打卡地。我内心有一个声音呼之欲出，"这样的美，终于可以被更多人看到了！"一千多年前福胜寺人流如织的画面，终于不再是我脑海中的想象，这或许也将成为新绛文旅业"出圈"新的方式。古代工匠们的精湛技艺和这些艺术珍品所传递的慈悲、智慧与勇敢的精神将感染更多的人。追忆过去的岁月，多年的坚守因为这一变化，变得更加有意义。

后来的很多年，我看到了"和而不同"的艺术之美

这么多年里，弥陀殿我不知踏足过多少次，随着工作的日久，我对"渡海观音"悬塑的精美也理解得更加深刻。她给我的震撼不仅仅是形象之美，还有那构图布局和色彩搭配下的意蕴悠长。

"渡海观音"这组悬塑在布局安排上呈现上下呼应、左右对称之势，充分体现了我国传统雕塑的对称之美以及崇高、庄严、慈悲、典雅的佛教之风。"渡海观音"位于画面的中心，观音左侧身体微微弯曲，垂肩抬手，将婀娜的体段在含蓄中展现，右侧舒展的体态造型用流畅的弧度线形，将海风吹拂衣纹的动态恰如其分地呈现出来。

正当我陶醉在这些生动的形象中时，一个细节引起了我的注意。为了保持画面的平衡感，工匠们巧妙地将"善财童子拜观音"移到观音的右侧，与左侧的"朝天吼"龙头形成呼应。这种巧妙的安排，既符合了对称美的原则，又增加了画面的趣味性和观赏性，又把善财童子得到菩萨点化后的喜悦之情表达得淋漓尽致。我不禁赞叹工匠们的智慧和技艺。

由此也能看出，"和而不同"是这组悬塑的一大特色。尽管中下左右两侧都有明王，但塑造的形象和颜色各不相同；中部左右都有假山，但假山的高度和形状各具情态。最下方左边塑龙王和龟将钻出水面迎驾，右边巧雕形似孙悟空的塑像，以保持画面的平衡感。

如果你是一个美术专业的爱好者或者学生，相信你一定像我一样惊叹这组悬塑在纵深透视感上的完美呈现。浅绿色的大海，一位身披红袍、慈祥和蔼、悲悯众生的镀金菩萨，脚踩白色祥云飘忽而来。身披红色官服的龙王和青色衣服的随从龟将出来迎接，整个画面构图和颜色形成强烈的对比，而红脸红肤、白衣白相的明王更增加了画面的神秘气氛。

而这些颜色，都是纯天然矿物颜料，色相丰富，且有着抗碱防霉性质。正因如此，我们才能跨越时空，看到古代画师将芸芸众生的情态，在有限的空间里娓娓道

福胜寺：「渡海观音」悬塑的不朽风华 | 讲述篇

运城新绛福胜寺元代彩塑
（马毅敏 摄）

来，其情亦真，其神动人。

正是，观音渡海照世间，渡海乘风救万难。云卷云舒天际远，万象丛中意自安。

二十一载守望，福胜寺于我，是文物也是人生

有人说，我的工作有些孤独。在福胜寺任职的二十一年间，绝大多数时间里，这里只有我和范师傅夫妇三人。我们需要整理收拾寺内卫生，配合文物部门工作，更重要的是保护好这里的文物。

有一次，有盗贼瞄上了我们这里，偷偷剪断了电话线，潜入进来。是啊，如此精美的文物，引得不法分子铤而走险。只听见一声犬吠，我和范师傅对视一眼，不对，大黄狗的叫声与平时不同，进人了！我们立刻抄起木棍和手电筒，循着犬吠声追了出来。我们仔细搜查可疑的角落，只看见一个黑影翻墙而去。

随后我们立即查看文物有无丢失和损坏，所幸大黄狗警觉，我们反应迅速，盗贼知难而退。在那之后，我们加强警觉，前后虽经历二十余次盗窃行为，但没有一次给犯罪分子可乘之机。

这些年最热闹的时候，要数中国文化遗产研究院来这里考察修复的那段日子。从2012年考察到2014年10月塑像修复完工，这三年算是福胜寺人最多的时候了。

河北的李福玲老师，黑龙江的王子义老师，大同的伊刚老师、李白云老师，还有海建宇老师、白雪老师、邰力钟老师……想起他们，就好像又回到了那个夏天。炎热的天气，他们登上架子对文物进行修复，不敢开大的风扇，每个人就手拿一个小小的风扇，一边靠小小的流动风纳凉，一边继续完成修复任务。每天天刚亮他们就起身开始工作，直到我下班，也没有结束。

在他们精心修复下，原本残缺、暗淡的浮雕、塑像恢复了昔日的光彩与生机。每一笔一画，都凝聚着他们对文化遗产深沉的爱与尊重。各位老师以其丰富的经验和精湛的手艺，总能在关键时刻提出独到的见解，解决修复中遇到的难题，让每一尊塑像的眼神、服饰都栩栩如生，充满了生命力。

那段日子，福胜寺内不仅充满了忙碌的身影，更洋溢着一种难以言喻的温馨与和谐。每当夜幕降临，大家围坐在一起，分享着一天的收获与感悟，那份对文化遗产共同的热爱与执着，让我们彼此间建立了深厚的友谊。

福胜寺：一"渡海观音"悬塑的不朽风华

讲述篇

运城新绛福胜寺大殿内的元代建筑及彩塑（马毅敏 摄）

二十一年，七千六百多天，我走过福胜寺的每一个角落，对于我来说，它给予了我精神上的滋养与成长，见证了我的成长与蜕变。每当我面对研究中的困惑与挑战时，这里宁静的氛围与深厚的文化底蕴总能给予我力量与灵感，我学会了在繁忙与喧嚣之外，寻找内心的平静与专注，将这份对文化遗产的热爱与执着转化为推动学术进步与社会发展的动力。

远方的朋友，如果你不曾来过这里，希望我的文字能让你"看到"它的美；如果你将要来到这里，希望我曾经的足迹能陪伴你，寻找到那些历史的记忆。

飞云楼：

我与"中华第一木楼"的三次亲密接触

李博
文博副研究馆员
文物保护工程监理师
太原市文物保护研究院古建保护部主任

　　在山西，古代楼阁建筑随处可见，主要分布于寺观庙宇、街巷路口等处。民间流传的一句话：山西楼阁精品建筑中有"南楼北塔"。"北塔"就是世界上最古老、最高大的纯木结构楼阁式木塔，与法国埃菲尔铁塔、意大利比萨斜塔齐名"世界三大奇塔"的佛宫寺释迦塔，也是人们俗称的应县木塔；"南楼"就是被人们誉为"中华第一木楼"的万荣东岳庙飞云楼也是今天的主角，让我三次以不同的身份，对其进行亲密接触的木结构古楼。飞云楼创建于唐代，毁于辽代，重建于元大德元年（公元 1297 年），重修于明万历四十五年（公元 1617 年）。

　　"南楼北塔"我有幸都进行过接触，而这两座建筑在我的人生中有不同的意义。应县木塔是我在大学时最早接触的古建筑，也是我了解楼阁式木结构建筑的启蒙，同时也是我人生中绘制的第一套测绘图纸。虽然当时绘制过程很艰难，但在"人生导师"的耐心指导下，历时三个月最终顺利完成，这次的测绘和绘图经历也为我以后接触飞云楼打好了基础。

讲述篇

飞云楼：我与"中华第一木楼"的三次亲密接触

当时对自己偷偷鼓励：一上手就是画全国结构最复杂的建筑，能不难吗？应县木塔都能画出来，还有啥能比它结构更复杂！

飞云楼是我参加文物工作两年后有幸参与的项目，第一次认识这座楼并不是在现场看到的实物，具体是怎么回事呢？我和大家慢慢道来。2009年年初我被单位指派到长治武乡县，对武乡会仙观文物保护工程进行全面监理工作。在这期间我接到了"人生导师"的电话："我这有个文物保护项目，其中有一个建筑结构比较复杂，你有没有兴趣参与？"当时我想：结构复杂？能比应县木塔复杂吗？肯定没有！便回复参与，但当时我还在其他工地现场工作，一时无法到飞云楼现场。不久他便寄来一套图纸，我打开后第一次看到了飞云楼。我仔细看着图纸，心想这个建筑结构与应县木塔完全不同，又是一个挑战。这套图纸是老一辈文物工作者测绘的，而且每一笔都是人工绘制的，细节满满。但是我没有看到实物，对其中很多结构不清楚，于是我在电脑上重新绘制了一套电子版图纸，并把不清楚的结构、尺寸都标注出来。因为我不在现场的原因，只能每天晚上进行，整整用了两个月的时间。绘制完图纸我自信满满，认为到现场只要对有疑问的地方进行标注和修改就行了。现在回想当时还是经验不足，最后的结果就是自以为是地画了一套勘测草图。（勘测草图：测绘时初步画出精确度不高的结构图纸，主要标注测绘尺寸的图纸。）

2009年6月武乡的工地因调整设计等原因暂时停工，我便请假到万荣对东岳庙进行测绘，这是我第一次与飞云楼进行亲密接触。我们接近东岳庙时，因附近高楼不多，在很远的地方就看见了这座"中华第一木楼"。当进入山门抬头仰望这座木楼时，有一种无形的压迫感，我们不停感慨古代匠人的智慧和工艺。

这座楼重建于明万历四十五年（公元1617年），清乾隆十一年（公元1747年）进行修葺，新中国成立后政府多次拨款维修。楼坐

山西 遇见 悟空

万荣飞云楼斗拱构件（马毅敏 摄）

讲述篇

飞云楼：我与"中华第一木楼"的三次亲密接触

万荣飞云楼的斗拱构件（马毅敏 摄）

北朝南，平面显方形，东西设墙，南北贯通。楼身三层四重檐，缠腰平座，二、三层四面出抱厦，楼顶为十字歇山顶。全楼总高近23米，四根永定柱通达顶层。因为楼高度的问题，我们只能先对其他建筑进行测绘，但是在休息和每天工作结束后，我都会到楼前仔细观摩、分析，与我的图纸进行对比，尤其是那些我标注的地方。其他建筑测绘结束后，我们所有人对这座木塔开始进行逐层勘测。在整个勘测工程中，我发现这和看图完全是两回事。图纸中有很多结构为正身绘图，重叠的地方并未能绘制出来。还有一些位置因外在原因及常年的结构变化，与当时绘制的图纸有很多出入，我们全部标注出来并重新绘制图纸。原以为在文博前辈的结果基础上，几天就能测绘完，而我们断断续续用了将近一个月时间才完成。通过这次勘测我们发现了这座楼从外立面无法看到的残损情况，例如一层多个单步梁下弯变形严重，内柱拔榫、开裂、糟朽情况，二、三层多个额枋挠弯、劈裂、铁箍松动等，这些都是时间留下的烙印。这次测绘结束后进行室内绘图，通过三个月的绘图，从原来的20张图纸增加到了50张，能更明确地反映出隐蔽结构和残损情况。

  时隔三年，也就是2011年我又来到了飞云楼。这次是对东岳庙及飞云楼进行修缮工程监理工作，很可惜这次我因工作关系只能以监理技术人员参与此项目，不能全程跟进。当年11月开始对飞云楼进行满堂红施工脚手架搭设开始，直到2014年11月拆卸脚手架结束，这次维修用了三年时间，其中一年进行了二次勘测和专项方案报批。

  修缮过程大致分为四阶段：首先将屋面椽飞以上的构件进行编号拆卸和减去荷载，再对全楼进行分解、纠正、加固、修复等内容，其次对修复的构件进行归安回位、铺设木基层，最后进行屋面瓦瓦、安设屋脊构件及扫尾工作。在飞云楼脚手架搭设完成后我第一时间赶到现场，对楼外部进行全面的观察。二层四面各出抱厦，平面呈十字形，抱厦屋顶十字歇山式；三层外檐四面当心间出抱厦设垂莲柱。二、三层均设平座层，平座上置钩栏围护并设腰檐，廊柱内收，楼檐逐层内收。此外，又发现当时在楼内部无法观测的结构点，如二、三层平座斗拱和抱厦博风板相交结构等。在减去荷载和拆卸构件时发现了很多隐蔽结构存在安全隐患，需要补充方案设计。古建筑维修时经常会出现这种情况，在勘测时不能大面积解体勘察，墙体、屋面、木结构榫卯等地方出现新的结构残损，必须进行二次勘测，分析残损原因，研究修缮办法，有些还要继续检测、实验、重新论证、审批等工作才能继续修缮。

讲述篇

飞云楼：我与"中华第一木楼"的三次亲密接触

万荣飞云楼内部木构件（马毅敏 摄）

  这座楼新的结构残损较多，我们与学院合作对其稳定性进行评估，并制定《飞云楼现状鉴定报告》，此外还进行了长期力学监测，通过这些数据进一步分析，最终我们用了整整一年多的时间才解决新出现的修缮问题。论证时间过长，以致当地的老百姓都相传"飞云楼是鲁班修的，工艺太复杂，现在他们拆开了，按不回去修不了了……"从这话语里可以看出当地老百姓真的是很担忧和着急。当然这等待时间施工单位也没有停歇，他们将东岳庙其他古建筑按设计逐一进行修复完成。

重新开始进行修缮后，整个过程还是很顺利的。在这个工程中我们又有很多的新发现，例如拆卸屋面瓦件时发现使用的灰并不是我常见的二八灰或三七灰（2∶8、3∶7，白灰与黄土配比），而是纯白灰，这种情况较为少见，其优点是较为轻盈、坚固不易漏雨的同时还能防止生长植物。此外我还从匠工那里学到了很多修缮技艺，如变形构件的矫正、局部构件断裂加固，等等，就不一一说明了。总的来说这次修缮工程我对飞云楼有了进一步的全新认识，体会到每一座古建筑都是独有的个体，和人一样都是"限定版"的。

第三次的接触就是2024年，出乎所有人的意料。2024年8月20日《黑神话：悟空》上线，央视新闻官方微博分享了游戏中的多处实景取景地，山西古建、塑像等文物占多数，生动还原山西古建，吸引了大量游客前往实地参观。8月22日在太原举办的"2024数字文旅品牌创新大会"的开幕式上，山西省文化和旅游厅发布"跟着悟空游山西"主题路线，其中就有这座飞云楼。

10月初，省外好友邀请我陪他们去一趟运城，看看这些古建筑。我们到了万荣东岳庙，没想到从2014年工程结束后，相隔十年我又来到这座木楼前，激动地和我朋友介绍着前两次的工作情况。我拿出电脑将我们修缮时的照片、绘制的图纸与好友分享：建筑主体是永定柱主干形成井筒式构架，廊柱与檐柱间设单步梁连接永定柱；二层出三开间抱厦形成"◯"的平面布局，而三层悬出一间抱厦，平面还为方形，这种平面布局的灵活性是木结构建筑独有的特性。仅这座楼我就介绍了近两个小时，朋友听得津津有味，赞不绝口，称不愧是"中华第一木楼"。

"万荣有个解店楼，半截插在天里头"，每当阳光普照，碧空如洗，十余里外也能遥见其倩影。若是天公作美，再飘来几朵云彩，缠绕楼顶，真有高耸入云、凌空欲飞之感。

通过这三次的亲密接触，我对这座古楼的了解愈发深刻。其构造之科学合理，设计之富于变化，无不令人叹为观止。结点与主体构架之间，结构严谨，既保证了建筑的稳固性，又展现了极高的艺术价值。这座古楼，无疑是我国现存古代楼阁式建筑中的瑰宝，它不仅在建筑史上占据着举足轻重的地位，更是研究中国楼阁式建筑不可或缺的重要实物资料。

飞云楼之美，不仅在于其精美的造型和科学的结构，更在于它所承载的深厚历史文化底蕴。每一次凝视这座古楼，都能感受到一股强烈的民族感染力，那是中华民族悠久历史和灿烂文化的生动体现。它让我们更加深刻地认识到，我们的民族拥有着无比丰富的文化遗产和精神财富，这些宝贵的财富不仅是我们共同的骄傲，更是激励我们不断前行、增强民族自豪感和自信心的强大动力。

飞云楼：

"半截插在云里头"

贾毓秀　飞云楼景区办公室主任

再走近飞云楼，亲身触摸那些历经岁月洗礼的木质结构时，那种感受无疑是深刻而震撼的。每一根梁柱、每一块雕花，都仿佛在诉说着古老的故事，传递着匠人的智慧和情感。每一笔、每一画，都蕴含着无尽的艺术气息，让人在赞叹之余，也不禁沉醉其中，眼花缭乱、目不暇接。我不禁感叹建造飞云楼的工匠得有多巧，才能把平平无奇的木头玩出这么多花样；还有那四根通天柱，屹立在原地，托举起这一雄伟建筑。

行走在山西古老的土地上，每一粒黄土、每一处古建都仿佛在诉说着属于自己的故事，作为一名在飞云楼脚边长大的人，我与飞云楼之间，也珍藏着一段独特回忆。

飞云楼位于山西省运城市万荣县东岳庙内，是县里最具代表性的建筑，是我们的文化窗口，也是我们万荣人的骄傲。飞云楼建筑壮丽、气宇轩昂，吸引了众多中外游客观光游览。

讲述篇

飞云楼:「半截插在云里头」

万荣东岳庙中轴线主要建筑飞云楼全景（飞云楼景区供图）

从古至今，当地流传着"万荣有座飞云楼，半截插在云里头"的民间俗语，形容飞云楼宏伟壮丽，高耸入云。

万荣东岳庙属于群体性建筑，建筑布局沿袭了中国古代宫廷的建筑特征，坐北向南、前朝后寝。庙内中轴线上的建筑分为两个群体，其中，山门、飞云楼、午门、献殿、香亭、正殿为道教建筑，阎王殿和地狱为佛教建筑。

东岳庙的主体建筑有元明遗风，因清代又进行了维修，所以也留有清代的一些建造技法和风格。

据庙内乾隆年间《重修飞云楼碑记》载："万邑县治北十五里许有镇，曰解店，镇之东隅，古有东岳神庙，不知创始何年，载入邑志。唐贞观元年分邑置郡

东岳庙飞云楼（飞云楼景区供图）

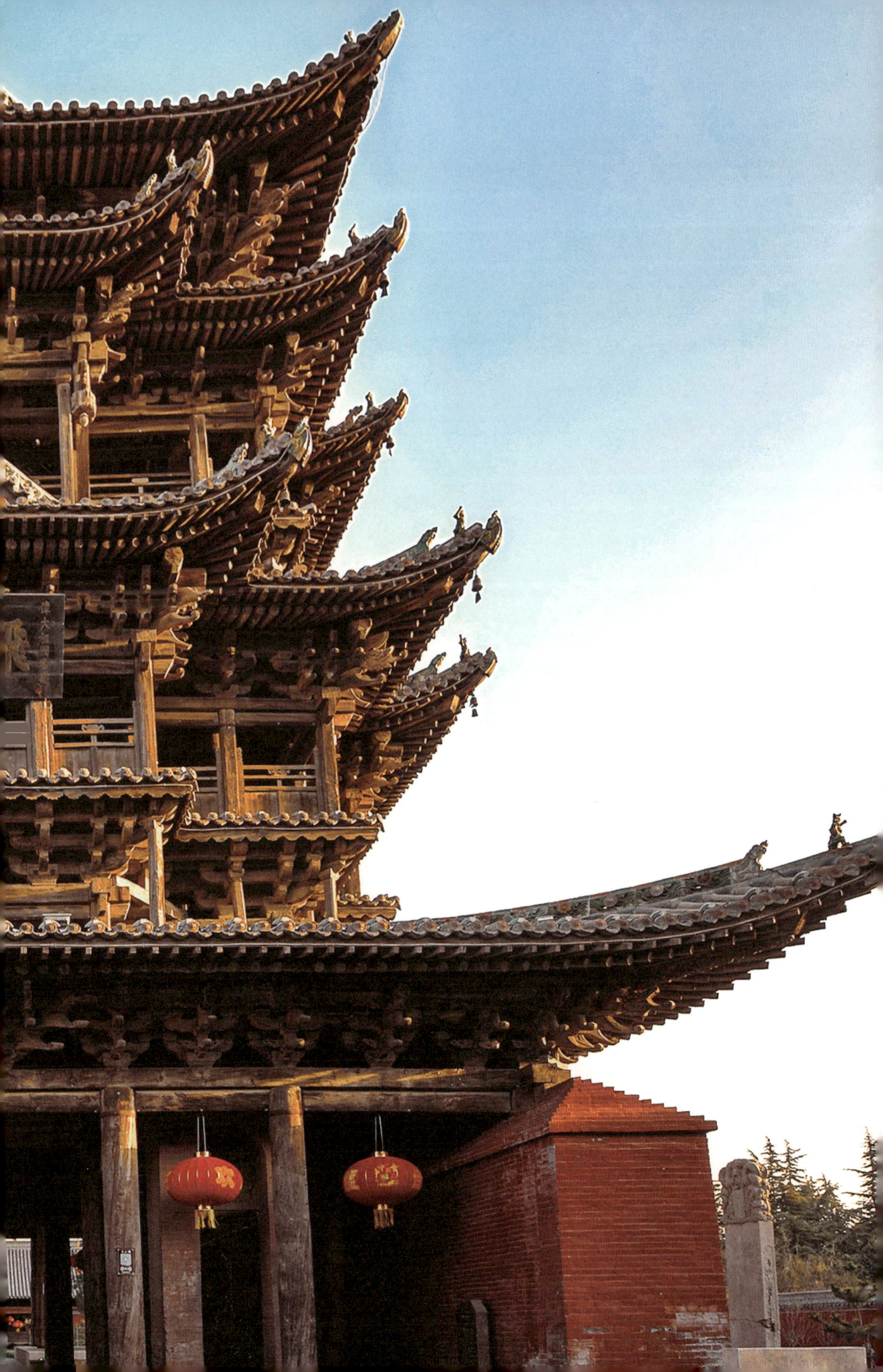

名为汾阴，即有此庙。"由此可知，此庙创建年代起码应在唐贞观之前，距今约有一千四百年。

关于东岳庙，当地流传着这样一个传说：隋朝末年，天下大乱。秦王李世民十八岁起兵晋阳，东征西讨，开创了大唐一统天下的大业。不料，在唐高祖武德二年（公元1619年），王行本、吕崇茂居蒲州、夏县反叛，李世民遂率师讨伐，直逼龙门关，途经解店、张瓮、古城，并在这三地屯兵扎寨，构成犄角之势。平叛后，李世民为了宣扬战功，就在这三处分别建东岳庙一座，并在解店、张瓮两处各建乐楼一座。其余两处的庙楼均已毁于战火，只有现在这座飞云楼及东岳庙历经沧桑，饱经风雨，经多次维修保留至今。

作为东岳庙中轴线上的主要建筑之一，飞云楼有"天下第一木楼"之美称。其建筑高度为23.19米，与应县木塔相互辉映，被誉为山西的"南楼北塔"。

说到飞云楼，我给大家分享一个关于它的有趣的万荣笑话——"吹牛皮"：

一个万荣人和一个武汉人在火车上遇见之后吹开了牛皮。

武汉人说：我们黄鹤楼天下第一，高不见顶呀！

万荣人说：我们万荣有座飞云楼，半截插在云里头，那年差点把美国的高空无人侦察机撞下来。

武汉人又说：去年我们黄鹤楼上跳下一个人，三十分钟才落地！

万荣人说：去年我们飞云楼也跳下来一个人，可警察说他跳下来之前就已经死了！

武汉人问：那他是怎么死的？

万荣人说：饿死的，楼实在太高了！

飞云楼的建筑主要有四个特点。

首先，飞云楼是纯木结构建筑，无论大小接口均用榫卯套之。

其次，飞云楼的底层为正方形，面阔进深各五间，南北直通，木柱林立，中间

讲述篇

飞云楼:「半截插在云里头」

飞云楼的榫卯结构（飞云楼景区供图）

飞云楼外部斗拱结构，檐角可见武士雕塑（飞云楼景区供图）

有四根通天柱直通楼顶，周围有 32 根木柱巧妙地连成棋盘状，共同支撑楼体。在楼下可以清楚地看到通天柱，它的单根高度达 15.49 米。

再次，飞云楼为明三层暗结构。二、三层各出抱厦一间，皆有栏杆维护，又用两平柱分为三间，上筑屋顶，山花向前，下面用穿插材料承托，结构巧妙。

最后，飞云楼是三层四滴水，十字歇山顶，全楼共有 345 组斗拱，外观玲珑，构成该楼极其丰富的轮廓线，并且形态变化多端，如云朵簇拥，鲜花盛开一般，各檐翼角起翘，给人以凌空欲飞之感，又因斗拱层叠，如云带缠绕，因而得名飞云楼。楼上每个檐角都有一个小武士，一共有 32 个，每个武士的神态也是不一样的，武士下方有个铃铛，有风的时候会发出脆耳的声音，仿佛在诉说它们被时间掩埋的故事。

飞云楼建筑巧夺天工，堪称我国古代建筑之奇葩，所以长期以来，民间传说飞云楼为祖师爷鲁班所建。

其实，这只是万荣人在今天以飞云楼为自豪的一种美好愿望罢了，用来形容飞云楼建筑的精奇绝伦，也为这座古建筑增添了一些神秘和传奇色彩。聆听至此，想必大家都想来看一看它的"容颜"了。

关于我跟它是怎么认识的，也有一段渊源。

从小爷爷总给我讲万荣民谚"万荣有一座飞云楼，半截插在云里头"，我开始对飞云楼感兴趣，当时就在想："这个楼这么高，它会是什么样子呢？"每次路过门口我都不禁要遥望一眼，但我对它的前世今生一无所知。

直到 2020 年大学毕业，因为机缘巧合我来到了这里。报到的那天，我推开红门就看到一座庞然大物矗立在面前，这是我第一次近距离看到飞云楼，全楼都是密密麻麻的斗拱，我需要仰视它，甚至楼上的武士、小铃铛都给我一种很威严的感觉。

这里一开始年轻人不多，我就只接触了一些"零零碎碎"的工作，其中包括景区讲解。

刚讲解的时候，我并不熟练，与其说我给游客讲解，不如说我与游客一同探知。之后，我便开始查阅各种古建资料，同时学习并了解了斗拱结构、房屋建筑等方面

飞云楼内部木质结构（飞云楼景区供图）

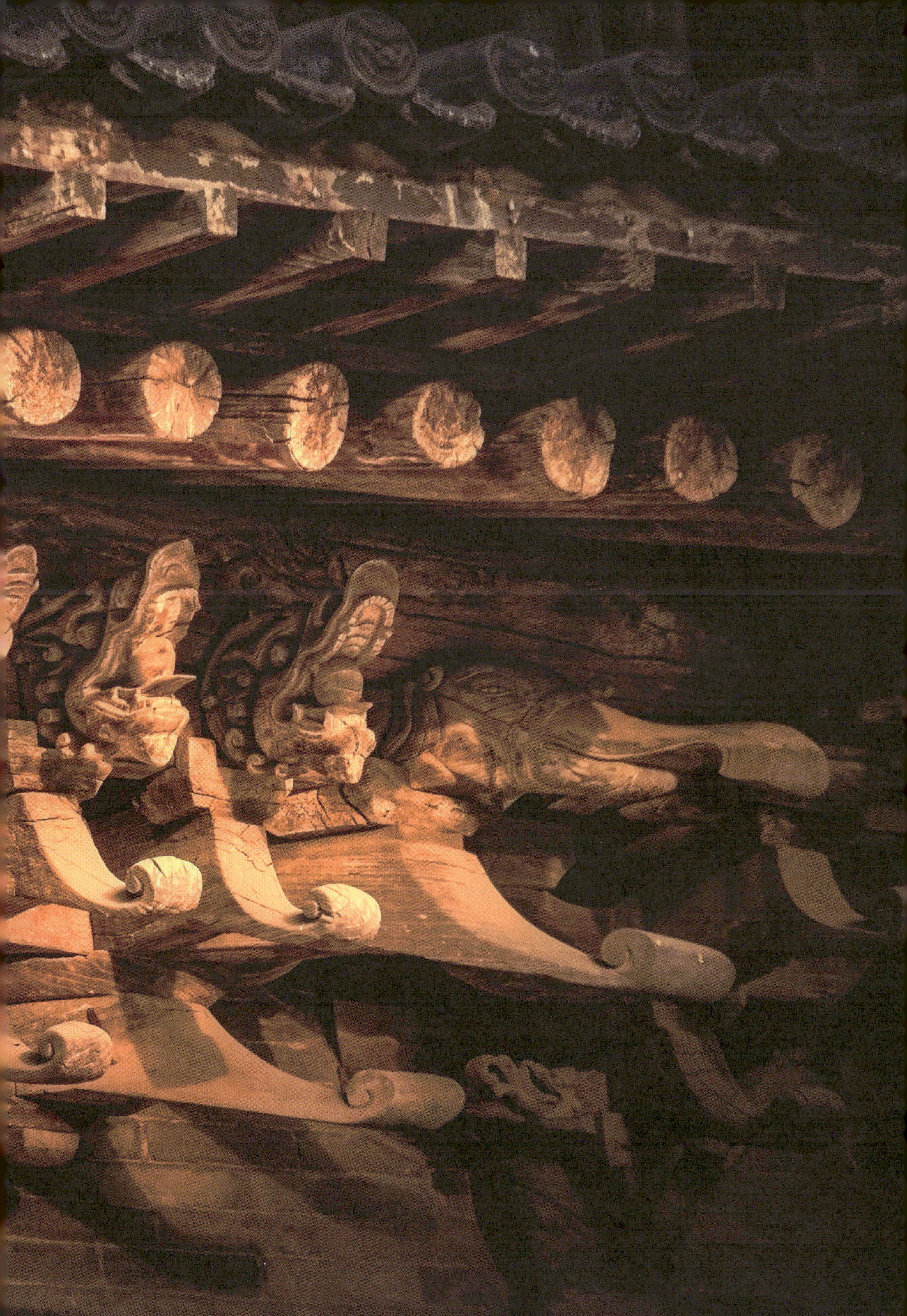

知识，弥补所学不足。

例如：斗拱能分出好多个构件，这在中国古建筑中起到十分重要的作用，包括荷载作用、增大距离、装饰作用、抗震作用，每个朝代的斗拱也是不同的。再例如，从古至今，中国房屋建筑结构也有很多种类，例如庑殿顶、歇山顶、悬山顶、硬山顶、攒尖顶、盝顶等，不同的顶用于不同的地方，用途也是不一样的。

了解了这些知识内容后，再走近飞云楼，亲身触摸那些历经岁月洗礼的木质结构时，那种感受无疑是深刻而震撼的。每一根梁柱、每一块雕花，都仿佛在诉说着古老的故事，传递着匠人的智慧和情感。每一笔、每一画，都蕴含着无尽的艺术气息，让人在赞叹之余，也不禁沉醉其中，眼花缭乱、目不暇接。

我不禁感叹建造飞云楼的工匠得有多巧，才能把平平无奇的木头玩出这么多花样；还有那四根通天柱，屹立在原地，托举起这一雄伟建筑。

我终于理解了人们口中所说的"半截插在云里头"的感觉了，从飞云楼的建筑技法上，我仿佛看到了古人执着专注、精益求精、一丝不苟、追求卓越的工匠精神，这些都值得我们后辈学习。

随着《黑神话：悟空》的出圈，飞云楼作为主要取景地之一，也火出了自己的热度，来自五湖四海的游客通过悟空的引领，前来打卡，了解飞云楼的人变多了，参与保护的人也变多了，这座古建又多了很多年轻人的气息。我们制作了相关的潮流文创产品，比如冰箱贴、钥匙扣、书签等，深受大众欢迎。

十一国庆节期间，这里的客流量达到往年的两到三倍，成功带动了景区周边经济快速发展。同时我们还增加了民俗文化体验活动，包括剪纸、捏面人，还设置了斗拱拼装体验区，让游客在打卡的过程中，更加了解当地的人文历史，让"客流"真正变成

飞云楼外部木质结构（马毅敏 摄）

"客留"。

　　古建之魂，承载着历史的呼唤，见证着文化的传承。每一座古建筑都是中华民族的文化瑰宝，蕴含着深厚的历史底蕴。

　　作为景区的一名工作人员，我是飞云楼的"嘴替"，是它故事的诉说者，诉说着它的前世今生。我想让游客在这里看到、感受到它的历史底蕴和文化魅力，也希望游客能够通过参观飞云楼，领悟中国古建筑的美学精髓，体会古代工匠那令人叹为观止的智慧与技艺，领略中华优秀传统文化的浩瀚与精深。

关帝庙：

承载千年文化，连接神话世界

傅文元
运城市关帝庙文保所所长
关公文化研究院院长、副研究馆员

何晋阳
运城市关帝庙管理服务公司副总经理

结义园坊、山海钟灵坊、气肃千秋坊、精忠贯日坊、万代瞻仰坊……这些牌坊建筑精美，雕刻精致细腻，从它们的名字就能看出明清时期人们对关羽的评价和崇奉的核心。它们不只是庙宇的装饰，更是历史文化的见证者，承载着人们对关公忠义精神的敬仰和传承。

近段时间，"山西古建游"成为大众青睐的热门旅游线路，话题热度持续上升，让更多的海内外朋友重新认识了山西这方热土。

解州关帝庙坐落于山西运城的解州镇，始建于公元589年，到现在有一千五百多年的历史。它所在的运城处在晋、陕、豫黄河金三角交汇处，是中华民族的重要发祥地之一。

解州关帝庙有很多响当当的"名头"，大家可能有所耳闻，它被誉为"关庙之祖""武庙之冠"。之所以有这么高的地位，是因为它是中国现存始建最早、规模最大、档次最高、保存最完整的宫殿式庙宇，历史价值和文化意义不言而喻。

从成为第三批全国重点文物保护单位，到先后被评为国家 4A 级旅游景区、"国家级文明旅游示范单位""海峡两岸交流基地""中国华侨国际文化交流基地"、入选全国非遗与旅游融合发展优选项目名录，再到"关公信俗"被列为国家级非物质文化遗产、"关圣文化建筑群"被列入中国世界文化遗产预备名录，这些荣誉充分说明了解州关帝庙在历史文化领域的重要地位。

从古建的角度来说，解州关帝庙承载着厚重的历史文化底蕴，其独特的建筑风格与艺术成就同样值得我们关注。

解州关帝庙俯瞰图（吕向前 摄）

解州关帝庙"春秋楼"（薛俊 摄）

  解州关帝庙主要由结义园、主庙区和御园构成，是关庙建筑的典范。关帝庙主庙区的建筑布局是中国传统的"前朝后寝"以及中轴对称的宫殿式布局。

  这种布局严谨又宏大，不仅体现了中国古代建筑的对称美和秩序感，还透着皇家气派，让人领略到皇家庙宇的庄严和神圣。

  庙里的建筑装饰也是一绝。高大华丽的建筑配上精美的石雕、砖雕、木雕、琉璃、铁器，每一处雕刻都活灵活现。还有那些参天松柏，都蕴含着丰富的文化内涵和艺术价值。

  解州关帝庙里面挂着康熙御笔亲书的"义炳乾坤"、乾隆钦定的"神勇"、咸丰御笔亲书的"万世人极"和慈禧太后题的"威灵震叠"匾额，这些都是珍贵的文物，书法艺术精湛，体现了历代帝王对关公的尊崇。尤其是"春秋楼"的悬梁吊柱，那是古建里的珍品，建筑工艺独特，充分展示了古代工匠的高超技艺和智慧。

  而在古建背后，是解州关帝庙所拥有的独特的牌坊文化和关公信仰。结义园坊、山海钟灵坊、气肃千秋坊、精忠贯日坊、万代瞻仰坊……这些牌坊建筑精美，雕刻精致细腻，它们不只是庙宇的装饰，更是历史文化的见证者，承载着人们对关公忠义精神的敬仰和传承。

关公信仰里蕴含着中国优秀传统文化的道德和伦理，承载着华夏儿女心中的忠义精神。在构建中华民族共同体的进程中，关公文化有着重要的理论和现实意义，有很鲜明的历史性、民族性和超地域性特征。

作为关公文化的集大成者，解州关帝庙鲜活地记录着历朝历代不同群体祭拜关公的真实状态，是关公文化传承的重要载体。在这儿，我们能摸到历史的痕迹，感受到关公文化的博大精深，还有它对中华民族精神的深远影响。

如今，解州关帝庙现存的关帝庙宇和承载的关公信俗，吸引着几千年来海内外的关公信众对故土的追寻。

历史上，运城曾经是重要的食盐产地之一，盐商在往外输送池盐的时候，通过"古丝绸之路""茶马古道"，还有建立"山陕会馆"，把关公文化带到了全国各地。

现在，作为"海峡两岸交流基地"和"中国华侨国际文化交流基地"，解州关帝庙经常开展"关公文化"交流主题活动，丰富关公文化品牌内涵，增强海内外中华儿女对祖国、对民族的认同感。关公文化已经成了维系海内外中华儿女的纽带、彰显民族精神的旗帜，它的影响力跨越了时空和地域。

2020年5月，习近平总书记考察山西的时候，就深入挖掘关公忠义文化等优秀传统文化作出了重要指示。2023年5月16日，习近平总书记在运城考察期间，又提出了"坚持保护第一、加强管理、挖掘价值、有效利用，让文物活起来"的新时代文物工作方针。

目前，我们在积极探索让文物资源"活"起来、让关公文化"热"起来的办法和途径。例如，通过举办各种文化活动、展览等，让更多的人了解解州关帝庙的历史文化价值；利用现代科技手段，如虚拟现实、增强现实等，给游客提供更丰富的参观体验；加强和其他地区、国家的文化交流与合作，把关公文化传播到更广泛的领域。

解州关帝庙"琉璃影壁"（薛俊 摄）

　　从我个人角度来说，关帝庙是生活和工作的重要组成部分。在我心中，关帝庙不仅仅是一座古建筑，更是中华民族传统文化的精神家园。

　　因父辈在关帝庙工作的关系，我从小在这片土地上生长，关帝庙的一草一木、一砖一瓦见证了我的成长历程。长大后，我也有幸成为关帝庙的工作人员，将自己的心血倾注于对它的研究与保护之中。

　　从一名基层工作人员到如今的运城市关帝庙文保所所长，一路走来，我潜心于关帝庙的文物保护与文化探索，细细品味它的历史沿革、建筑风格以及深厚的文化内涵，不断挖掘那些隐匿于时间长河中的动人故事与不朽价值。我亲自参与并组织了多次关帝庙的文物普查和修复工作，可以说，里面的每一块砖石、每一处雕刻都如同老友般熟悉。

解州关帝庙景区一瞥（姜桦 摄）

　　为了传承关公文化，我们积极推动关公文化研究成果的转化，例如在全球各地举办关公文化巡展、研讨会，将关帝庙的历史文化知识传播给更多的人；编写相关的研究著作和宣传资料，让更多的人了解关帝庙的独特魅力。

　　总之，解州关帝庙是一座历史价值、文化价值和艺术价值都非常高的古建筑，它不仅是中华民族传统文化的瑰宝，也是我们传承和弘扬中华文化的重要载体。我们要珍惜和保护这样的历史文化遗产，让它在新时代焕发出新的生机和活力，为推动文化传承发展、建设中华民族现代文明做出更大的贡献。

　　希望大家有机会亲自感受解州关帝庙的魅力和历史底蕴。相信你一定会被这座古老又神奇的庙宇震撼到，也会更深刻地理解中国传统文化的博大精深。

永乐宫：

七百年前的新生
和七十年前的重生

席九龙
山西省永乐宫壁画保护研究院院长

我想，如果没有七百年前的那场火，也许就没有潘德冲大师这一千古绝唱；没有七十年前的三门峡水利工程建设，也许永乐宫至今还留在原址，置放在建筑隐秘处的珍贵文物也不可能被人所知。

历史就是这样，潘大师抱着对吕祖的虔诚情怀，为我们留下了这一恢宏壮丽的佳作，以祁先生为首的文物工作者，为了坚守心中那文物保护工作的理念情怀，殚精竭虑，完成了当时认为神仙都无法办到的搬迁壮举。这些古代匠师和当今文物守护者，虽然出发点不同，但都为如今完美的永乐宫做出了他们自己的努力。

2017年11月，组织调我到永乐宫，负责筹备永乐宫壁画保护研究院机构设立和开展壁画文物保护相关工作，使我有了一个和这个充满神奇色彩的"历史老人"进行时空对话的机会。

永乐宫：七百年前的新生和七十年前的重生

讲述篇

　　随着时间的推移，一批批和永乐宫营建密切相关的稀世珍宝被发掘重现，帮助我们揭开了那尘封百年、鲜为人知的永乐宫建造往事。

　　说起永乐宫，就绕不开吕洞宾、王重阳和潘德冲这些历史名人。相传，公元798年农历四月十四日，河中府黄河北岸永乐镇的一个吕姓大户，降生了一位奇婴，传说临产时

运城芮城永乐宫纯阳殿壁画
《钟离权度吕洞宾》（永乐宫壁画保护研究院提供）

永乐宫纯阳殿外景（永乐宫壁画保护研究院提供）

天空异光闪烁、祥云缭绕、仙鹤飞翔。他就是被道教全真道尊奉为"北五祖"之一、民间传说中"八仙"之一的吕洞宾。

因永乐镇北依中条，南临黄河，被修道人认为是山川蕴秀、土膏林郁的"纯阳之地"，吕洞宾修道时便自号"纯阳子"。宋金时期，乡人慕其德，在其家宅上建祠祭拜，"岁时享祀"，热闹非凡。

随着道教在民间的热崇，金末升祠为"观"，曰"纯阳观"。当时，陕西一位落第秀才王喆因仕途无望，决定弃儒入道，自立门派，创立全真教。为了提高传教的信服力，便说是师从吕洞宾，在甘河镇（今陕西省西安市鄠邑区）受吕洞宾化身点化，得到了修炼秘籍。这样，吕洞宾也就成了全真教派的祖师。

讲述篇 | 永乐宫：七百年前的新生和七十年前的重生

永乐宫三清殿元代壁画《朝元图》（马毅敏 摄）

公元1240年，全真教披云真人宋德方在山西平阳府雕刻道藏期间，来拜谒纯阳祠。宋德方感叹其荒陋，就向掌教尹志平提议修葺。后来，1244年（甲辰年）冬天的一把野火，又将纯阳观烧毁。此事后，全真教认为这是"革故鼎新"之兆，便借机奏请蒙古汗庭将纯阳祠"升观为宫"，名曰"大纯阳万寿宫"。

此后，从1247年到1262年，全真教举全教之力，历时十五年，艰难地完成了三清殿、纯阳殿、重阳殿及附属斋、厨、厩等附属建筑的修建。永乐宫自此初现规模。

说到这里，就不得不提当时授命主持筹划永乐宫营建之事的河东南北路道教提点潘德冲。那么，这个潘德冲是何许人也？为什么委派他来主持修建永乐宫呢？

潘德冲，山东邹平人，学识渊博，德高望重，曾主持过兴国观、玉清宫等许多全真教道观的营建工作，有着十分丰富的经验。在永乐宫营建过程中，他倾注了全部心血，把道教风水和全真教的教义理念及崇象尊道的弘教思想融入宫殿建筑之中。在他的带领下，全国各地道徒信众纷纷前来资助，有记载称"百工劝缘，源源而来"。

今天，我们所看到的永乐宫建筑布局，就是潘德冲建筑设计理念的真实再现：主要建筑分布在高大台基之上，使"四方宾侣，过谒宫下者，周爰四顾，见其严饬壮盛，俨敬之心油然而生"。按永乐宫现存《纯阳万寿永乐宫重修墙垣记》载，永乐宫建筑具有"殿阁巍巍，按天上之九星而罗列；道院森森，照地下之八卦而排成"的特点。

营建期间，全真教的发展还遭遇了一段重大的挫折。正值元宪宗孛儿只斤·蒙哥执政，蒙元皇室崇拜喇嘛教，对全真教发展过盛而心存忌惮，于是利用佛道之争之事，袒护佛教，打压全真教。不仅永乐宫营建受到影响，而且披云真人宋德方在平阳雕刻的7800卷玄都道藏经版也被全部焚毁，致使后人多认为世间已无玄都道藏了。

不过有幸的是，2019年我们在对永乐宫资料整理期间，意外发现了一批永乐宫创建时期的道教纸质文书。其中就有玄都道藏的经典之作《太上洞玄灵宝无量度人上品妙经》(简称《度人经》)，经卷末页有墨书"河东南北两路教门都提点潘"和副提点完颜大师、韩大师、李大师等题记。这里的"河东南北两路教门都提点潘"指的就是主持永乐宫修建的潘德冲，完颜大师和韩大师就是辅佐潘德冲的完颜志古和韩志元二位高道。

我们一同发现的还有1244年至1248年永乐宫营建期间，来永乐宫的道人张志洞、张来童所持执照及度戒牒文书。经查找搬迁资料确认，原来《度人经》是在重阳殿建成时，被作为圣物放在殿顶鸱吻内才躲过一劫。

后来，这批文书被鉴定为国家一级文物，这也是国内目前仅存的几件元代道藏文物。

令人惋惜的是，潘德冲去世于 1256 年永乐宫建设期间。死前，他曾嘱咐弟子把他葬在永乐宫西北乾位，他要看到他的夙愿被实现。20 世纪 60 年代，永乐宫搬迁时，文物工作者对潘德冲墓葬进行了发掘清理，打开棺椁后，发现他的尸骨仍然侧身屈肢，头部朝向永乐宫方向。

今天我们来到永乐宫，会发现三清殿主殿坐落在前端近三米高的台基之上，区别于国内大多建筑尊者置后的惯例，而且三清殿建筑规制采用了最高等级的庑殿顶，殿的周围、内外多以龙纹装饰，纹样有升龙、降龙、团龙，质地有木雕、泥塑、彩绘和琉璃制作，更加凸显潘德冲的崇象尊道理念和对全真教祖庭的敬崇之心。

当人们驻足永乐宫，凝视着这些宏伟壮观的建筑时，大多数人知道它是搬迁过来的，少数人也许还晓得当年主持搬迁工程技术工作的是祁英涛先生。但更鲜有人知，当年祁先生把建筑里面的元代琉璃更换成了复制品。而我也是在库房内发现了大量精美琉璃构件之后，通过查证才弄清楚的。

原来，早在新中国成立初期，为了根治黄河水患，中央人民政府决定新建三门峡水库工程，而永乐宫恰在规划的水库淹没区内。为了保护这一珍贵文化遗产，国务院决定对永乐宫实施整体搬迁工程。

为了确保迁建工程质量，国家专门从北京文物整理委员会（现中国文化遗产研究院）抽调一批专家过来，总负责人就是祁英涛。祁英涛，河北易县人，早年毕业于北洋大学工学院，参与过北京、山东、河北、山西等地的国内重要古建筑的修缮设计，是我国建筑遗产保护的开拓者和领军人物。

在永乐宫复建时，面临一个问题：四座元代大殿的琉璃历经七百多年的岁月侵蚀，损伤相当严重。如果原物归安，不仅观瞻效果不好，而且在今后岁月中还会加剧损害，怎么办？

当时搬迁委员会多次研究讨论，无法取得一致意见。1960 年 5 月，

遇见山西 | 悟空

永乐宫三清殿外景（永乐宫壁画保护研究院提供）

祁英涛决定请示国家文物局主要领导，建议用复制品替代原物，元代遗物存放在库房进行保护、研究和展示。最终，国家文物局同意了祁先生的意见，并从被誉为"琉璃世家"的河津吕氏招聘一批琉璃制作工匠进行现场实验烧制，拆卸下来的元代琉璃计划待工程完成后进行修复展示。

然而，遗憾的是，还未来得及开展此项工作，"文革"开始了，大批技术人员返回原单位，修复之事也就不了了之。数以千计的琉璃残块被分散存放在各处，随着时间的流逝，它们被尘埃覆盖，渐渐被世人遗忘，以致当年参与永乐宫搬迁的山西古建专家柴泽俊多次造访永乐宫询问这批琉璃的着落，却无人知晓。为此，柴老在撰写的《山西永乐宫迁建亲临纪实》回忆录中也多次提起此事，深感惋惜。

2019年，我意外听说宫内原招待所废弃库房存有大量琉璃及泥塑残块，猛然勾起我的猜想，经仔细查看，确定就是当年元代琉璃遗物，随即便向上级文物部门进行报告，得到山西省文物局的大力支持。2021年山西省文物局专门拨付专款启动了永乐宫元代琉璃修复工作。

历时两年，我们先后完成了三清殿、纯阳殿、重阳殿鸱吻修复加固保护，以及三清殿正脊琉璃修复保护工作。修复好的琉璃文物除一部分进入我馆陈列"永乐宫搬迁纪实展"供游客参观欣赏外，数十件琉璃精品还多次参加了"观妙入真——永乐宫保护与传承"国内巡展，受到了广大游客的喜爱和好评。

永乐宫自创建以来，经历七百余年，先后历经火与

永乐宫三清殿琉璃鸱吻（永乐宫壁画保护研究院提供）

水的考验，后又蝶变重生。

七百年前的一场大火成就了永乐宫的华丽登场，七十年前三门峡水利工程令其异地重生。

我想，如果没有七百年的那场火，也许就没有潘德冲大师这一千古绝唱；没有七十年前的三门峡水利工程建设，也许永乐宫至今还留在原址，置放在建筑隐秘处的珍贵文物也不可能被人所知。

历史就是这样，潘大师抱着对吕祖的虔诚情怀，为我们留下了这一恢宏壮丽的佳作，以祁先生为首的文物工作者，为了坚守心中那文物保护工作的理念情怀，殚精竭虑，完成了当时认为神仙都无法办到的搬迁壮举。这些古代匠师和当今文物守护者，虽然出发点不同，但都为如今完美的永乐宫做出了他们自己的努力。

作为新时代文物守护人，我们更应该坚定保护传承永乐宫优秀传统文化的使命情怀，把祖先留给我们的这一瑰宝保护好、传承好。

如今，当我们踏进永乐宫这一优秀中国传统文化神圣殿堂，瞻望着古代先人留下的艺术佳作，感受着中国共产党保护文物的情怀时，心里一定会激发出民族自豪感，也会不断提升着我们进一步探知永乐宫丰富的文化密码的兴趣和信心。

当年，前人将《度人经》置放于重阳殿西鸱吻内，可能与教义信仰有关，那么，搬迁发现的永乐宫道人所持文书当时又存放何处，是鸱吻内还是神像内，宗教意义又是什么呢？再有，建造龙虎殿时为何建筑要向东偏移一米？是有意而为之，还是当时的工匠失误所致？这些疑问都有待进一步探寻研究。

在此，我真诚邀请那些对永乐宫传统文化有情怀的有识之士参与进来，和我们共同来研究解读永乐宫文化的未解之谜，为永乐宫的优秀传统文化传播注入活力。

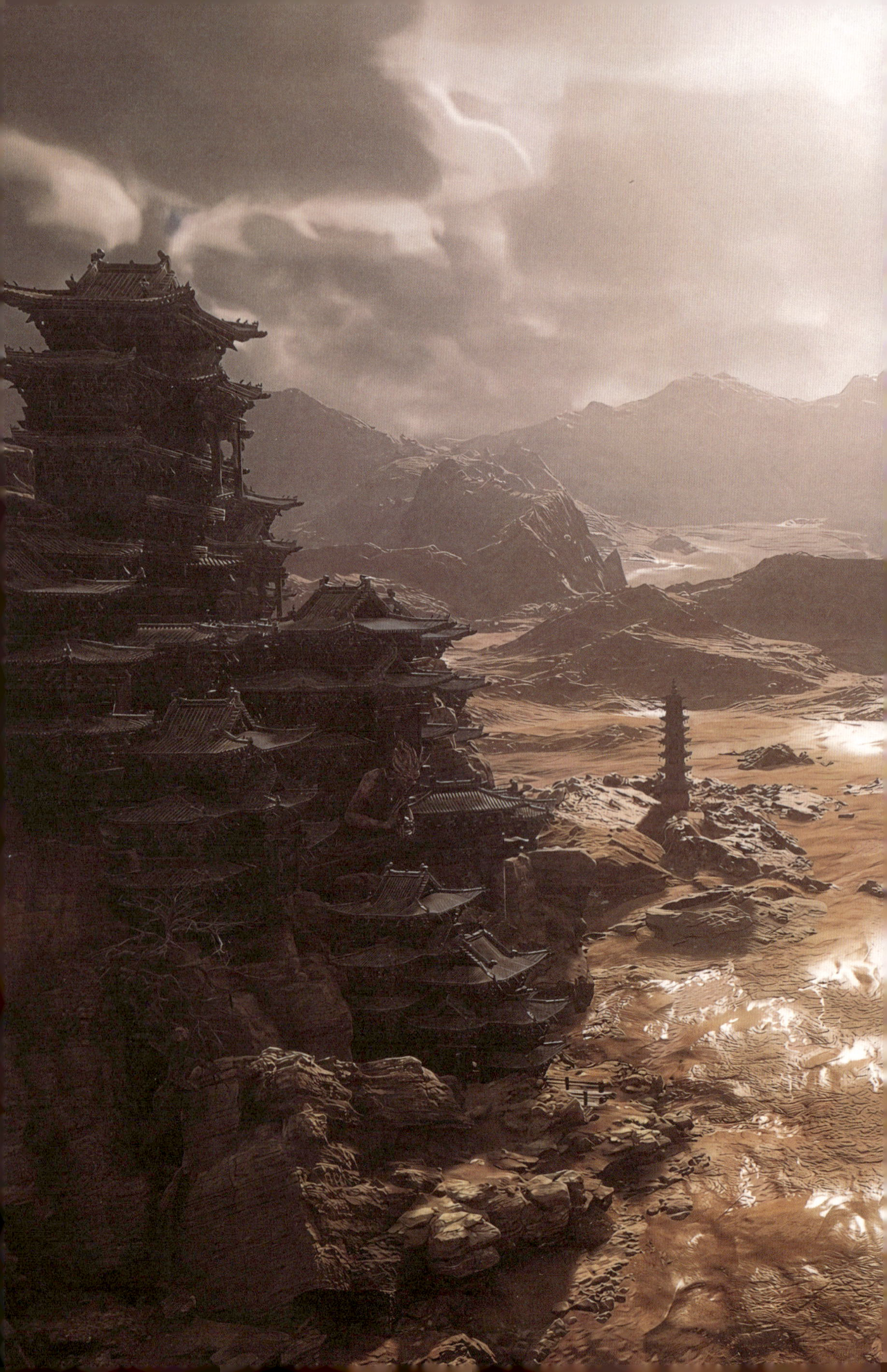

悟空

遇見山西

启示

篇

山西古建要"保起来"，
也要"用起来""活起来"

顾玉才
中国文物学会会长
国家文物局原党组副书记、副局长
中国文化遗产研究院原院长

　　五台山是佛教圣地。当年我们是将五台山作为世界文化和自然混合遗产来申报的，后来联合国教科文组织世界遗产委员会审议时把五台山认定为文化景观遗产，我觉得这样的定位更符合五台山的实际情况。文化景观是人类和自然共同的杰作，五台山的寺庙、建筑群和独特的地理条件是有机结合在一起的，而且五台山属于活态遗产，这就是它的独特性。

　　2017年，我来这里的主要任务是对五台山进行消防安全检查。那时佛光寺东大殿漏雨，上面盖着雨布，当时的保护管理确实还存在一些问题。

　　这次再来五台山，我感觉变化非常明显。五台山文化遗产的保护状况和周边环境都得到了明显改善，我们申遗成功后，对遗产的保护并没有停下来，而且在原有基础上又做了很多工作。观众参观、游览条件也有了明显改善。还有就是，现在游客越来越多，过去，五台山只有菩萨顶、塔院寺等少数景点游人如织，其他景点门可罗雀。以前佛光寺很少有游客去，但这次我在佛光寺看到游客非常多。据五台山风景名胜区管理委员会的工作人员介绍，现在每天来参观的有七八百人。我觉得五台山在公众开放和展示利用方面进步很明显。

山西古建筑很多，都是老祖宗留下的瑰宝，一些元代以前的早期建筑在全国其他地方很难见到。下一步，山西在古建筑保护利用上应该做好以下几方面工作：

一是要加强日常养护和预防性保护。古建筑和人一样，不能等得病了再去医治，平时要加强锻炼、加强保养，少得病、不得病。古建筑要更加注重日常养护和预防性保护。

二是要在妥善保护的基础上把古建筑真正用起来。山西有些古建筑位置比较偏远，没有有效地用起来。我觉得还可以通过多种方式用起来，比如对公众开放，作为参观的场所。不能延续原来功能的古建筑可作为村里的公共设施，有的老房子不妨就继续用来居住，老房子如果不住，修好了过些年还会损坏，没人住的房子坏得快。

三是要让古建活起来，发挥更大作用。前段时间，《黑神话：悟空》带火了一批山西古建，但山西的古建还有很多，游戏中没有涉及的古建筑也要乘着这股东风，活起来、火起来。

近年来，从"文化热""文博热"到"古建热"，背后是中华优秀传统文化的复兴。越来越多人，特别是年轻人希望深入了解文物背后的故事，通过博物馆、古建筑更深入了解中国历史和中华文明。

之所以会出现这种现象，一方面是中华传统文化的回归，大家对中华传统文化越来越重视，对其蕴含的价值认识得越来越充分。另一方面是年轻人的文化素养越来越高、知识面越来越宽，他们认为可以从传统文化里吸取一些营养，这是非常好的现象。

希望更多年轻人走近文化遗产、走进博物馆，了解中华民族创造的光辉灿烂文化，同时希望一部分人还能够投身到文化遗产保护事业中，学习相关专业，将来从事这方面工作，也可以作为志愿者参与文化遗产保护。

归根结底，年轻人是祖国的未来，希望大家能够认识到中华优秀传统文化的珍贵，把优秀传统文化传承下去。

遇见 悟空
山西

《黑神话：悟空》游戏内场景图（游戏科学供图）

启示篇

山西古建要「保起来」，也要「用起来」「活起来」

何以游戏？

何以山西？

明金维　"明叔杂谈"公众号负责人

我曾经在腾讯工作过三年多，主要从事企业文化相关工作。当时，我印象最深刻的就是，虽然腾讯已经是全球知名的游戏公司，但在腾讯游戏部门，不管是管理者还是普通员工都在努力寻找他们心目中的"最佳游戏"。

游戏行业主要有两种付费模式：一种是"买断式"，用户花钱买下一款游戏，可以一直玩，游戏内没有其他的收费项目；另一种是"免费游戏"，游戏里面会提供角色、道具等付费项目。

当《黑神话：悟空》"横空出世"，在国内外多个游戏平台不断刷新中国单机版游戏纪录的时候，不仅普通玩家赞不绝口，即便是那些来自"友商"游戏公司的管理者和员工，也欣喜异常，因为大家都觉得这才是中国游戏行业应该多多出现的好游戏。《黑神话：悟空》用正确的方式做事，并且把事情做正确了，可谓是名利双收。无论是对中国游戏玩家来说，还是对中国整个游戏行业的从业者来说，大家对这样一款高质量的游戏期待已久。当《黑神话：悟空》历经

"九九八十一难",最后以"3A 游戏大作"的面貌呈现时,中国玩家和中国游戏行业从业者的内心那种对高品质游戏的渴望与期待被满足了。《黑神话:悟空》得到众多好评,与游戏本身的品质有关,更与中国游戏行业的长久期待有关。这跟几年前被誉为中国首部硬科幻电影——《流浪地球》的成功在本质上有着异曲同工之妙。它们本身的品质都足够高,都是由我们中国人自己创作的,大家在欣赏之余,会产生一种特殊的关爱与包容。

今天,游戏已经发展成为一个产业,也是中国出口的重

《黑神话:悟空》游戏内场景图(游戏科学供图)

要项目，甚至是中国文化输出的重要载体。在不知不觉中，中国已成为全球第一大游戏市场。相关数据显示，2023年，中国游戏市场收入突破3000亿元，而同年中国电影票房总收入不足550亿元。与此同时，中国自研游戏的海外收入也连续4年突破1000亿元大关。我几年前在埃及旅游时发现，当地很多年轻人都在玩中国的游戏。未来，中国游戏在传播中华优秀传统文化、帮助全球游戏玩家了解中国、展现当代中国人的创意和创新精神方面，可以做的事情还有很多。

  游戏被称为人类的"第九艺术"，它是科技与娱乐的结合，也是一种越来越重要的媒体形式。值得一提的是，《黑神话：悟空》不仅主题源自中国"四大名著"之一的《西游记》，而且游戏里面还充满了各种各样的中国传统文化元素。据统计，《黑神话：悟空》创作团队在全国30个地方实地取景，其中有27个在山西。2024年国庆节假期，《黑神话：悟空》带火了山西文旅，大批游客涌向小西天、悬空寺、云冈石窟、永安寺、善化寺、华严寺等景区。一时间，与《黑神话：悟空》有关的山西各大名胜古迹人潮涌动，热度不减。

  《黑神话：悟空》与山西古建筑的结合，是中国式现代化过程中涌现出的一个新事物，也是一种新潮流。它的本质就是，游戏这一21世纪最重要的媒体形式与中华优秀传统文化相结合，用一种实实在在的方式推动了文旅产业的发展，提升了民众的文化自信。

  可能很多人要问："何以山西？"

  其实，在中国旅游行业早有一句传言："地上看山西，地下看陕西。"我手头正好有一本由田芳、李博编著的《山西古建筑地图》，书中说，据第三次全国文物普查统计，全国古建筑总量共263885处，其中，山西的古建筑多达28640处，占全国总量的10.85%。考虑到山西面积只占中国的1.6%，山西古建筑"密度"之高，不得不令人刮目相看。

我曾经带着家人从北京出发，去山西自驾游，从大同到太原，沿着汾河谷地往南，最后进入陕西的关中平原。一路走来，无论是绝壁之上的悬空寺，还是处处是古迹的北岳恒山，又或者是"香火鼎盛"的五台山、规模宏大的王家大院，都令我印象深刻。

山西古建筑众多，既得益于山西得天独厚的历史和自然条件，也得益于山西在文物保护方面所做的努力。山西作为中华民族的发祥地之一，古代葱郁的森林、绵延的山脉，以及适合建设土木工程的黄土，为古人在山西建造各种古建筑提供了土、木、石等建筑材料来源。与此同时，山西"表里山河"的地形地貌，让山西气候干燥，也非常适合古建筑的保存。今天，山西经济社会发展不断取得进步，绘就了中国式现代化的"三晋篇章"。在这种背景下，山西有了保护、发掘和利用大量古建筑的强烈意识，也有了利用各种方式挖掘推广山西古建筑旅游资源潜力的强烈动力。正因如此，我们可以说，《黑神话：悟空》需要山西的古建筑，山西的古建筑也需要《黑神话：悟空》。这是一种双向奔赴，也是一种相互成就、互利共赢的"牵手"。

放在更宏大的视角来看，《黑神话：悟空》"带火"山西古建筑还有更重要的意义。

首先，在我们追求实现中国式现代化的过程中，中国的各行各业都在崛起，游戏行业的崛起也势在必然。环顾今天的中国，在高科技行业，我们有华为，这让中国的移动通信技术屹立于世界之巅，也让中国的手机、汽车等行业成为世界一流。除此之外，中国在航空航天、造船业、新能源等领域也达到世界一流水平。这是中华人民共和国成立七十多年来，也是中国改革开放四十多年来，中国方方面面不断取得进步的结果。今天，中国不仅在"硬"的方面大显身手，在"软"的方面也在不断取得成功。从这个角度来说，华为产品风靡全球、TikTok在海外成为主流社交媒体平台、《黑神话：悟空》在全世界大

双林寺彩塑"善财童子"(马毅敏 摄)

流行在本质上都有相似之处——它们都是中国式现代化的必然产物，而它们的成功也将进一步推动中国式现代化不断突破、进取。

其次，中国式现代化必然带动中华民族传统文化的复兴，这是"站起来、富起来、强起来"的中国人在精神上不断"探源""寻祖"的必然要求，也是在纷繁复杂的国际形势下，中国人不断增强文化自信的必由之路。山西古建筑众多，且保存良好，让更多中国人通过游戏来了解山西的古建筑，来品味中华民族的优秀传统文化，是一件非常有意义、有价值的事情。

最后，我想说的是，在中国式现代化不断向前推进的过程中，我们一定还会有更多像《黑神话：悟空》这样的优秀游戏作品问世，我们一定也还会有更多的山西乃至全国的古建筑经由现代化的媒体形式和传播形式走向全国、走向全世界。《黑神话：悟空》与山西古建筑的"牵手"有创新意义、时代意义，更有开启未来的意义。

在此，我也呼吁大家多到山西走一走、看一看，不仅去看《黑神话：悟空》涉及的取景地，也去看看其他数不清的山西古建筑，去那里追忆我们这个民族走过的漫长的文明演进之路，进一步增强我们的文化自信。

关于游戏和
游戏产业的几点思考

葛剑雄
复旦大学资深教授
香港中文大学（深圳）图书馆馆长
中国音数协游戏产业研究专家委员会顾问

2024年7月25日，中国音数协游戏产业研究专家委员会成立大会在上海漕河泾新兴技术开发区总公司举行。会议表决通过了《中国音像与数字出版协会游戏产业研究专家委员会规章》。我有幸担任中国音数协游戏产业研究专委会首届顾问，感谢大家对我的信任。实事求是告诉大家，至今我还没有玩过一款游戏，但是希望游戏公司有一天能够开发出适合我这个年龄段玩家的"慢节奏"游戏。

关于游戏，我主要谈以下几点思考，与大家进行交流。

要正确看待游戏和游戏产业本身

随着科学的发展、技术的进步、人类知识的积累以及人类强烈好奇心带来的探究欲，关于学科的跨界已经数不胜数。但是科学和人文是不能跨界的。因为科学和人文是两个不同的范畴，他们的性质、研究方法、判断标准、应用领域都是

《黑神话：悟空》游戏内场景图（游戏科学供图）

不同的。然而，科学和人文虽然不能跨界，但是可以结合。人文是体现在对科学的应用中，怎样将科学和对社会起的作用结合。所以科学和人文的结合，体现在科学家怎么去追求人文精神，体现在科学家在运用他的成果的时候是出于怎样的价值观念，体现在科学家对科学成果的人文意义作出什么样的判断。比如说转基因、基因编辑、人工智能，假设和人文结合一下，研究出的结果并不会不同。但是这些科技的成果该怎么应用？这个时候就需要用到人文精神、伦理道德、价值观念。

游戏恰恰就是这样一种跨学科的研究成果。最近，网络上有不少关于《黑神话：悟空》背后制作过程的故事，很好地诠释了游戏如何实现科学和人文的有机结合，大家可以去读一读。

要推动游戏产业搭载银发经济

2024年8月26日，国务院以"实施积极应对人口老龄化国家战略，推动养老事业和养老产业协同发展"为主题进行第九次专题学习。其中提到要大力推动银发经济扩容提质，加强老年用品研发和推广，不断丰富养老服务场景，强化质量监管，更好满足老年人需求。

中国式现代化是人口规模巨大的现代化。《2022年世界人口展望》显示，我国50—59岁预备老年人口和60—69岁低龄老年人口将分别在"十四五"和"十六五"时期迎来规模峰值、转升为降，在基本实现社会主义现代化的周期内，低龄银发人口基数较大，蕴藏社会参与、健身、化妆、保健、旅游等活跃型银发经济的市场潜力；70—79岁中龄老年人口将在2043年左右迎来规模峰值、转升为降，但在21世纪中叶仍有1.66亿的超大规模，形成治疗药物、饮食、旅游等健康型银发经济的市场潜力；80岁及以上高龄老年人口在整个21世纪上半叶持续增加，2044年将首次突破1亿人，蕴含居住环境、饮食、医养结合等辅助型银发经济的市场潜力。所以我们说，银发经济是老龄社会深化经济发展的创新进路，银发经济的有效市场正在快速形成。

在这样的背景下，游戏产业也要提前谋划，搭上银发经济的顺风车，做好老龄化用户的适配。我们要鼓励游戏企业多开发适合老年人玩的游戏，增强娱乐性和知识性，降低竞技性和节奏性。

希望能早日开发出适合我这个年龄段玩的游戏。

要着重聚焦和做好"游戏出海"

"好奇"和"好玩"是我们人类的天性，而"玩"游戏的过程则能够同时满足人"好奇"和"好玩"两个情绪追求。随着中国式现代化的推进，会有越来越多像《黑神话：悟空》一样的现象级自研游戏走出国门，全球玩家都可以在"玩"的过程中，满足"好奇"和"好玩"的天性，了解游戏背后的文化典故，体会中华优秀传统文化的博大精深和璀璨瑰丽。

2023 年，中国自主研发游戏在海外市场的实际销售收入为 163.66 亿美元，这也

2024 年 8 月 22 日在德国 2024 年科隆国际游戏展《黑神话：悟空》拍照区拍摄的模型（新华社记者张帆 摄）

遇见 山西 | 悟空

是中国自研游戏出海收入连续第4年超过千亿人民币的规模。所以，我们应将游戏作为常态化的商品看待，给游戏叠加过多标签反而会削弱其影响力。"出海"成功的本土游戏本身就是中国文化软实力的有力输出者，出海游戏越多，无形中增加了中国文化的软实力。相反，如果给游戏附加太多额外的标签，则会导致游戏无法顺利"出海"，又何谈文化"走出去"、何谈文化交流与文明互鉴呢！

《黑神话：悟空》游戏的"亢金龙"形象（游戏科学供图）

古建保护中的民企担当与探索

郑鹏 山西鹏飞集团董事局主席兼总裁

古建是历史的沉淀、岁月的见证，是文化的载体，更是中华民族优秀传统文化的瑰宝，具有不可估量的价值。

调查显示，山西现存28027处古建筑文物。其中，宋、辽、金之前的木构建筑约占全国的75%，元代的木构建筑约占全国的80%，中国仅存的4座唐代木构建筑全部位于山西，山西堪称"中国古建筑宝库"。

山西古建筑数量惊人，保护工作千头万绪。保护好山西古建筑不仅仅是文物部门的职责，更需要全社会的关注与参与。整合丰富的社会优质资源、搭建全社会共同参与保护利用的平台，是山西古建保护的应有之义。

"世界眼光"必辅以"本土情怀"。山西鹏飞集团有限公司（以下简称鹏飞集团）是中国民营企业500强，山西省首家营收超千亿的民企。在山西古建保护方面，我们承担着不可推卸的责任。如何用现代的方式守护好这些历史瑰宝，是我们这些参与古建保护、利用的企业要深入、持续探讨的课题。

我个人认为，古建筑保护并非单纯的修旧如旧，而是要让它们成为与现代生活融合的文化纽带。在这一过程中，鹏飞集团始终坚守三大原则：尊重历史，保护的前提是尊重建筑的历史价值，坚守真实性与完整性；融合创新，以创新的方式赋予古建筑新的功能和生命力，让其融入当代生活；回馈社会，通过古建筑的保护和开发，让更多人感受到文化的魅力，并为地方经济发展注入活力。

鹏飞集团踏上古建保护之路还要从 2017 年说起。2017 年，鹏飞集团完成对沁和能源集团有限公司的收购工作。晋城市沁水县成为鹏飞集团发展的一大助力，为沁水县做产业扶持与公益事业成为鹏飞集团的分内之事。

近年来，国家尤为重视传统文化与建筑的保护、传承和利用。2020 年，晋城市成为全国首批传统村落集中连片保护利用示范市之一。因此，鹏飞集团将积极投身于沁水县文旅开发项目中去，为山西古建的保护、传承和利用不断贡献力量。

我们参与保护开发的湘峪古堡和柳氏民居两处古建均是全国重点文物保护单位、中国历史文化名村、国家 4A 级旅游景区。

湘峪古堡始建于明万历四十二年（公元 1614 年），坐北朝南，倚山而建，采用中国古典城池的"内城外郭"模式建造。古堡内层楼叠院，街道巷道分布有序、雄伟壮观，加之精美木雕、砖雕、石雕和高层建筑，享有"中国北方乡村第一明代古城堡"美誉。古堡内有三都堂、帅府、大小南院等 69 处规模不同的宅院建筑，充分展示了明朝古堡居民的生活场景。尤其特别的是湘峪古堡藏兵洞，其专业的防御性、串珠式和走廊式相结合的建筑风格、极富创造力的设计使之成为冷兵器时代防御工事的杰出典范，更是民间军事工程的巅峰之作，在中国古建筑中独一无二。

为了将古建保护好，我们结合人们现代化的生活方式和文化需

湘峪古堡景区（山西鹏飞集团供图）

求，打造了八大院落主题文化展，主题涵盖明朝冷兵器防御、明代官职文化、民宿文化、科举文化、官邸文化、红色文化、沁水当地特色文化等内容，围绕"明朝""藏兵洞军事防御""古堡""孙氏三兄弟"等以"武"为主的 IP 特色，开展沉浸式剧本杀演绎《相遇 1624》。因为古堡不需要造景，它本身就是电影级置景，我们以古堡现实空间为场景，植入体现明朝市井生活方式的情景和剧本杀演绎，受到了年轻人的关注、喜欢和追捧。值得一提的是，沉浸式演艺的演员就是当地的职工及村民。

我们还以古堡为特色场景，植入婚纱旅拍、"爱裳明朝"特色旅拍活动，开展古堡 + 音乐、古堡 + 艺术、古堡 + 非遗民俗表演（沁水鼓儿词、打铁花）等特色活动，以"相遇·湘峪"为特色的相亲活动等各类跨界活动更是获得了年轻人的喜爱。

2022 年 4 月，在地方政府的支持下，鹏飞集团正式参与柳氏民居的保

护与运营。

柳氏民居是唐宋八大家之一的柳宗元遗族世居地,也是中国目前唯一以同族血缘世代聚居的原始古村落。建筑工艺高超、风格独特,融明清建筑艺术精华为一体,集南北建筑风格于一身,同时异常巧妙地将皇宫建筑工艺运用到民间,真实记载了百世书香文人做官的历史,揭示了明代"官而商"到清代"商而官"的变化。

通过深入挖掘柳氏民居的文化,我们主打"文"的IP特色,围绕柳氏民居深厚的文化底蕴和独有的文化遗存,打造数字化的文创产品,拍摄《狮说》等一系列有影响力、广泛传播的宣传短片;邀请书画名家开展实施"柳氏民居书画大会",与国家画院联合举办廉政主题书画展、"唐宋八大家诗词大会"等特色活动,通过线上传播和媒体直播获得了良好的宣传效果。

在古建保护和开发的过程中,我们始终坚持"保护为主,合理开发"

的原则。只有保护好这些古建，才能让它们成为旅游开发的基石；而合理的开发，又能为古建的保护提供资金支持和动力，形成良性循环。

在保护方面，我们投入了大量的资金和技术力量，聘请专业的古建筑修复团队对古建进行全面评估、修缮和保护。无论是样式还是材料，我们都尽最大努力去恢复其原貌，同时还建立了完善的保护机制，保障古建日常的维护和保养，让原本破败不堪的民居焕发出勃勃生机。在旅游开发中，我们倾注人力、物力进行深入的文化挖掘，了解其背后的寓意，这一过程仿佛是在与古人对话。

在做好保护、传承、开发工作的基础上，传播是不可或缺的一个环节。我们着力培养知识渊博的讲解员，构建广泛的宣传渠道，并通过丰富的文化活动，如书法比赛、情景剧展演等，进一步让更多的人知道这里有精美的古建、深厚的传统文化和多样的体验方式。此外，我们注重旅游配套设施建设、旅游区域联动，将酒店与周边景点有机

柳氏民居景区（山西鹏飞集团供图）

结合，推出多条旅游路线、多种旅游模式等，满足不同游客的需求。

"落其实者思其树，饮其流者怀其源。"鹏飞集团是从吕梁孝义成长起来的民营企业，对孝义文化有着深厚的感情。因此，除了在晋城市参与湘峪古堡和柳氏民居两处古建的保护、利用工作外，鹏飞集团还参与了孝义市老城保护开发项目及孝义老城西南片区"若水雅院、珍馐里坊"项目。

孝义老城始建于北魏太和十七年（公元493年），迄今已有1500多年的历史，是我国现存罕见的、保存相对完整的古代县级城市标本，标志性的中阳楼更是全国重点文物保护单位。

2023年以来，鹏飞集团参建的孝义市老城保护开发项目及孝义老城西南片区"若水雅院、珍馐里坊"项目先后开工，目前已粗具规模。我们以"善水之城·雅儒孝义"为概念定位，按"一水、一园、一湖、一街、一坊、两居"结构进行整体规划。尤为值得一提的是，我们将八大菜系分别引入八个主题院落之中，当人们生活于此，不但能够享受雅致的住宿环境，还可以品尝到来自全国各地的地道美食。更为重要的是，"若水雅院、珍馐里坊"项目的虹吸效应可以拉动全市商业、酒店、住宿的快速发展，使整个城市的服务品质、生活品质快速提升。

加强古建的整体性、系统性保护，着眼文化传承，统筹好旅游发展、特色经营，筑牢文物安全底线，这些工作仅仅依靠鹏飞集团的力量是不够的，我们需要更加专业的团队。

为了做好保护开发这篇大文章，鹏飞集团启动了"招才引智"工程。2024年7月12日，鹏飞集团与山西师范大学正式签署战略合作协议，双方合作成立的孝义文

孝义市老城区一期鸟瞰图（山西鹏飞集团供图）

化研究院正式启动运行。双方致力于建立完整的中华孝文化、义文化研究体系，努力把孝义文化研究院建成全国有影响力的中华孝·义文化研究中心，落地实施一批具有代表性的文化旅游融合发展项目，把孝义市打造成中华孝文化、义文化旅游名城。

孝义文化研究院成立后，迅速确定了学术研究项目。山西师范大学抽调专家教授，鹏飞集团积极配合开展了中华孝·义文化源流及历史、中华孝义文献典籍收集整理、中华孝义古建筑影像壁画收集整理、孝义地方文化整理、孝·义文化创新性转化和利用、柳氏民居·湘峪古堡深入挖潜及文旅深度融合六个方面的学术研究工作，预计2025年7月完成第一批次学术项目研究，取得初步成果。在合作中，柳氏民居、湘峪古堡、孝义老城等文旅项目成为山西师范大学文旅专业的大学生、研究生的实习基地和就业基地。

鹏飞集团在古建保护的实践中深刻体会到企业参与古建保护的复杂性和挑战性。

面对文物修复审批周期长、修缮队伍资质要求高、合同及财务管理难等困难，鹏飞集团积极与政府主管部门沟通，推动简化审批流程，紧跟相关政策，为保护工作争取更多支持；同时，在企业自筹资金的基础上，积极争取政府专项资金及社会捐助，形成多元化的融资模式，为古建保护提供可持续的资金保障。在运营方面，鹏飞集团将古建保护与旅游、康养、文创产业相结合，打造具有经济效益与文化价值的综合项目，促进古建保护的自我"造血"能力，实现可持续发展。

古建保护是一场与时间的赛跑，也是一场文化传承的接力，任重而道远。一代代有志者投身于此，为我们留下了民族文化的印章。

"功成不必在我，功成必定有我。"为了让古建在新时代绽放新的光彩，为了让后人能够触摸到华夏文明生生不息的基因密码，鹏飞集团将秉承使命与担当，在守护中华文明的瑰宝的道路上，留下坚实而光荣的印记。

我画山西古建筑

我叫连达，是个地道的东北人，从小长在黑龙江内陆县城，18岁之前都没有离开过家乡。对小时候的我来说，遥远的山西和地球另一端的南极没什么差别，都是那么的遥不可及，但冥冥之中自有天意。

20世纪80年代初，当时物质条件极其匮乏，我的童年亦如此。我从小就喜欢历史故事，了解外面的世界仅能通过奶奶的老式收音机，因此也就随奶奶听了很多年的评书联播。大约就是在那时，我的内心深处埋下了热爱中国历史和传统文化的种子。

再大一些，如果我从大人那里偶尔拿回来的报纸和画报上看到涉及历史古迹的信息和图片，就会超乎寻常地兴趣盎然，翻来覆去地看。那时候我的家乡所在的县城没有任何历史遗迹，我从未见过古建筑，却对图片上斗拱飞檐的中国式古建筑莫名地痴迷不已。现在看来，每个人来到世间都有他的使命，我就是为古建筑而生，这简直是早已注定了的。

1999年，我22岁，第一次独自到外面旅行，鬼使神差地转到了山西太原，从此我和山西古建筑就结下了不解之缘。

我第一次来到山西，也并不清楚当地人所说的"古迹很

"多"到底多到什么程度，那时两眼一抹黑，忽然就想起了中学课本上学过的《难老泉》，还好我当时读书认真，还记得难老泉就在太原的晋祠，那就先去找晋祠吧。于是我跟旅馆老板借了一辆自行车，一路打听，从太原火车站附近一口气骑到了晋祠，虽然累得够呛，但是当时感觉很得意。

晋祠圣母殿的宏大沧桑和高古气质一下子吸引了我。尽管此前我从未见过真正的中国古建筑，但来到近千年的大殿前，那种穿透历史、动人心魄的力量一下子就击穿了我的灵魂，我想这应该就是林徽因先生所说的"建筑意"所展现出的力量吧。

那时候的出行都是穷游，自己积攒很久的钱加上家里资助的钱，共计2000多元，对我来说宝贵得不行，每一元钱都要精打细算。在那个还是胶片机的时代，一个百十元的傻瓜相机是全家的奢侈品了，所以我每拍一张照片都不敢草率地按下快门，因为除了胶片的成本，后续还有冲洗的费用。许多东西，即使我很感兴趣，也不敢肆意地拍照。可是面对如此令我喜爱的古建筑，即使拍了几张也不过瘾，简直如同美猴王见到了金箍棒一般，喜爱得抓耳挠腮。

我忽然想起自己小时候就喜欢照着连环画册练习涂鸦，此时此景，倒是可以试试，于是拿出笔和本子对着大殿画了起来。

可是画画是需要天赋和后天学习的，尤其涉及建筑，还要了解其结构和透视知识。面对如此复杂的古建筑，我真是有点蚂蚁吞象，不知从何处入手了。不过，我也不在意，回想起来，我不是为了画出什么精彩的作品，只是喜欢古建筑给我的氛围感。我坐在宽大的屋檐下，慢吞吞地描绘，时间似乎都停滞了。这时，世间仿佛只有我和大殿存在。我凝神注视，信笔涂鸦，静享着彼此陪伴的静谧时光。周围嘈杂的游人和一切干扰都仿佛被隔绝在一层厚厚的玻璃墙之外，思绪里只有我、大殿以及那漫漶时空中已消逝的往昔岁月。这正是我后来一直陶醉于到实地进行古建筑写生的重要原因之一，即感受与古建筑精神上的沟通，远胜于画作本身的好坏。

太原市晋祠圣母殿

　　此后几年，每当有空闲，我便毫不犹豫地直奔山西短则四五日，长则十几天，努力地在山西寻找著名的古建筑，并一度感觉自己已经成了段位很高的古建发烧友。

　　但有一次，我偶入某座古村时，破败坍塌的老屋和衰草丰茂的村旁古庙一下子触动了我的神经。我突然意识到，被保护、修缮和开发的古建筑只是少数，在众多的城镇、乡村里还有数量庞大的原生态古建筑，但它们几乎被我忽视了。而我每次的逍遥之游也仅如水上浮萍一般，浅薄极了。我一直都只是一个匆匆的过客，我想我是该为古建筑做点什么了。

　　多年的探访和写生，我逐渐了解了各时代古建筑的不同结构特征、建筑透视和构图等知识，画出来的东西也不再歪斜难看，甚至也有了几幅令自己颇为满意的作品，我决心投入全部心血和精力，分地区、扫荡式寻访山西古迹，为美好的和濒危的古建筑画像，用自己已经较为擅长的方式来

洪洞县万安镇铁炉庄千佛阁

　　记录古建筑在当下的状况，为即将坍塌的古建筑留下最后一张画。同时我还做了大量的实地考察笔记，并配合着拍摄了很多照片。虽然这时候我已经拥有了一台数码相机，能够拍摄很多东西，但绘画写生仍是我陪伴、记录古建筑的首选方式，这似乎是我和古建筑之间的一种默契。

　　我最先从晋东南地区开始，逐县逐村地寻访和打听，遇到合适的古建筑，就立即停下来画上一幅。晋东南、晋南、晋中、晋北……就这样，我一路走过来，不敢相信，已经足足奔走了20多年，这其中的辛酸苦辣，仿佛就发生在昨天。

　　那时候，我背着一个几十斤重的巨大登山包，里面有睡袋、厚厚的换季衣物、相机、马扎、纸张、画筒、雨伞、食品、水以及小到剃须刀和指甲钳这类的用品，坐着火车、长途汽车、乡村中巴和老乡的摩托车或三轮车甚至驴车，奔向不同的甚至一生只能到过一次的不知名的山村。在实在没有车的地方，我就徒步，有时候甚至要走几十里山路才能到达或离开，曾经两次走掉过鞋底，脚底下磨起水泡也不止一次了。我一直告诉自己，哪怕再苦再累，一定要坚持下来，这条路是自己的选择，人生没有几个20年，由不得我左顾右盼。

我曾徒步到半夜，实在走不出山区时，就在路边废弃的破房子坚持一晚，为了不被蚊子把脸咬烂，脸上盖上一条毛巾。大多时候，我住在乡镇里唯一的招待所里，里面条件简陋，甚至不时有各种虫子在墙上和床上游弋。

有许多村庄是不通车或一天只通一班车的，我只能赶最早的班车或租车进村。如此大费周章到达之后，我还经常因消息不准确而白忙一场。所奔赴的古建筑或已经倒塌，或只是没有太大价值的晚期小庙。对于真正入眼的古建筑，我会立即拍摄记录，然后全身心地投入绘画之中。

有老乡说，你简直是个疯子。于我而言，我完全是出于热爱而自费来此画古建筑的，他们是无论如何也不肯相信的。这种啃干粮、喝凉水的战斗方式，我坚持了很多年。

20多年来，在山西，从南到北，形形色色的老乡我都接触过，各地晦涩难懂的方言我也都能听懂个七七八八了，我对山西各地的地理、历史、风土人情的了解和熟悉程度已经远远超过了我对自己家乡东北的了解。

每年为了多一些写生时间，我经常在春季和秋季各来山西待一个月左右的时间，以便集中时间和精力，更全面深入地寻访这里的古建筑，避免往复，疲于奔波。

有时我在山西写生，经常会遇到突发的大风、降温天气，头一天还是十几度，一夜之间便降温至冰点。一幅画少说也要数个小时才能画完。尽管天气寒冷，但我不愿半途而废，就只能咬牙坚持，有时手都僵硬得不听使唤，甚至五脏六腑都跟着打寒战。

许多人看到我的古建筑写生作品，都会以为这是一个有钱有闲之人的

汾阳市东阳城村三结义庙

浪漫旅程的消遣之作，但他们不了解每一幅画背后我所付出的艰辛和汗水、痛苦和无奈。破败的古建筑也许在明天就会损失和消亡。我寻访它们，为之拍照和画像就是在和时间赛跑。这些年我记录的许多古建筑早已不复旧貌，有的坍塌消逝，有的被盗毁一空，有的修缮一新到艳俗不堪，似乎每一座都有着或多或少、这样那样的变化，这就是时间的魔力。我曾经因为大量的寻访和绘画破败的古建筑而被朋友们戏称为"破庙专业户"。如今真正能够打动人心的"破"庙也已经不太多了。我很庆幸自己用人生中最宝贵的 20 年寻访古建筑，与它们一起度过我的青春时光。我也庆幸在很年轻的时候就为自己选择了追寻古建筑的道路，这令我一生无悔，永不寂寞。在古建筑面前，我永远是个年轻的孩子，即使我青春老去，两鬓染霜，在它们面前，我一直都是那个充满好奇并虔诚地凝视它们的后来人，这就是文化传承的神奇力量吧。

介休市洪山镇石屯村环翠楼

    这些年，我为古建筑画像数千幅，出版了 11 本和古建筑相关的书籍，其中有 7 本是以山西古建筑为题材的。我还在云冈美术馆举办过个人古建筑写生画展，并到中国国家图书馆以及多所高校宣讲山西的古建筑文化和故事。希望山西的古建筑在未来能够得到更妥善的保护，拥有更响亮的名声，被更多关注中国传统文化的人们所知晓。

    山西古建筑既是山西的，也是中国的，它深深地影响着我的人生，值得我永远热爱！

我画山西古建筑 | 启示篇

万荣县东岳庙飞云楼

编后记

当《黑神话：悟空》遇见山西，那些静静地伫立在历史长河中的山西古建筑被更多人看见了。在这片古老的土地上，有着太多低调而珍贵的古建筑，有着太多古建筑"天命人"，以及他们与古建筑的故事。

这一切，正是这本书的缘起。我们希望在一个个故事的讲述中，呈现一座座历史瑰宝，让大家遇见一个个有温度的山西古建筑。

特别感谢本书古建筑的讲述人们。本书中40多位古建筑讲述人身份不同、岗位各异，他们是学者、教授，是古建筑专家，是文博研究员，是文物"看门人"，是记者，是博主，是企业家……是他们用手中的笔、尺、镜头、科技等不同的方式深情地守护着，赋予了山西古建筑新的生命力。

特别感谢山西省文物局和山西省古建筑与彩塑壁画保护研究院的专家们，包括梁军、安海、冯燕、史君、张雅婕、张国花、韩若冰、李小龙、袁琦、杨晓芳、王小龙等，他们为本书提供了专业指导，使得本书在注重可读性的基础上不失专业性和权威性。

特别感谢知名摄影师马毅敏、胡远嘉、阮祯鹏等老师们，他们拿出了积累数十年拍摄的"压箱底"大作，为本书提供了精美插图，以独特的视角呈现了山西古建筑之美。

特别感谢游戏科学团队。他们创作了《黑神话：悟空》这款经典游戏，激发了亿万人对山西古建筑的热切关注，给山西带来了泼天的流量。他们为本书提供了独家访谈、游戏原图等珍贵素材，给予了独到的专业建议，为本书的创

编后记

作提供了巨大的支持。

特别感谢张平、单霁翔、冯骥三位老师精心作序，娓娓道来，如数家珍。

最后，我们要真诚感谢每一位读者。在本书编辑过程中，我们深刻体会到了文化的力量，它不仅连接了过去、现在与未来，也连接了我们每个人的心灵。

《黑神话：悟空｜遇见山西》不仅是一本书，也是一份"邀请函"，邀请读者走进山西这片土地，去感受、去体验、去发现。在这里，每一个角落都珍藏着故事，每一寸土地都承载着历史。我们坚信，不论你何时遇见山西，都将开启一段非凡的旅程。

本书编写组

2024 年 12 月

图书在版编目（CIP）数据

黑神话：悟空 | 遇见山西 / 本书编写组编著．
北京：新华出版社，2024.11.
— ISBN 978-7-5166-7716-2

I．K928.702.5

中国国家版本馆 CIP 数据核字第 2024GP9488 号

黑神话：悟空 | 遇见山西

编　　　著：	本书编写组
出 版 人：	匡乐成
总 策 划：	赵东辉
出版统筹：	沈　建　王永霞　赵怀志　叶　健
出版监制：	刘云伶　周丹丹
责任编辑：	刘　芳　李　珊　陈思淇　于　梦　易旭丹　孟子涵
特约编辑：	张文雅　成一榕　王陆城　王　亮　王俊玲　王建光　王浩庆　王梦佳　武　斌
	赵　睿　崔月森　黄明月　王昕妍　王梓嘉　王瑞资　张仁婕　梁泽运　秦　瑜
责任校对：	刘保利
编　　务：	罗　澜　褚阳波
校　　对：	许晓徐　白玉华　刘　丽
题　　字：	老　桥　闵　军
设　　计：	今亮後聲 HOPESOUND 258059061@qq.com（护封设计、内文排版）　亢静璇（内封设计）
出版发行：	新华出版社有限责任公司
	（北京市石景山区京原路 8 号　邮编：100040）
印　　刷：	河北鑫兆源印刷有限公司

成品尺寸：	170mm×240mm 1/16	印张：	26.5	字数：	300 千字
版次：	2024 年 12 月第 1 版		印次：	2024 年 12 月第 1 次印刷	
书号：	ISBN 978-7-5166-7716-2		定价：	168.00 元	

版权所有·侵权必究
如有印刷、装订问题，本公司负责调换。

微店　视频号小店　抖店　京东旗舰店　请加我的企业微信

微信公众号　喜马拉雅　小红书　淘宝旗舰店　扫码添加专属客服

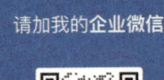